추천의 말

도발적이지만 매우 유용하다.
_ 켄 랭곤, 홈디포 공동창립자

마케팅의 기본 개념을 다룰 인물로 그레그보다 더 적합한 사람을 찾기는 어려울 것이다. 그는 자신의 지혜와 수십 년에 걸쳐 쌓은 경험을 공유하고 R.E.D. 시스템의 핵심을 명쾌하게 설명한다. 당신이 초보 마케터라도 이 책을 통해 자기만의 경력과 여정을 시작할 청사진을 그릴 수 있다. R.E.D. 시스템은 단순히 이론이 아니고, 차트나 그래프도 아니다. 그것은 경제 불황 속에서도 얌!의 매출을 매번 새로운 정점으로 끌어올린 '검증된 방법론'이다. 마케팅 분야에서 경력을 쌓고 싶은가? 책을 끝까지 읽어라! 그만한 시간을 들일 가치가 있다.
_ 마시모 페라가모, 페라가모 USA 회장

그레그는 내가 타코벨의 인턴으로 일했던 초기부터 지금까지 내 마케팅 경력을 만들어준 장본인이다. 경력 초기에 그레그에게서 배운 원칙은 내게 여러 차례 수상 경험을 안겨준 획기적인 캠페인의 에너지원이 되었다. 야심 찬 마케터라면 이 책을 통해 그런 통찰력과 지식을 얻어가길 바란다.
_ 닉 트랜, 틱톡 글로벌 마케팅 책임자

그레그는 타코벨 사장으로 있을 당시 뛰어난 마케팅 기법을 선보임으로써 얌! 브랜드의 CEO가 되었다. 그의 경험과 통찰력이 고스란히 녹아든 이 책은 마케팅 기법을 개선하려는 사람이라면 누구나 읽어야 할 멋진 필독서다.
_ 데이비드 노박, 얌! 브랜드 공동창립자이자 전 회장 겸 CEO

그레그와 켄은 누구나 브랜드를 만들고 최적화할 수 있도록 즉시 실행 가능한 프레임워크를 간결하고 명확하게 밝힌다. 나는 전 세계를 무대로 브랜드를 구축하며 여러 경험을 쌓는 동안 많은 실수를 저질렀다. 조금 더 일찍 이들의 지혜를 접할 수 있었으면 얼마나 좋았을까 하는 아쉬움이 남는다. 마케터든 경영자든 임원이든 이 책을 읽고 나면 더 유능한 브랜드 관리자가 될 것이다.

_ 캣 콜, 포커스 브랜드 COO 겸 사장

마케팅에 대한 저자들의 입장은 분명하다. 유쾌하지만 직설적이고 솔직한 말로 경종을 울려 브랜드 구축이라는 선박의 속도를 천천히 늦춘 다음, R.E.D. 시스템, 즉 연관성과 용이성과 특이성이라는 부두에 배를 확실히 정박시키는 것이다. 장기적으로 볼 때 연관성은 독창성을 능가하고 용이성은 새로운 속도를 더하며, 특이성은 탁월함도 능가한다. 그레그는 이제 불변의 법칙이 된 마케팅 이론, 즉 브랜드는 한껏 기대하도록 약속한 다음, 불행히도 그 약속을 깨는 경험의 토양 위에 세워진다는 것을 구상한 선구자이자 입법자다.

_ 러스 클라인, 미국 마케팅 협회 CEO

간결한 프레임워크와 매력적인 이야기로 가득 찬 이 책은 지속 가능한 브랜드 성장과 사업의 성공을 추진하기 위해 실제로 무엇이 필요한지 알려주는 가이드다.

_ 존 케니 박사, 인터치 그룹 전략기획책임자

다시 팔리는 것들의 비밀

죽은 브랜드도 살리는
R.E.D. 마케팅

다시 팔리는 것들의 비밀

그레그 크리드 · 켄 멘치 지음 | 이경남 옮김

R.E.D.
MARKETING

알에이치코리아

일러두기

이 책의 내용에서 드러나는 입장이나 견해는 그레그 크리드와 켄 멘치 두 저자의 것으로, 얌! 브랜드를 비롯한 KFC, 피자헛, 타코벨, 해빗버거그릴과 그곳 직원들의 입장이나 견해를 반영하는 것은 아님을 밝힌다.

• 업계에서 통용되는 마케팅 용어의 경우 이해를 돕기 위하여 외래어를 그대로 표기했다. 그 표기는 국립국어원의 외래어 표기법을 따랐다.
• 도서명은 국내에 번역되어 출간된 경우 한국어판 제목으로, 그렇지 않은 경우 원어로 표기했다.

그동안 책을 써보라는 제안을 여러 차례 받았지만, 그때마다 여러 가지 이유를 들어가며 거절해 왔다. 사실 나는 글 쓰는 것을 너무 싫어해 무슨 일이 있어도 그런 쓸데없는 일은 하지 않겠다고 공언하는 흔한 실수를 저질렀다. 내 지인이라면 알겠지만, 내가 맞춤법에 서툴다는 사실도 이유라면 이유였을 것이다. 나는 누구보다 지기 싫어하는 성격이지만, 스크래블Scrabble(놀이판에 알파벳이 새겨진 타일을 늘어놓아 단어를 만드는 게임) 게임에서는 한 번도 이겨본 적이 없다.

그런데 이제 《다시 팔리는 것들의 비밀R.E.D. Marketing》을 쓰게 되었으니, 어쩌다 마음이 바뀌었는지부터 먼저 설명해야 할 것 같다. 호주 브리즈번에서 태어나고 자란 사람이 2015년 1월, 〈포천Fortune〉 200대 기업인 얌! 브랜드Yum! Brands의 CEO로 임명된 것 자체가 쉽지 않은 일이라며 그 사연을 글로 써보라고 제안하는 친구들이 있었다. 고맙지만 사양했다. 그런 책들은 시중에 이미 너무 많다. 불필요할 정도로 개인사를 되돌아보고 반추하며 일 뒤에 있는 개인을 탐구하는 작업엔 흥미가 없었지만, 그 대신 사람이 아닌 '일' 자체에 관해 쓴다는 것에는 조금씩 흥미가 생기기 시작했다.

마음을 바꾼 두 번째 이유는 내 절친한 친구이자 동료인 켄 멘치Ken Muench가 함께 써준다고 약속했기 때문이다. 40년 넘도록 사업을 하면서 나는 켄만큼 소비자 행동에 대해 탁월한 인사이트를 가진 사람을 본 적이 없다. 우리 두 사람은 얌!이라는 멋진 회사에서 일하는 행운을 누렸다. 얌!은 KFC, 타코벨Taco Bell, 피자헛Pizza Hut, 해빗버거Habit Burger 등의 매장을 150개국에서 5만 개 넘게 운영하는 대기업일 뿐만 아니라, 독특하고 창의적인 문화를 가진 곳이다. 그것은 바로 성실함을 중시하는 기업계에서 용기와 신념을 앞세우고 모험을 사양하지 않는 거친 문화다. 얌!의 재능과 문화는 자생하는 힘이 있는 귀한 자질이다. 유능한 사람들은 모험을 사양하지 않는 자신들에게 기회를 주고 대담한 아이디어를 장려하고 인정해 주며 용기와 큰 꿈을 가지는 팀에게 보상하는 회사에서 일하고 싶어 한다. 그들이 이상한 아이디어를 포용하고 관례에서 벗어난 방식으로 결과를 추구할 수 있게 만드는 것은 얌!의 무한한 신용 덕분이다.

이 책을 쓰기로 한 마지막 명분이자 내가 내세운 유일한 조건은 책으로 얻은 수익을 모두 얌!에게 되돌리는 것이었다. 이 책에서 나오는 수익 전액은 KFC와 피자헛, 타코벨, 해빗버거에서 일하는 일선 직원들을 위한 장학재단으로 들어가며 켄과 나는 이에 전혀 관여하지 않는다. 이 직원들은 코로나19라는 엄청난 스트레스 속에서 매일 굵은 땀을 흘리며 고객들을 위해 일하고 있다. 그들의 꿈을 이루는 데 우리의 작업이 조금이라도 보탬이 된다면, 그것 자체로 그들의 노력을 인정하는 작은 발걸음이 될 것이다.

켄과 내가 처음 만났던 2007년에 나는 타코벨을 운영하고 있었고 켄은 창의적인 광고기획사 푸트콘앤드벨딩Foote, Cone & Belding, FCB에서 기획을 주도하고 있었다. 나는 타코벨 사장임과 동시에 최고콘셉트책임자cco이기도 해서, 가끔 브랜드 마케팅에 참견하는 이점을 누렸다. 2011년 어느 날, 켄은 음식에 대한 소비자들의 생각이 '에너지원에서 경험으로' 변했다며 그 과정을 설명했다. 이 같은 변화에는 페이스북, 인스타그램 등 SNS의 힘이 컸다. 그 순간 나는 "싱크 아웃사이드 더 번!Think Outside the Bun('사고의 틀을 벗어나라Think Outside the Box'이라는 관용구를 비튼 타코벨의 캐치프레이즈 – 옮긴이)"의 역할은 이제 끝났다고 판단했다. 음식이 에너지원이었던 2000년대 초에 이 문구는 완벽한 태그라인이었지만, 지금의 음식은 이미 경험으로 바뀐 뒤였다. 타코벨에게 이 같은 변화는 엄청난 지각변동이었다. 마케팅에 대한 우리의 접근법이 180도 바뀐 것이다.

우리는 한동안 '인생을 좀 더 풍요롭게'라는 뜻의 '라이브 어 리틀 마스!Live a Little Más'를 새 태그라인으로 채택했다. 하지만 야구모자에 새겨 넣기엔 조금 길다는 당시 마케팅 부사장VP 제프 폭스Jeff Fox의 지적에 따라 이를 '라이브 마스Live Más'로 줄였다. 이 슬로건은 지금까지도 쓰인다. 그렇게 타코벨은 '라이브 마스'라는 강렬한 태그라인을 새로 확보했지만, 광고기획사는 그에 만족하지 않고 이 문구에 날개를 달아줄 방법을 궁리했다. 우리는 고심 끝에 그 창의적인 임무를 도이치 LADeutsch LA에 맡겼다. 에너지로 꽁꽁 뭉친 기획사 도이치 LA가 타코벨의 브랜딩을 전담하기로 한 것이다. 한 가지 문제는, 기존 기획사였던 FCB를 떠나보내면 켄과 그레그 디저릭Greg Dzurik과 FCB로 이직한 제프까지 잃는다는 것이었다. 그래서 얌!은 그들에게 직접 마케팅 컨설턴트인 컬라이더랩Collider Lab을 설립하도록 지원하면서 그들이 좀 더 많은 고객을 찾아 자리를 잡을 때까지 타코벨에서 일감을 주겠다고 약속했다. 그들은 매우 빠른 속도로 자리를 잡아갔다. 컬라이더랩이 발전하면서 R.E.D. 시스템도 함께 튼튼해졌다. 앞으로 독자 여러분의 눈으로 직접 확인하겠지만, R.E.D.의 첫 번째 R인 연관성relevance은 세 가지로 구분할 수 있다. 문화적 연관성 cultural relevance, 기능적 연관성functional relevance, 사회적 연관성social relevance이다. 두 번째 E는 용이성ease 이다. 쉽게 눈에 띄고 쉽게 접할 수 있어야 한다. 세 번째 D는 특이성distinctiveness 으로 셋 중 가장 중요하다. 이 세 가지 요소가 하나로 모여야만 진정으로 효과적인 마케팅이 가능하다.

2020년 1월에 나는 공식적으로 얌!의 CEO 직책을 내려놓았다. 혁신적이고 용감하고 창의적인 팀을 전적으로 신뢰하는 회사를 운영했던 그간의 세월은 정말 가슴 뛰는 경험이었다. 얌!은 최고마케팅책임자CMO들에게 일을 하려면 제대로 하고 담대하게 하라고 격려한다. 우리의 만트라도 '두뇌와 가슴과 용기smart, heart, and courage'

다. R.E.D.가 두뇌이고, 우리 직원들은 가슴이다. 이 두 가지 가치를 믿을 때 용기가 생긴다. 내가 터득한 지혜를 모두 압축하여 이 책에 담아 함께 나눌 수 있어 다행이라고 생각한다.

그렇게 모든 것이 계획되어 있었는데, 팬데믹이 강타했고 세상은 끝났다. 물론 엄살이다. 당신이 이 책을 읽고 있는 이상 삶과 웃음과 사업은 어디에서든 계속되고 있을 테니까. 그래도 우리는 모두 세상이 생각했던 것보다 예측하기 어렵고 불안한 곳이라는 사실을 절감하게 되었다. 패스트푸드 업체들도 일시적이나마 고객의 매장 출입을 제한하는 현실에 적응해야 했다. 결국 이 새로운 패러다임에서 우리 브랜드의 역할을 알아내는 일이 무엇보다 시급했다.

힘겨운 일이 많았지만 불안하고 혼란스러운 와중에 벌인 심야 줌Zoom 회의, 팀 콘퍼런스, 끝없는 슬랙Slack 스레드에서 우리는 뭔가 의미심장한 결과를 얻어냈다. 상하이에서 시드니까지, 두바이에서 댈러스까지, 루이빌에서 어바인에 이르기까지 욕이 절로 나오는 고통의 기간을 감내한 후, 마케팅 팀에서 드디어 대처 방법을 찾아낸 것이다. 물론 답이 금방 나온 것은 아니었다. 하지만 우리에게는 대단한 인재들로 구성된 팀이 있었고, 나는 그들과 함께 일하는 행운을 누렸다. 훌륭한 인재들도 축복이었지만, 아울러 우리에겐 체계적이고 합리적이며 독특하고, 협업을 통해 고객의 니즈를 이해하고 충족시킬 수 있는 프레임워크와 전략이 있었다. 바로 R.E.D.다.

R.E.D.에 있어 코로나19는 일종의 스트레스 테스트였고, 그 테스트를 통해 수십 개의 다른 언어와 문화 속에서 명칭을 표준화하고

여과하고 집중하는 프레임워크의 기본적인 탁월성이 입증되었다. 바로 그 점이 핵심이다. 환경이나 처지가 다르고 코로나19 같은 예상치 못한 재앙이 닥쳐도 기본적으로 R.E.D.만 있으면 언제든 변함없이 효과적으로 사업을 꾸려갈 수 있다고 우리는 믿는다. 분권화된 글로벌 비즈니스에서 이는 매우 중요한 문제다. 어려운 시기였지만 R.E.D. 덕분에 우리는 공통의 접근법을 만들어냈고, 그 때문에 더욱 집중력을 발휘하여 신속하게 대처할 수 있었다. R.E.D.로 우리는 공동의 가치와 원칙을 세웠고, 그런 다음 비즈니스와 마케팅 과제에 이 사고의 틀을 활용함으로써 2020년의 스트레스와 불확실성과 모든 터무니없는 상황에도 믿을 수 없을 정도로 놀라운 경영 실적을 일구어낼 수 있었다.

방망이는 가볍게 쥐되, 펜스를 향해 휘두르라

마케팅에 대한 열정과 능력은 타고나기도 하고 학습되기도 한다. 내 경우는 둘 다였던 것 같다. 마케팅은 우리 크리드 집안의 가업이었다. 내가 진심으로 사랑했고 솔직히 말해 숭배했던 우리 아버지는 내가 어렸을 때 카네이션밀크Carnation Milk의 영업사원이었다. 카네이션밀크가 네슬레Nestlé에 인수된 뒤로도 아버지는 그곳에서 35년 동안 눈부신 경력을 쌓은 뒤 호주의 공급망과 물류를 책임지는 자리로 옮기셨고 이를 끝으로 은퇴하셨다.

아버지가 출장에서 브리즈번 교외에 있는 집으로 돌아오면, 우리는 흑백 TV 앞에 앉아 광고에 나오는 제품을 맞추는 게임을 하곤 했다. 아버지와 나는 통하는 점이 많았는데, 우리는 종종 "펩시!" "콜게이트 치약!" 하고 외치면서 놀았다. 그런 놀이를 통해 아버지에 대한 사랑과 친밀감을 확인하는 것과 더불어 효과적인 광고가 사람의 머릿속에 제품을 각인시키는 방식을 어렴풋이나마 짐작하게 되는 도움을 받았다. 좋은 광고는 세부적인 내용이 기억에서 희미해졌을 때도 접착제처럼 머릿속을 떠나지 않았다. 게임은 어머니가 저녁 식사를 하라고 부를 때가 되어서야 끝났다. 돌이켜 보면 무엇보다도 특색 있는 브랜드를 찾아내고 부자간의 게임에서 이겨보려 했던 경험이 나를 마케터의 길로 이끌지 않았나 하는 생각도 든다.

아버지와 함께 TV를 보며 터득한 사실이지만 잘된 광고의 핵심은 차별화되고 눈에 잘 띄는 것이었다. 다만 중요한 요소가 한 가지 더 있다. 제품이 문화적으로 연관성을 가져야 한다는 점이다. 70년대 중반에 호주에서 살았던 나는 문화적 연관성을 가진 메시지의 위력을 그곳에서 나름대로 터득했다.

다국적 생활용품 기업인 유니레버Unilever에서 처음 마케팅을 시작하면서 나는 소프틀리Softly라는 호주의 분말 세제 브랜드를 되살리는 일을 맡았다. 좋든 싫든 현대의 호주는 18세기에 스페인에서 처음 수입되어 지금은 10억 마리가 넘게 수가 불어난 메리노 양을 배경으로 풍경이 재편된 나라다. 따라서 호주인의 생계도 메리노 양모 산업에 많은 것을 기대는 형편이었다. 양털은 호주인의 정체성을 이해하는 요체로, 날씨가 어떻든 호주인이라면 뜨개질을 할 줄 알아야 밥값 한다는 소리를 듣는다.

내가 맡은 소프틀리는 모직에 특화된 세제였다. 일반 세제와 달리 부드러워서 방수 기능을 하는 털실의 라놀린을 벗겨내지 않았다. 오랜 세월 소프틀리는 80%라는 높은 시장점유율을 누리고 있었다. 그러던 어느 날, 호주에서 살림 전반에 관한 팁으로 인기 있는 마사 가드너Martha Gardener(라디오 진행자)가 직접 만든 세제 비법을 공개했다. 그리고 우리의 경쟁사가 그 비법을 베끼면서, 세제 시장에서 소프틀리의 점유율이 몇 달 사이에 50%로 수직 낙하했다. 독보적 지위를 누리던 상표가 갑자기 생존을 건 싸움을 하게 된 것이다. 하지만 우리가 누구인가? 나는 그 순간이 오히려 기회라고 보았다. 고객들은 보통 우리 제품을 겨울 한 철에 두 박스 정도 사용했다. 그러니 나로서는 상점에 나가 그 박스를 사야 할 아주 그럴듯한 이유를 그들에게 주어야만 했다. 팀원들은 가격을 내리거나 성분 배합을 바꾸자고 했다. 하지만 내가 보기에 우리 제품의 성분은 확실했고 가격도 적당했다. 그러면 어떻게 해야 할까?

가만히 앉아 문제를 생각해 보았다. 양털, 호주, 겨울, 뜨개질, 내가 알고 사랑하는 모든 호주 사람들. 거칠고 현실적이고 자신의 나라에 깊은 애정이 있지만, 그런 감정을 드러내지 않는 사람들. 바로 거기에 기회가 있었다. 다음 날 나는 우리의 판촉 회사인 언더라인Underline과 협의하여 뜨개 도안 책자를 만들자고 했다. 캥거루, 오

페라하우스, 에뮤, 코알라, 베지마이트 등 디자이너 제니 키Jenny Kee
가 만든 호주를 상징하는 아이콘들로 가득 채운 책자였다. 소프틀리
두 개들이 박스를 사면 이 책자를 무료로 증정했다(이미 이때부터 용
이성을 추구하여 가위를 쓰지 않고도 뚜껑을 뜯을 수 있게 만들었다). 판촉
은 대성공이었고, 소프틀리는 원래의 시장점유율을 되찾았다. 내 경
력도 본격적으로 성공 가도를 달리기 시작했다.

이 초기의 성과는 마케팅에서 무심코 빠뜨리기 쉬운 중요한 어떤
요소를 내포하고 있었기에 여러 해 동안 내 곁을 떠나지 않았다. 우
리는 성분도 포장도 가격도 바꾸지 않았다. 그저 소프틀리를 문화적
으로 연관성 있게 만들었을 뿐이었다. 그리고 우리는 그것을 위해
호주 사람이라면 다들 느끼고 있지만 좀처럼 드러내지 않는 그 무
엇, 즉 호주인이라는 단순한 자부심을 활용했다.

'소프틀리' 이후로 40년이 지났지만, 나는 여전히 위험을 무릅쓰
고 기회를 잡는 것의 힘을 굳게 믿는다. R.E.D.를 갖추면 초보 마케
터라도 획기적인 아이디어를 이끌어낼 수 있다. 필요한 것은 용기와
자신감 그리고 R.E.D.의 세 가지 요소인 연관성, 용이성, 특이성뿐
이다. 나는 얌!과 컬라이더랩의 동료들에게 말한다. "방망이는 가볍
게 쥐되 펜스를 향해 휘둘러라." 원대한 아이디어를 내놓으라는 말
이다. 복잡하게 생각할 것 없다. 크게 휘두르면 된다. 독자들도 이
책을 읽고 같은 마음이 동했으면 하는 바람이다.

– 그레그 크리드

마케터들은 얘기를 그럴듯하게 꾸며댄다. 그게 그들이 하는 일이다.
그들은 진실을 비틀고 왜곡하여 흥미롭고 단순하고 설득력 있게 만
들어 무엇을 팔든 빨리 사고 싶게 만든다. 그것은 타고난 재능이고
인류의 역사만큼이나 오래된 관례다. (동굴에 살던 시절이라고 화려한
말주변으로 좀먹은 가죽을 팔아 실제 값보다 더 많은 고깃덩어리를 받아낸
원시인이 왜 없었겠는가?) 문제는 마케팅을 배우려고 할 때 생긴다. 한
세기 가까운 세월 동안 우리는 마케터들의 화려한 언변에 휘둘렸다.
'거짓말처럼 효과가 탁월하고 믿을 수 없을 정도로 단순하며 어떤
마케팅에든 해당되는 솔루션!' 우리는 수십 년 동안 이렇게 말하는
마케팅 묘약을 구매해 왔다. 수천 권의 책, 수백 개의 세미나, 강좌,
학위 등등. 많은 광고기획사가 실패 없이 눈 감고도 할 수 있을 만큼
쉬운 자신들만의 방법을 요란하게 선전했고, 사람들은 미끼를 덥석

물고 쉽게 낚이곤 했다. 하지만 이제 성숙한 어른들이 개입하기 시작했다. 진정한 학자와 과학자 들이 끼어들면서 거대한 사기 사업은 여기저기서 무너지고 있다.

마케팅 철학과 마케팅 과학의 빠른 진화와 갖가지 불안정성과 변화로 인해 지금 우리 산업은 언뜻 이해가 가지 않을 정도로 흥미로운 시대를 향해하게 되었다. 이런 말을 하는 지금 이 순간에도 지난 20년 동안 우리 분야를 기술하고 이론화했던 거의 모든 것에 대해 사람들은 의문부호를 붙이거나 다듬어 고치거나 신비성 자체를 벗겨내고 있다. 구시대를 지배했던 마케팅의 기본 원리가 사례 관찰과 저자들의 신념 체계를 기반으로 했다면, 새로운 사조의 마케팅은 과학이 그 바탕이어서 빈틈없는 증거로 뒷받침되며 입증 가능한 것으로 바뀌고 있다. 그래도 혼란스럽고 모순적인 부분은 여전히 존재한다. 성공을 보장하는 결정적이고 간결한 한 문장짜리 마법의 탄환 같은 것은 애초에 없다. 마케팅은 절반이 과학이라 인간의 숨길 수 없는 욕망과 동기를 드러내고, 나머지 절반은 예술이어서 그런 충동에 대한 반응을 매력적이고 독창적이고 잊히지 않는 방식으로 해결한다. 한 번도 쉽거나 간단한 적은 없었다. 그러니 장기적으로 보면 차별화든 목적이든 브랜드 사랑이든 한두 개 단어로 된 철학으로 그것을 압축하지는 못할 것이다. 하지만 그런 말들 때문에 책이 팔린다. 그리고 대부분은 헛소리다.

한가하게 마케팅과 관련된 적절하고도 새로운 아이디어를 읽을 만큼 시간이 남아돌지 않는다면 어떻게 해야 하는가? 어쩌면 최근 캠페인의 실패로 입장이 난처해져 지금 이 책을 집어 들었을지도 모르겠다. 하지만 브랜드 구축이나 광고와 관련된 최신 경향을 조사하고 자세히 살펴볼 시간적 여유가 있다고 해도, 마케팅이 평소 업무와 너무 동떨어져 있다면 무엇부터 시작해야 할지 막막할 것이다. 충동적인 CMO라면 경쟁사와 다를 것도 없는 광고를 그럴싸하게 만드는 데 수백만 달러를 쏟아부을지도 모르겠다. 하지만 이젠 걱정할 필요가 없다. 얌!의 글로벌 마케팅 센터인 컬라이더랩은 예술과 과학과 철학에 대해 남다른 열정으로 마케팅의 모든 면을 뒤쫓는다. 지난 9년 동안 우리는 이 분야에서 만들어진 최신 학문적 성과를 모두 취합하여 마케팅 시스템을 논리적이고 실용적인 측면에서 정리하고 끊임없이 다듬어 현실에서 입증했다.

우리의 생각과 정보 처리 방식을 이해하려면 우리의 서가를 훑어보면 된다. 인간의 의사 결정이 소비재나 서비스와 얽히는 관계를 다루는 자료라면 아무리 사소한 것이라도 빠뜨리지 않고 전부 읽기 때문이다. 이 책 뒷부분에는 계속 확장되는 컬라이더랩 도서관의 주요 서적들을 소개한 독서 목록을 덧붙여 놓았다. 우리는 최근에 나온 연구 자료들을 읽고 효과적인 전략과 메시지로 소비자에게 다가가는 방법을 다룬 최신 아이디어를 연구했다. 우리의 책상 위에는 행동경제학, 진화심리학, 마케팅 전략, 데이터 과학 그리고 대니얼 카너먼Daniel Kahneman의 《생각에 관한 생각 Thinking Fast and Slow》이나 바이런 샤프Byron Sharp의 고전들이 가득하다. 컬라이더랩의 여러 비공식 독서 모임은 이런 책들을 공유한다. 특히 우리는 런던의 '광고 실무자 연구소Institute of Practitioners of Advertising'의 피터 필드Peter Field
나 레스 비네Les Binet가 발표할 논문을 큰 기대감으로 기다리고 있
다. 또한 매년 30명 이상의 학자들과 함께 연구하고 연간 9만 명 이
상의 소비자와 직접 대화해 가며 그들의 행동 패턴과 그 이유를 해
독하고 있다. 하지만 우리에겐 단순한 이론가들과 확실하게 다른 점
이 한 가지 있다. 바로 실제로 물건을 판다는 점이다. 우리는 150개
이상의 나라에서 타코벨, 피자헛, KFC, 해빗버거 같은 고유의 브랜
드를 마케팅하는 데 매년 수십억 달러를 쓴다. 그런 다음 효과가 있
는 것과 그렇지 않은 것을 확인하고 계획을 수정한 후 다시 시도한
다. 이렇게 해서 우리는 이론으로는 매력적이지만, 쓸모는 없는 것
들을 걸러내고 실제로 효과가 있는 것만 추린다.

이 모든 연구와 오랜 세월 현장에서 다진 마케팅 경험을 통해 우
리는 꾸준한 효과를 발휘하는 마케팅의 접근법을 창안하고 개선해
왔다. 그리고 그것을 R.E.D.라고 명명했다. 바로 연관성(R), 용이성
(E), 특이성(D)이다. 연관성은 문화적, 사회적, 기능적 연관성 세 가
지로 나눠 생각할 수 있다. 용이성은 쉽게 접할 수 있고 눈에 잘 띄
게 만드는 것이다. 특이성은 말 그대로 특이하게 만드는 것이다. 이
책 곳곳에서 R.E.D.의 요소들을 활용하여 효과적으로 마케팅하는
방법에 관해 우리가 알고 있는 모든 것을 여러분과 공유할 것이다.
그것이 효과를 발휘하는 이유도 낯설고 놀랍고 예기치 못한 것인
경우가 많다.

그러니 요즘처럼 너무 많은 것이 난무하는 시장에서 복잡하고 때

로 모순적이어도 우리를 혁신하고 판촉하고 광고하고 판매하는 아주 재미있는 세계로 이끌어주는 가이드로 생각해 준다면 더는 바랄 것이 없겠다.

잠깐 이 분야에서 회자되는 아이디어 몇 가지를 정리해 보자. 지난 10여 년 동안 마케팅 업무에 종사했거나 마케팅 프레젠테이션을 받는 쪽이었다면, 목적의 힘Power of Purpose이란 말을 들어본 적이 있을 것이다. 어쩌면 짐 스텐겔Jim Stengel의《미래기업은 무엇으로 성장하는가GROW》를 통해 더 큰 목적의식을 가지고 자신의 제품을 다시 살펴보게 되었을지도 모르겠다. 그러면 당신이 만드는 토스터의 목적은 경쟁사 토스터의 목적과 확실하게 다른가? 그렇지는 않을 것이다. (우리도 '목적'을 갖는 것이 멋진 일이고 목적이 분명해야 직원들이 의욕을 가지고 힘낼 수 있다고 생각하지만, 그것이 브랜드를 특이하게 만들어주지 않는다면 마케팅에서 목적은 끔찍한 도구에 지나지 않는다.) 잭 트라우트Jack Trout의《잭 트라우트의 차별화 마케팅Differentiate or Die》은 무엇이 됐든 소비자가 특정 제품의 뛰어난 기능성을 알아볼 수 있어야 제품에 대한 충성심을 유지한다고 주장한다.

그러나 우리 생각은 다르다.《러브마크LoveMarks》에서 말하는 것처럼 소비자가 브랜드와 감성적으로 연결되거나 '브랜드에 대해 사랑'을 느껴야 한다는 주장이 솔깃하게 들릴지 몰라도, 고객이 당신 브랜드를 생각할 때 정말로 감각적이고 은밀하고 신비스러운 느낌이 들까? 뉴로마케팅neuromarketing을 다룬 책은 셀 수 없이 많고 또 재미도 있지만, 정말로 자격을 갖춘 신경과학자들은 이런 마케터들의 주장에 질색한다. 어떤 전달 내용을 보았을 때 뇌의 이런저런 부위가 활성화된다는 사실에 대한 막연한 개념만 믿고 마케팅 전략을 세우는 건 좋은 생각이 아니다. 그런 책들이 하라는 말을 그대로 따랐다면 분명 그다지 좋은 성과는 내지 못했을 것이다. 서로 자기가 옳다고 외치지만 그들의 철학을 뒷받침하는 증거는 괜찮아 봐야 모호하고 심하면 한심한 것들뿐이다. 이에 반해 우리는 학문적 연구와 실제의 성공 사례와 수십 년에 걸친 개인적인 경험을 토대로 그 근거를 설명해 갈 것이다.

우리는 효과가 있는 것(특출성salience)과 효과가 없는 것(감성적 연결 emotional connection)을 다룰 것이다. 감성적 연결과 감성적 반응의 차이를 구분하고 걸림돌이 되는 것과 도움이 되는 것을 나눌 것이다. 그런 다음 판매 가치 제안unique selling proposition, USP이나 브랜드 사랑이나 뇌파에 대한 논리정연한 주장과 같은 다른 불안한 아이디어들을 설명할 것이다. 또한 헤비 유저만을 대상으로 마케팅을 하거나 프로그램 구매Programmatic Buying나 광고 기술 분야에서 판매하는 신기한 솔루션에만 의존하여 미디어를 구매하는 방침이 얼마나 무익한 일인지 입증할 것이다. 무엇보다 우리는 이 분야의 실질적인 브랜드 구축 기술이 초라한 몰골로 서서히 죽어가는 현실을 바라보며, 그에 대한 대안으로 몇 가지 해결책을 제시할 것이다.

이제 이 책을 읽으면서 이런 개념들로 인해 제품이 문화적으로 연관성을 가지게 되고 접근하기 쉽게 될 경우 그 위력이 어느 정도인지 직접 확인해 보기를 바란다. 하지만 그런 개념들도 치열한 경쟁의 메시지의 바다에 뒤섞이면 온데간데없이 가라앉게 되고, 그러면 당신 제품도 당신도 가라앉고 만다.

우리는 '행동을 바꾸려면 그들의 태도부터 바꾸라'라는 낡은 마케팅 패러다임을 멋지게 비튼 애덤 페리어Adam Ferrier를 이야기할 것이다. 그의 지적대로 그 반대가 훨씬 효과적이다. 즉, 소비자의 행동을 바꾸면 태도가 바뀐다. 또한 타깃의 범위를 좁힌 광고의 가치나 그것의 문제점도 가감 없이 드러내겠다. 근거도 없이 아무렇게나 던지는 말이 아니다. 오히려 우리는 이 산업에서 횡행하는 돌팔이 치료법을 없애기 위한 혁명을 주도하는 수백 명의 선구적인 학자들과 전략기획가들의 작품을 대조하고 정리하고 있다. 우리는 그들이 터득한 사실을 발판으로 그들의 이론을 현실에서 실제로 활용할 수 있는 논리적 체계로 통합할 것이다. 모쪼록 당신도 그렇게 하기를 바란다.

요약하자면, 오래전부터 광고에는 세 가지 이론이 존재해 왔다.

1. 합리적인 메시지를 합리적인 방법으로 설득하라. 좋다. 멋지다. 문제는 인간이 매우 비합리적인 존재라는 점이다. 대부분의 경우 사람들은 자신이 무엇을 원하는지 모른다. 알아도 표현할 방법이 없다. 행동경제학이란 학문이 나온 것도 그 때문이다.
2. 감성적 연결. 물론 제품이 좋아서 살 때도 있다. 하지만 그걸 단서로 마케팅 메시지를 만든다면 실패할 수밖에 없다. 그래봐야 특이할 것도 없는 감성적 난센스밖에 나오지 않기 때문이다(정

서를 좀 더 위력적으로 활용하는 방법은 9장에서 설명하겠다).

3. 목적. 목적은 그것으로 브랜드가 특이해지거나 그 메시지를 처음 들고 나온 경우에만 효과가 있다. 그러니 파타고니아Patagonia나 도브Dove가 아니라면, 다른 메시지를 찾아보라.

에렌버그-배스 마케팅학 연구소Ehrenberg-Bass Institute for Marketing Science, EBI는 지난 10여 년에 걸쳐 마케팅의 새로운 지평을 열어왔다. 그리고 그들이 연 새로운 시대에서는 심리적, 물리적 가용성이 하루의 행동을 규정하기 때문에 기능적으로 연관성이 있고 특이한 브랜드를 만드는 것이 마케터의 주 업무가 되었다. 하지만 이런 중요한 마케팅 혁명을 촉발하는 과정에서 많은 논란을 일으켰던 EBI의 리더 바이런 샤프는 브랜드에 어떤 의미나 문화적 카셰cachet, 특징를 부여한다는 생각을 완전히 접었다. 마케터들이 말하는 알다가도 모를 알쏭달쏭한 수많은 감성적 문구들이 마케팅에 도움이 되지 않는다는 샤프의 말에는 우리도 전적으로 동의한다. 그러나 브랜드의 문화적 연관성을 구축하는 것이 정말로 강력한 브랜드를 만드는 데 중추적 역할을 한다는 생각을 그가 무시한 탓에 정작 중요한 부분까지 같이 폐기한 것은 아닌가 하는 생각도 든다. 샤프가 일러주는 몇 가지 교훈은 무척이나 중요하다. 그리고 그가 폐기한 몇 가지가 바로 지금 당신의 브랜드를 거부할 수 없게 만드는 매력적인 요소일지 모른다.

당연히 우리는 우리의 방법이 더 좋다고 본다. 우리는 그동안 살던 집을 불살라 그 안에 있는 것까지 모조리 태워버렸다. 그리고 그 자리에 서서 모락모락 연기를 피워 올리는 잔해를 바라보며 다짐했다. 전 세계의 얌! 브랜드가 아무도 부인할 수 없는 성공을 거두는 데 사용한 실험적이고 검증된 시스템을 가지고 당신이 마케팅과 브랜드 전략을 직접 다시 세울 수 있도록 도울 것이라고. 그레그 크리드도 컬라이더랩도 얌!도 모두 함께 폭발적인 성장을 경험했다. 우리의 매장은 4만 3,000개에서 5만 개로 늘었고 주가는 5년 사이에 50달러에서 100달러로 두 배가 되었다. 얌!의 시스템 매출액 증가(가맹점 매출의 증가 속도)는 2014년에 3%였던 것이 2019년에 8%로 급증했다. 타코벨만 해도 같은 기간에 매출이 연간 60억 달러에서 연간 100억 달러를 기록하는 등 믿어지지 않는 증가세를 기록했다. 우리는 이런 놀라운 수치상의 결과가 얌!의 특별한 문화, 즉 과감한 모험에 보상하고, 직관적인 사고와 신속한 실행에 높은 점수를 주고, 진정성을 가지고 사람을 먼저 생각하는 리더들이 꾸준히 탁월한 감각을 고쳐시키고, 열정이 넘치는 프랜차이즈 가맹점주와 팀원들이 현장에서 비상한 노력으로 사업에 활기를 불어넣은 덕분이라고 여긴다. 그러나 이외에도 이런 성공 뒤에는 브랜드의 대단한 위력과 과감하게 개선된 마케팅 접근법이 있었다.

R.E.D.가 힘을 발휘할 수 있는 이유에는 예상 밖의 효과를 가진 행복한 하이브리드를 찾기 위해 양립하기 어려워 보이는 이론을 혼합하는 것도 있다. 예를 들어 우리는 브랜드에 특이성이 있어야 가능한 한 많은 소비자에게 도달할 수 있다는 샤프의 이론에 동의한

다. 하지만 우리는 또한 브랜드가 그것을 문화적 의미로 채울 때 강력한 아이콘이 될 수 있다는 더글라스 홀트Douglas Holt의 말이 정곡을 찌른다고 믿는다. 이 대립되는 두 학파는 물과 기름처럼 보이지만, 그것이 바로 우리가 R.E.D.로 하고 있는 일이다. 우리는 양측 학계가 진지하게 이룩한 성과를 하나의 일관된 시스템으로 결합한다. 앞으로 이 책을 써내려 가며 이들 이론을 더욱 상세히 분석할 것이다. 가장 적절한 학문적 개념을 가려내고 선택한 다음 현장에서 실험하고 또 실험했기 때문에 우리는 브랜드를 구축하고 고객과 소통하고 제품을 파는 방식에 혁신을 일으켰다. 우리는 마케팅 학계의 모든 최신 사조를 발판으로 그것을 실용적이고 가르칠 수 있고 효율성을 잃지 않는 이론으로 정립할 수 있었다(이 책을 쓰는 데 참고한 개념을 자세히 살펴보고 싶으면 361페이지의 추가 도서 항목을 확인하면 된다).

목차

R.E.D.가
필요한 이유

1

우리가 R.E.D.를 개발한 이유는 난관에 부딪혔기 때문이다. 내로라 하는 저자도 엘리트 싱크탱크도 최고의 마케팅 전문가도 우리가 마 주한 난제를 뚫는 데 필요한 해결책을 제시하지 못했다. 타코벨은 매출이 떨어지고 있었다. 깊이 잠수해서 원인을 찾아보니 몇 가지 안 좋은 점이 드러났다. 우리는 그때까지 타코벨을 스케이트보드를 즐기는 10대들이나 가성비를 중시하는 극단적 소비자들이 선호하 는 음식으로 포지셔닝하고 있었다. 우리는 웃기지만 세련되지 못한 캠페인으로 저가 아이템을 홍보하는 데 예산 대부분을 쏟아부었다. 예를 들어 1990년대 후반에서 2000년대 초까지 치와와가 "요 키에로 타코벨Yo Quiero Taco Bell"이라고 말하는 고전적 광고와 그 뒤를 이은 '싱크 아웃사이드 더 번' 캠페인이 그것이다. 당시의 먹을거리는 값싸고 재미있는 것으로 배를 채우기 위한 것이 대부분이었다.

하지만 문제가 있었다. 치와와 광고도 몇 년이 지나자 효력이 다했고 타코벨의 매출이 떨어졌다. 이 캠페인은 브랜드를 매우 특이한 것으로 만들어주었지만, 몇 해가 지나자 새로운 시대의 음식 문화와의 연관성을 느낄 수 없었다. 발랄하고 별스러운 전략으로 게으른 청소년들에게 이젠 좀 색다른 것(타코!)을 먹어보라고 옆구리를 찔렀던 광고였지만, 사람들의 머릿속에 남은 것은 그 개뿐이었다. 애초부터 당시 남자애들의 사고를 표상하는 개였다. 그들에게 음식은 탐을 내고 배를 채우고 재미있게 시간을 보내는 문제였다. 멋진 먹을거리로 배를 채우는 미션에 방해가 될 것은 거의 없었다. 그래서 치와와 캠페인 제1탄에서는 귀여운 암컷 치와와는 물론이고 온갖 것들을 못 본 척 무시하던 주인공 개가 타코를 먹고 있는 남자 앞에 이르러서는 애절한 눈초리로 말한다. "나 타코벨 먹고 싶어요(요 키에로 타코벨)." 문화적으로 보자면 말도 안 될 정도로 엉뚱한 홈런 한 방이었다. 우리는 심지어 치와와 장난감도 5,000만 개나 팔았다. 그 캠페인은 타코벨을 '적당한 가격으로 배를 불릴 수 있는' 선택이라고 못 박았다. 그러나 안타깝게도 매출은 계속 하강세였고, 우리는 브랜드의 분위기를 반전시켜야 한다는 걸 뒤늦게 깨달았다.

타코벨이 '싱크 아웃사이드 더 번' 캠페인을 시작한 건 2001년 9월이었다. 이 캠페인은 케사디아, 부리토, 크런치랩의 휴대성에 그 초점을 맞췄다. (요즘 사람들은 사실 '싱크 아웃사이드 더 번'이라는 태그라인보다 '요 키에로 타코벨'이라는 캐치프레이즈를 더 많이 기억한다.) 이후 5년 동안 매출이 꾸준히 올랐지만 거기까지였다. 성장이 다시 둔화되기 시작했다. 2009년에 결국 우리는 리브랜딩이 필요하다는 결론을 내렸다. SNS의 기하급수적인 팽창과 함께 문화는 빠르게 그 모습을 바꾸어갔고 사용자들은 타코벨보다 빠르게 성장했다. 게다가 차세대 청소년들과 가성비를 중시하는 소비자들은 저렴하고 맛있는 음식이라는 솔직한 약속에도 꿈쩍하지 않았다.

문화적인 무언가가 이미 브랜드의 운명을 바꿔놓은 뒤였다. 그리고 우리에겐 그런 변화를 감지하여 그에 맞게 브랜드를 조정할 도구가 없었다. 우리는 획기적이고 아주 특이한 타코벨을 만들어내는 대단한 일을 해냈고, 수천 개의 지점에 도입한 빠른 드라이브스루로 접근하기 쉽게 만들었지만, 뭔가 딱 떨어지지 않는 엉성한 구석이 있었다. 성공을 지속시키려면 좀 더 정밀한 측정 도구와 좀 더 포괄적인 브랜드 관리 방법이 필요했다.

그레그는 몇 년 전 자신이 만든 '매출은 단숨에, 브랜드는 장기적으로Sales Overnight, Brand Overtime, SOBO'라는 시스템을 강화했다. 가격을 대폭 인하하고 성과 기반 마케팅에 예산을 투입해 장기적인 브랜드 구축을 꾸준히 추진함과 동시에 특별 할인 프로모션, LTOLimited Time Offers에 초점을 맞춰 항로를 바로잡는 시스템이었다. 특히 SOBO만큼 혁명적이었던 것은 바로 일대일 마케팅을 포기한 조치였다. 우리에게는 그 이상이 필요했다.

사람들의 관심권에서 벗어난 타코벨을 다시 중심부로 끌어들인 과정에 관해서는 5장에서 자세하게 설명할 것이다. 여기서는 그때가 우리 브랜드의 역사에서 가장 중요한 전환점이었고 그때의 고비를 계기로 R.E.D.가 탄생했다는 사실만 짚어두겠다. 당시 타코벨의 사장이었던 그레그 크리드는 얼마 안 가 CEO로 승진했다. 당시 켄 멘치는 제프 폭스, 그레그 디저릭과 긴밀히 협력하여 타코벨의 광고 대행사인 FCB에서 전략 부서를 이끌고 있었다. 그 후 몇 달 동안 벌어질 일은 우리 팀이 감당해야 할 몫이었다. 당연한 일이지만 우리에게는 해피엔딩이라는 결과를 받아들여야 할 확실한 동기가 있었다. 하지만 그러기 위해서는 외면할 수 없는 사실이 있었다. 지금보다 훨씬 더 효과적이고 포괄적인 마케팅 시스템이 있어야 한다는 것과 우리가 그것을 직접 개발해야 한다는 사실이었다. 그래서 켄은 2013년에 컨설팅 회사 컬라이더랩을 직접 세웠다. 제프 폭스와 그레그 디저릭과 그 밖의 몇몇 재능 있는 기획자와 사회과학자들이 합세하여 약 20명의 전략가를 키워낸 컬라이더랩은 이후 얌!에 인수되었다! 얌!은 현재 컬라이더랩을 일종의 마케팅 전문가 조직으로 운영하고 있다. 지금도 컬라이더랩을 이끌고 있는 켄은 얌!의 CMO로 전 세계에서 영업 중인 네 개 브랜드와 협력하여 2,000명에 달하는 마케터를 양성해 냈다.

컬라이더랩

우리의 주문은 명확했다. 연관성, 용이성, 특이성 등 R.E.D.의 세 가지 요소를 컬라이더랩의 모든 면에 구체화해 달라는 것. 우선 우리는 너무 뻔하고 유행에 민감한 센추리시티나 에보키나 뉴욕 메트로 같은 지역을 피하고 대신 조금 독특한 샌타애나에 둥지를 틀었다. 샌타애나는 최근 라틴계 이민자, 구식 펑크족, 오렌지카운티의 공화당 지지자 등이 한데 어울려 사는 곳으로 유명해진 로스앤젤레스 남쪽에 자리한 한적한 마을이었다. 샌타애나는 고르고 골라 선택한 장소였다. 우리와 다른 부류의 사람들과 끊임없이 부딪히게 되고 사방에 떠다니는 새로운 아이디어를 수시로 만나는 곳이다. (각양각색의 사람과 방법론과 아이디어가 끊임없이 부딪힐 때 좋은 아이디어가 나온다는 의미에서 컬라이더(충돌기)를 이름에 넣었다.)

컬라이더랩은 마을에서 파도타기 가장 좋은 지점에서 가까운 곳에 자리한 탓에 이른 아침 파도가 치솟고 나면 가끔 고운 모래가 사무실 바닥에 흔적을 남기기도 한다. 하지만 덕분에 악명 높은 LA의 교통 체증에 사람들이 매일 몇 시간씩 허비하고 있을 때, 우리 직원들은 남들이 부러워할 만한 삶의 질을 만끽하며 여유를 부린다.

우리 사무실은 쿤달리니 요가 스튜디오와 이발소와 마리화나의 합법화를 주장하는 단체(이들은 캘리포니아에서 마리화나가 합법된 사실을 모르는 모양이다)와 어깨를 맞대고 있다. 지하에는 힙합 녹음에 특화된 스튜디오가 잠입해 있다. 늦은 오후가 되면, 생산적이라고 할 수는 없겠지만 소리를 죽인 비트 있는 음악과 향을 태우는 냄새와 탄트라의 독송이 더해지며 건물은 서서히 활기를 띠기 시작한다.

인습에 얽매이지 않는 탐구욕 덕분에 우리는 곳곳에서 새로운 문화 트렌드와 접점을 만들어간다. 요즘 가장 잘나가는 라틴계 래퍼가 누구인지, 바이오포토모듈레이션 같은 대체의학의 새로운 트렌드가 무엇인지는 잘 모르지만, 우리는 그런 것들을 아는 사람들을 늘 곁에 두고 지낸다. 우리의 점심 식사 장소도 한때 벼룩시장이었다가 식당 창업지원 기지로 변신한 곳으로, 혁신적이고 독창적인 지역 푸드 트럭들이 메뉴를 실험해 가며 사업을 벌이는 오프라인 공간이다. 우리는 실제로 이들 노점상 중 몇몇과 협업하기도 했다. 우리 사무실 벽은 온통 노란색 포스트잇으로 덮여 있어 우리의 관찰과 생각을 일관된 전략과 학습으로 분류하고 다듬는 데 요긴하게 사용된다. 하지만 이 자리에도 몇 가지 단점은 있다. 엘리베이터가 항상 고장 나 있는 탓에 사전지식 없이 방문한 얌!의 이사들(유명 인사들도 있다)은 적지 않게 당황하곤 한다. 밤에 래퍼 지망생들이 지하실에 향을 피우고 녹음할 때는 공기가 '숨쉬기 곤란할' 정도로 탁해지지만 그래서 그곳은 우리 사무실의 젊고 재기 넘치는 직원들에게 더없이 완벽한 작업실이 된다.

얌!의 전략적 신경 센터인 컬라이더랩을 궤도에 올려놓으려면 흥미로운 입지 이상의 무엇이 필요했다. 그래서 우리는 얌!과 컬라이더랩의 취지인 '틀 안에서의 자율 freedom within a framework'을 구현할 직장 문화를 꾸리기로 했다. 다행히 우리는 그레그 크리드를 명예회장으로 모실 수 있었다. 그의 브레인스토밍 능력과 그가 지금 우리 회사에서 추진하고 있는 업무는 가치를 따지기 어렵다. 우린 각자 자기만의 방식을 고집하면서 새로운 아이디어에 저항하는 경직된 마케팅 팀을 만들어놓고 시시콜콜 참견할 여유도 그럴 생각도 없었다. 그래서 이 분야에 막 발을 들인 참신한 마케터나 사회학자나 인류학자, 정치학자 들을 찾는 데 주력했다.

우리는 '박사과정 중도 포기자'를 특히 선호한다. 우리 조직에는 석사, 박사 과정을 시작했다가 저 바깥세상에 뭔가 다른 것이 있다는 사실을 깨닫고 그만둔 사람들이 많다. 이들 중도 포기자들은 박사과정을 밟을 만큼 똑똑하지만, 수년 동안 따분할 수도 있는 논문에 매달리지 않고도 세상에 영향을 미칠 방법이 많다는 사실을 깨달을 만큼 영리하고 야심도 남다르다. 우리의 수석 전략가 중 한 명인 라일라 패즈Lila Faz는 정치학 논문을 컬라이더랩의 직책과 맞바꾸었다. 제시카 고메즈-두아르테Jessika Gomez-Duarte도 휴학계를 내고 10년 가까이 이곳에서 후회 없이 일하고 있다. 정식으로 학위를 받은 박사들은 다른 사람들이 못 알아듣는 말을 늘어놓는 능력이 있지만, 그들이 쌓은 고답주의의 벽을 허물기가 쉽지 않다는 사실을 우리는 경험을 통해 알게 되었다. 하지만 박사과정을 포기한 사람들은 학자들과도 잘 어울리고 우리 같은 사람들을 위해 학문적 권위를 무시할 줄도 안다. 이 중도 포기자들이야말로 컬라이더랩의 금광이다(컬라이더랩에서 실력을 뽐내고 있는 학위를 마친 몇 안 되는 박사님들의 기분이 상하지 않았으면 좋겠다. 우리는 당신들도 사랑한다!).

컬라이더랩의 문화적, 물리적 환경을 조성한 철학은 R.E.D.를 만들어내는 데 투입된 철학을 그대로 반영한 것이다. 한 가지를 잘하는 것으로는 성에 차지 않았다. 브랜드와 마케팅의 모든 문제를 세 가지 다른 각도에서 공략할 기술과 자원이 필요했다. 우리의 고객과 그들의 브랜드와 관련하여 그들이나 우리가 그동안 철석같이 믿고 있던 것과 어긋나는 것을 알아내려면 마음을 열어야 했다. 상반돼 보이는 아이디어들을 화해시킬 만큼 빈틈이 없어야 했고 냉철한 지성으로 그것의 효용성을 입증하고 허황된 주장은 배제해야 했다. 아울러 고객이 당면한 현실적인 충동은 물론, 해당 제품과의 관계에서 비롯되는 뉘앙스를 조사하고 이해하는 데 필요한 새로운 방법을 찾는 것도 중요했다.

우리 두 사람만 있을 때 하는 얘기이지만, 우리에겐 KFC, 타코벨, 피자헛, 도브, 네슬레 등 다양한 브랜드의 부인할 수 없는 판매 실적을 창출한 60년 넘는 경험이 축적되어 있다. 그레그 크리드는 유니레버의 CMO였다가 호주와 뉴질랜드 KFC의 CMO를 거쳐 타코벨에서 CMO를 맡은 후 결국 얌!의 CEO가 되었다. 그레그는 마케팅 분야에서 독특한 입지를 차지하는 전설적 인물이다. 그는 보기 드물게 자상하고 재미있지만 동시에 대단한 용기를 보여주는 CEO다. 그는 크런치랩Crunchwrap이나 도리토스 로코스 타코Doritos Locos Taco 같은 수십억 달러짜리 아이디어도 악수 한 번으로 통 크게 승인했다. 알래스카의 외딴 마을 베델에서 몇몇 10대들이 장난으로 타코벨이 개장한다는 글을 트위터에 올리자, 헬리콥터로 타코 트럭을 공수하는 것을 허락한 것도 그였다. 이 무모한 비행은 많은 언론의 이목을 끌어 엄청난 양의 훈훈한 기사를 낳았다. 25년째 마케팅에 몸을 담고 있는 켄은 카피라이터이자 크리에이티브 디렉터로 출발하여 여러 기획사에서 기획을 책임지면서 유명 국제 광고 페스티벌에서 여러 차례 권위 있는 상을 받았다. 2011년에는 타코벨을 회생시키는 데 큰 역할을 담당했다.

컬라이더랩에게 주어진 첫 과제는 2011년 당시 타코벨이 안고 있던 문제를 찾아낸 다음 이를 해결할 첫 번째 버전의 R.E.D.를 개발하는 것이었다. 컬라이더랩이 그 과제를 완수했고 성공이 따라왔다. 흑자로 돌아선 매출은 8년 내내 성장세를 유지하며 거의 매 분기 업계 평균을 앞질렀다. 궁지에 몰렸을 때 얌!은 위기를 기회로 삼아 사업 전반을 다시 살펴보고 브랜드의 문제를 신속하게 찾아내 바로잡을 수 있는 포괄적인 마케팅 방법론을 확보했다. 이때 확보한 시스템은 훌륭한 얌! 마케터들의 손을 통해 수년간 끊임없는 개선 작업을 거쳐 다듬어졌다. 특히 KFC의 글로벌 CMO 캐서린 탠-길레스피Catherine Tan-Gillespie와 피자헛의 글로벌 CMO 크리스토프 포어리어Christophe Poirier 같은 마케터들은 여러 해 동안 150개국에서 수많은 실험을 통해 시스템을 크게 개선했다.

R.E.D.는 컬라이더랩과 얌!의 마케팅에서 우리가 하고 있는 모든 일의 핵심을 이루는 개념이다. 누구든 R.E.D.라는 렌즈를 통해 마케팅 전략을 검토하고 우리가 제시하는 방법론을 따른다면, 장기적인

성장과 지속적인 매출을 이끌어낼 획기적인 전략을 마련할 수 있다. R.E.D. 시스템으로 세계 곳곳에서 뛰어난 활약을 펼치고 있는 마케팅 팀 외에도, 직관적이고 모험을 즐기는 데이비드 노박David Novak, 그레그 크리드 그리고 지금의 데이비드 깁스David Gibbs 같은 얌!의 리더들이 있었기에 우리는 이 분야에서 가장 흥미로운 마케팅 환경을 만들 수 있었다. 얌!의 마케팅은 여전히 짜릿하고 생기 넘치고 장기적으로 유효한 브랜딩이다. 우리가 이 책을 쓴 이유도 그 때문이다. 제대로만 하면 마케팅처럼 신나는 일도 드물 것이다. 마케팅은 강력하고 매혹적인 지적 유희이며 창의적이고 재미있는 일이다. 다만 마케팅 산업은 갈수록 근시안적이고 편협하고 브랜드에 사실상 아무런 영향도 미치지 못하는 온갖 기술적 도구들로 성을 쌓고 그 안에 스스로 갇히고 말았다. 무엇 때문일까? 절묘한 타이밍에 정확한 메시지로 정확한 대상을 노려 눈앞의 성공을 약속하는 첨단 디지털 툴이라는 세이렌의 노래가 마케터의 귀를 홀리기 때문이다. 판매 실적이라는 눈앞의 신기루가 실제로 유효한 방법론을 밀어내고 있다. 소비자의 마음속에 특별한 기억을 심어주어 지속적인 판매로 이어지게 만드는 강력한 브랜드를 장기적으로 구축하는 작업은 점점 보기가 힘들어진다. 경험에서 하는 말이지만 R.E.D.는 이 모든 것을 다시 합리적으로 분석하고 이해함으로써 마케팅을 더욱 효과적으로 만들어주는 도구다.

이 책은 다른 책들과는 전혀 다른 방식으로 문제에 접근한다. 그 책들과 마케팅 이론들이 만능의 마법 탄환을 내세웠다면, R.E.D.는 복잡한 마케팅 환경에서 길을 찾게 안내하는 단순명료한 지도에 더 가깝다. 두려움을 내려놓고 R.E.D.라는 지도에 집중하며 길을 헤쳐 나가다 보면, 지난 10년 동안 마케팅에서 인기를 누렸던 이론들이 대부분 아무런 효험도 없는 주장이었다는 사실을 깨닫게 될 것이다.

이 책이 당신의 지적 욕구를 자극하고 그로 인해 창의적인 면에서 도움을 받고, 당신이 하는 일과 맡은 책임 자체가 매우 재미있는 것이라는 사실을 깨달았으면 하는 게 우리의 바람이다.

이 책에서 우리는 R.E.D.라는 도구로 마케팅 전략을 혁신하는 방법을 보여줄 것이다. 문화적 연관성을 실현하고, 용이성을 바로잡고, 전략을 차별화하는 방식도 제시할 것이다. 또한 R.E.D.의 세 요소가 왜 당신의 성공에 주요 부분을 차지하며, 그 세 가지 요소 모두가 왜 정해진 시점에서 치밀하게 조정되어야 하는지 그 이유를 설명할 것이다.

이 세 가지 중 한두 개만 활용하고 있다면, 그 브랜드는 고전을 면하기 어렵다. 문화적으로 연관성이 있는 광고도 특이하지 않으면 그것은 평범한 공익광고와 다를 바가 없다.

마지막 장에서는 R.E.D. 세 요소의 우선순위를 정하는 방법을 설명하겠다. 마음이 급하다고 세 가지 요소를 한꺼번에 바로잡으려 하면 안 된다. 가장 중요한 것 한 가지를 택해 그것부터 방향을 잡아야 한다. 마지막 장에서는 맨 앞에 세워야 할 말馬을 고르는 간단한 절차를 소개하겠다.

R.E.D.만 제대로 실천하면 마케터가 해야 할 일의 95%는 끝난

것이나 다름없다. 100%라고는 하지 않겠다. 우리도 놓치는 것이 분명 있을 테니까. 하지만 95%만 되어도 틀림없는 A 학점이 아닌가. 브랜드가 특이하고 연관성이 있고 쉽게 눈에 띄기만 하면 그 자체로 훌륭하다!

　다음 세 가지는 모두 강력한 브랜드를 구축하는 데 중요한 요소다 (그림 1 참조).

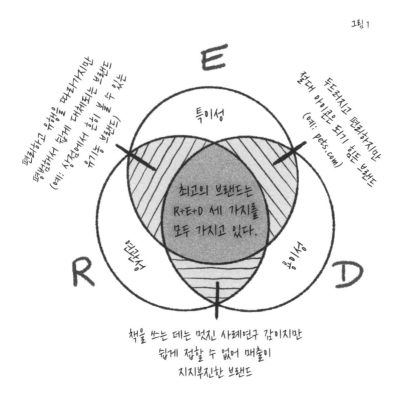

그림 1

떠오르지고 연관성 떠오르기가 쉬운
떠올라서서 쉽게 대체되는 브랜드
(예: 시장에서 쉽게 사라질 수 있는
위기능 브랜드)

E

특이성

두드러지고 연관성지만
절대 아이콘 되기 못한 브랜드
(예: pets.com)

최고의 브랜드는
R+E+D 세 가지를
모두 가지고 있다.

R

연관성

D

특이성

책을 쓰는 데는 멋진 사례연구 감이지만
쉽게 접할 수 없어 매출이
지지부진한 브랜드

생각을 바꾸면
결과가 바뀐다

2

컬라이더랩을 시작할 때, 우리는 세 가지 개념을 염두에 두고 있었다. 이 분야의 관례를 크게 벗어난 것이어서, 누구에게도 말하지 않고 머릿속에만 간직하고 있던 개념이었다. 아무리 조리 있게 설명해도 진지하게 받아주지 않거나 아예 우리를 고용하지 않을까 걱정이 되어 그럴 수밖에 없었다. 그로부터 8년이 지나 이 책을 쓰는 지금도 여전히 망설여진다. 우리는 남들과 다르게 일하며 대단한 결과를 얻었다. 우리는 마케팅 과학이라는 보다 합리적인 기질을 신봉한다. 마케팅 과학은 학계에서 용인된 심리학과 행동경제학을 기반으로 하는 학문이다. 그리고 우리는 이런 복잡한 역학을 가장 기본적이고 납득할 수 있고 실행 가능한 요소로 단순화하는 것의 중요성을 믿는다.

그러나 이런 기본적인 지식을 막상 현실에 적용하면 얘기가 전혀 달라진다. 필요한 것은 창의성과 직관이고 규모 있는 브랜드에 어울리는 사고이며 대담한 한 수다. 끝도 없이 이어지는 포커스 그룹과 얼굴을 맞대고 감성적 혜택에 관해 같은 말만 되풀이하는 논의는 크게 중요하지 않다. 그레그 크리드와 얌!의 새로운 CEO 데이비드 깁스와 컬라이더랩은 그런 점에서 호흡이 척척 맞는다. 우리도 같은 생각이다. 과감함과 결단력은 지적 정확성을 능가한다. 늘 그렇다. 컬라이더랩이 일을 처리하는 방식을 보고 다들 눈이 휘둥그레지고 충격을 받았으면 하는 것이 우리 바람이다. 우리의 방식이 그토록 이례적이라면 그에 대한 책도 한 권 있어야 하지 않겠는가? 여기 그 도발적인 첫 번째 아이디어를 소개하겠다.

조약돌인가 파문인가

마케팅에 접근하는 우리의 방식을 비유하자면 조약돌보다는 파문에 더 가깝다고 할 수 있다. 여기 잔잔한 연못가에서 마케터가 조약돌 하나를 집어 들었다고 상상해 보자. 조약돌은 마케팅 캠페인이고 마케터는 그 돌로 가능한 한 크게 물을 튀기려 한다. 평범한 마케터라면 손에 든 조약돌을 분석하고 조약돌에 대한 물의 반응을 연구하고 물이 좋아할 만한 조약돌을 골랐는지 확인하는 데 엄청난 시간과 돈을 들일 것이다.

그러나 조약돌을 걱정할 필요가 없다. 물이 반응하는 느낌도 신경 쓸 필요 없다. 그게 우리의 전략이다. 대신 우리는 파문에 초점을 맞춘다.

조약돌의 미묘한 뉘앙스를 모두 알아야 할 이유도 없고 내 손아귀에 있는 것이 그 일을 수행할 완벽한 조약돌인지 깊이 생각할 필요도 없다. 그 조약돌이 어떤 사람들의 짜증을 유발하거나 내게서 완전히 등을 돌리게 만들지는 않을지 전전긍긍할 필요도 없다. 걱정해야 할 일은 파문을 '얼마나 크게' 일으킬 수 있는가 하는 점이다. 파문이 아니라 조약돌에 초점을 맞추면 하나를 팔고 또 하나를 파는 사소한 문제에 진을 빼게 된다. 하지만 파문에 초점을 맞추면 엄청난 판매량을 보게 된다. 왜 그럴까? 파문은 처음 물을 튀긴 작용에 대한 반작용이기 때문이다. 그것은 캠페인이나 브랜드를 사람들이 화제로 삼기 시작하는가, 그렇지 않은가의 방법론이다. 그것이 진짜 마케팅이다. 크리에이티브 그 자체가 아니라, 크리에이티브가 사람들 사이에서 야기한 반응이 곧 마케팅이다. 최고의 크리에이티브는 이 사실을 안다. 따라서 파문, 즉 캠페인이 유발하는 반응에 초점을 맞추고 어떻게 그것을 마케팅 쓰나미로 키울지 생각하는 것이 관건이다.

쉽게 설명하면 이렇다. 소비자를 너무 많이 알려고 애쓰지 말라. 그들이 어떤 동기로 당신의 제품을 사려 하는지 그 미묘한 뉘앙스를 모두 알아내겠다고 덤비지도 말라. 그런 것은 초점을 흐리는 방해물이다. 사람들은 자기가 무엇을 원하는지 모른다. 인간은 갈등하는 욕구와 부끄러운 갈망으로 뒤범벅된 존재다. 우리는 종종 우리가 가장 사랑하는 사람들 때문에 분노하고 치를 떤다. 우리는 배우자에게 심한 애착을 갖지만, 때로는 결혼이라는 굴레를 벗어던지고 싶은 충동에 사로잡힌다. 아이들을 위하는 일이라면 물불을 가리지 않지만 때로 매사 아이들 위주로 사는 것이 현명한지 고개를 갸우뚱한다. 사회적 성공과 물질적 안락을 추구하지만 느긋하고 소박한 삶을 갈망하기도 한다. 겉으로 드러난 행동과 말로 표현된 신념은 마음속에서 갈망하는 동경과 별 관계가 없다. 우리가 원하는 것은 기실 전혀 우리가 원하는 것이 아니다. 그러니 균형이니 뭐니 하는 말 따위는 잊어버려라. 대신 우리는 우리 브랜드를 문화적으로 최첨단에 세우고 소비자들이 이유도 모르고 끌리는 트렌드로 만들어 소비자와 발을 맞춰갈 것이다.

소비자가 무엇을 왜 사는지 그 심리적 동기에 전혀 귀를 기울일 필요가 없을 때가 많다. 거기에 마케팅의 커다란 비밀이 감춰져 있다. 당신은 이제 그들의 문화 세계를 이해하고 그것을 근본부터 흔들려 한다. 그래서 누군가는 소비자의 기능적 니즈를 앞세운다. 예를 들어 이런 것이다. "아이들을 안전하게 학교에 데려다주려면 아무래도 차가 있어야겠지?" 하지만 그들이 당신에게 줄 수 있는 정보는 그것이 전부다. 나머지는 문화 속에서 무언가를 창조해 내는 팀의 능력에 달려 있다. 외면하기 힘들 정도로 매력적인 것을 만들어야 한다. 이런 신념 체계가 만들어내는 차이를 소홀히 취급하면 안 된다. 바로 그것이 모든 것을 바꾼다. 그리고 집중력과 두둑한 배짱과 용기가 있어야 한다. 수시로 도표를 뒤지거나 작성하는 것은 도움이 되지 않는다.

그래서 우리는 끝도 없는 질적·양적 연구 같은 구태의연한 기법을 접기로 했다. 그런 것들은 결국 평범하고 따분하고 쉽게 잊히는 마케팅이다. 이것을 'Y'의 한쪽 가지라고 부르자. 마케터들은 예로부터 전략을 세울 때 이런 안전한 쪽을 택했다. 이런 연구 대신 우리는 'Y'의 다른 쪽 가지를 취해 문화적 트렌드에 관한 인사이트를 제시해 주는 현지 시장 사람들과 대화하기 시작했다. 동남아시아의 한 여성용품 브랜드는 우리에게 매출 실적을 개선해 달라고 요구했다. 그래서 우리는 그 지역 교수들과 협력하여 일정 기간 내 사람들이 사용하는 언어가 진화하는 과정을 탐색했다. 우리는 인플루언서들을 인터뷰하여 그들의 팔로워들을 자극하는 것이 무엇이고 어떤 종류의 게시물이 가장 인기 있으며, 그 이유가 무엇인지 알아보았다. 우리는 젊은 여성들로 구성된 왓츠앱WhatsApp 그룹을 만들어 몇 주 동안 가장 인기 있는 아이템에 대한 의견을 물었다. 우리는 생리와 관련된 금기를 설명해 줄 지역 문화계 인사들을 찾았다. 우리는 그곳 여성들에게 이런 질문은 한마디도 하지 않았다. "이 생리대에 원하는 것이 무엇인가요?"

아이디어 퍼스트

컬라이더랩은 본능의 가치를 100% 믿는다. 프로젝트를 시작할 때면 거의 매번 브랜드와 브랜드 사용자를 직접 관찰한 다음 시장에서 통할 만한 아이디어를 택해 가설을 세우고 테스트한다. 과학적으로 그 방법이 안전하다. 앞서 언급한 컬라이더랩의 라일라도 같은 생각이다. 라일라는 이를 과학적인 방법에 비유한다. 우리는 아이디어에서 출발하여 거슬러 되짚어 가며 작업하고 조사 결과에 따라 움직인다. 이런 우리의 방식은 절반만 타당하다. 다른 가설을 시험하거나 난관에 부딪히면 우리는 나머지 절반의 타당성을 확보하기 위해서 경험을 중시하는 보다 전통적인 마케팅 방식 '빈 서판blank slate' 이론을 적용한다. 대부분의 마케터들이 하는 방식과는 방향이 완전히 반대다. 기존의 방식대로라면 여러 가지 조사를 동시에 수행하거나 전문 기관에 의뢰하고 밖으로 나가 대상 고객을 인터뷰했을 것이다. 마케터가 그들과 대화하는 이유는 제품이나 브랜드에 대해 미처 생각하지 못했던 인사이트를 찾아내고 싶기 때문일 것이다. 무엇 때문에 그런 일을 벌이는가? 꼭 그래야 하는가? 그것은 마치 바다에 나가 닥치는 대로 아무 미끼나 던지며 무엇이든 물기를 바라는 것과 다를 바 없다.

그동안 우리도 포커스 그룹에 참여하여 뭔가 중요한 실마리를 찾을 수 있지 않을까 기대하며 지루한 시간을 견뎠던 적이 한두 번이 아니다. 그러나 거기에는 정해진 방향도 가설도 없었다. 자동차광들을 만나 그들이 몇 시간 동안 늘어놓는 엔진 강의를 들었더라도 헤어지고 나면 쓸 만한 캠페인에 한 발도 다가서기 힘들었다. 아니 쓸 만한 캠페인과는 오히려 더욱 멀어지는 느낌뿐이었다. 조사자들이 포커스 그룹에서 들었다고 생각하는 의견들이 합리적인 사고와는 아무런 관계가 없는 시시콜콜한 문제여도 그런 시시한 말들이 귀에서 떠나지 않기 때문이다.

몇 년 전, 한 국제적인 식품 브랜드로부터 연락을 받았다. 미국의 고객들이 편리한 휴대용 포장 식품에 바라는 것을 빈 서판 방식의 조사로 알아봐 달라는 청탁이었다. 무한한 가능성을 지닌 흥미로운 회사였다. 물론 못할 것도 없었다. 다만 그 결과로 뭐가 나올지는 너무 뻔하지 않은가? 바쁜 와중에도 쉽게 구할 수 있는 맛있고 건강에 좋은 음식이겠지. 우린 사원들을 상대로 내부 브리핑을 하다 5분 만에 적절한 방법을 생각해 냈다. 먼저 문화를 만들어가는 사람들을 만나 요즘 화젯거리가 되는 식품이 무엇이고 그 이유가 무엇인지 알아본다. 그런 다음 식품 관련 사회학자들을 만나 더 광범위한 맥락에서 최근에 등장한 식품에 대한 견해를 파악한다. 그러고 나서 이들 자료를 활용하여 연못에 커다란 파문을 일으키기 좋은 각도를 찾는다. 고객에게 이 방법을 설명하자 우리를 화성에서 온 외계인 보듯 바라보면서 그보다는 좀 더 열린 마음으로 포커스 그룹들을 구성하여 20대들이 편의식품에 대해 가진 감성적인 관계를 알아봐 줄 수 없느냐고 정중하게 부탁했다. 우리는 이의를 제기했지만, 프로젝트를 포기하기에는 너무 멀리 왔기 때문에 결국 고객의 요청에 따르기로 했다. 그렇게 해서 나온 인사이트는 평범한 창작 과정으로 이어졌고, 그 후로 우리는 두 번 다시 이런 함정에 빠지지 않겠다고 다짐했다.

빈 서판 연구의 문제는 바로 이런 것이다. 우선 마케터는 경쟁사 중 누구도 접해보지 못한 새로운 마법의 인사이트로 통하는 길만 바라볼 뿐 자신이 정작 무엇을 찾고 있는지 잘 알지 못한다. 그들은 고객에게 이미 사용하고 있는 그들의 제품에 더 바라는 것이 없는지 묻는다. 고객은 지금 이 제품의 어떤 점이 마음에 들고 예전에는 어떤 점이 좋았는지 설명할 수 있다. 그리고 이러저러한 특징이 있으면 좋을 것 같다고 막연하게 대답한다. 하지만 아직 시장에 나오지 않은 어떤 가상의 제품을 받아들일지 묻는다면 의미 있는 대답을 기대하기 매우 어렵다. 그게 뭔지 전혀 모르니까!

훌륭한 마케터들이 돈을 많이 버는 데는 다 그만한 이유가 있다. 정말로 탁월한 마인드의 마케터는 다른 마케터들이 포커스 그룹이나 연구 조사에 들이대는 질문에 본능적으로 답한다. 물론 위대한 마케터들도 실수를 저지를 때가 있고 그들의 본능이 빗나가기도 하지만(타코벨에서 그레그가 드라이브스루 다이어트Drive-Thru Diet로 저지른 실패담은 나중에 설명하겠다), 대부분의 경우 촉각이 예리한 마케터들은 닥치는 대로 인사이트를 찾아 헤매는 방식을 버리고 거대한 파문을 만들 연못으로 곧장 당신을 데려간다.

얌!에는 뛰어난 직감을 가진 마케터들이 몇 명 있다. 온 세상이 다 아는 올드 스파이스Old Spice를 개발한 케빈 하크맨Kevin Hochman과 조지 펠릭스George Felix는 프록터앤드갬블P&G에서 돌아와 우리를 위해 샌더스 대령Golonel Sanders 캠페인을 만들었다. R.E.D.를 무기로 전 세계 KFC의 동일 매장 매출증가율을 두 배로 끌어올린 캐서린 탠-길레스피Catherine Tan-Gillespie와 문화적 측면에서 KFC 프랑스에 접근하여 밤 11시에도 줄이 10열로 늘어설 만큼 핫한 브랜드로 만든 크리스토프 포어리어Christophe Poirier도 빼놓을 수 없다. 얌!은 눈부신 마케팅 인재들의 요람이다. 직관의 힘을 믿는 그들은 쓸데없는 연구조사의 무의미성을 누구보다 잘 안다.

당신도 이미 알고 있겠지만, 그레그 크리드는 본능적인 탁월함을 장착하고 있는 마케터다. 당신이 이 책을 산 것도 그런 이유 때문일 테니까. 60억 달러 규모의 사업을 5년 만에 100억 달러로 성장시킬 수 있는 사람이 세상에 몇이나 되겠는가? 사업을 하는 사람이라면 누구나 이런 천문학적인 성장을 꿈꿀 것이다. 그렇게 짧은 시간 안에 타코벨을 기하급수적으로 성장시킬 수 있었던 사연은 차차 설명하기로 하자. 하지만 대충 귀띔하자면 거기에는 직관과 과감한 실천과 정말로 중요한 것을 정확히 집어내는 불가해한 능력이 있었다고 말할 수 있다.

그레그는 문화적 연관성으로 브랜드의 인기를 되찾았고(R), 획기적인 혁신을 통해 특이성을 부각시켰으며(D), 덕분에 매장은 계속 늘어나 눈에 더 잘 띄고 접근하기가 쉬워졌다(E). 이런 일련의 활동으로 브랜드에 대한 사람들의 열광은 실감할 수 있을 정도로 회복되었다. 누구나 타코벨에서 일하려 했고 달을 향해 쏘아 올린 판매량을 추진하는 타코 로켓의 부품이 되고 싶어 했다. 그래서 마음이 움직인 사람들은 마음과 영혼과 창의적인 아이디어를 투자하고 실제로 새로운 매장을 열었다. 하지만 그 성공의 핵심에는 모멘텀이 있었다. 그리고 그 모멘텀을 만든 기반이 바로 R.E.D.였다.

직관의 개념을 좀 더 깊이 파헤쳐 보자. 2007년 타코벨은 새로운 성장 기회를 모색하고 있었다. 동시에 현대인의 건강과 웰빙 르네상스의 한복판에 우리가 찾는 문화적 계기가 있었다. 다이어트를 하고 칼로리를 계산하는 행위는 날씬함과 강인함을 강조하고 성분과 영양적 특성에 새로운 초점을 맞추면서 현대인의 건강 문화로 진화해 갔다. 그러자 본사의 몇몇 인사들은 샐러드를 하자고 성화를 부렸다. 샌드위치도 덩달아 갑자기 인기가 폭발했다. 그래서 야채를 탐탁지 않게 여겼던 팀원들까지 '멕시코에서 영감을 받은 샌드위치'를 제공하자는 아이디어를 적극적으로 검토하기 시작했다. 또 다른 중요한 화두는 아침 식사였다. 그렇다면 타코벨도 그 부분을 저돌적으로 밀어붙여야 하지 않을까?

그레그는 그 모든 아이디어에 "사양하겠다"로 답했다. 대신 그는 말했다. "타코벨은 반란군의 목소리입니다. 반란군은 샐러드나 샌드위치나 아침 식사 따위는 먹지 않습니다. 대신 다른 충격적인 일을 꾸밉시다." 이런 반역 음모의 결과가 2006년에 타코벨이 출시한 포스밀Fourth Meal이었다. 이 심야 메뉴는 서비스가 시작되기 무섭게 큰 인기를 끌었다. 그 이후로 포스밀은 연간 수억 달러를 꾸준히 벌어들이는 아이템으로 자리 잡았다. 맥도날드의 심야 사업을 능가하는 규모다. 우리는 몇 달 어쩌면 몇 년을 바쳐 단 한 가지 최고 분야를 찾아내는 데 우리의 노력을 집중시킬 수도 있었다. 심지어 고객 스스로도 무엇인지 모르는 타코벨에 기대하는 그 어떤 것을 구체적으로 알아내겠다고 수백만 달러의 연구비를 쏟아부을 수도 있었다. 하지만 우리에게는 다행스럽게도 놀라운 직감을 가진 CMO가 한 명 있었고 그 CMO를 기꺼이 지원하는 회사가 있었다.

"하지만…"이라고 말하는 당신의 속마음이 벌써 들린다. 탁월한 본능을 아무나 가질 수 있는 것도 아니고 그런 본능을 전폭적으로 지지해 주는 과감한 회사도 많지 않은 것 아니냐고? 그래서 더욱 R.E.D.가 필요하다. R.E.D.를 따르면 그런 본능을 개발할 수 있고 회사 내에서 당장 건전하고 본질적인 논쟁을 벌여 아이디어를 방어할 수 있다. 마케팅은 조사하는 것이 아니라 본능을 따르는 것이다. 그러니 본능을 키워야 한다. 처음에는 힘들지 모르지만, 계속하다 보면 브랜드의 해결책을 쉽게 찾게 되고 결국 본능적으로 처리하게 된다. R.E.D.를 따라가면 나쁜 아이디어를 걸러내고 좋은 아이디어만 빨리 추려내는 법을 터득하게 된다. 우리의 아이디어를 따르고 우리의 시스템을 충실히 익히면 누구나 컬라이더랩의 '아이디어 퍼스트' 모델을 배울 수 있다. 우리 전략가들이 이미 확인한 사실이다. 컬라이더랩에 처음 들어오면 대부분 힘겨워하지만, 일단 R.E.D.를 받아들이고 나면 더는 그것을 거부하지 못한다.

완벽하게 맞기보다는
확실하게 벗어나라

마지막으로 마케팅과 관련된 두려운 사실이 하나 있다. 항상 성공할 수는 없다는 것. 'Y'의 어느 한쪽을 택해 고지식하게 예전의 길을 가든 컬라이더랩의 방식을 따르든 이 같은 사실은 피할 수 없다. 몇 년 전, 켄이 환승을 위해 나리타 공항에 잠깐 머무는 동안 그곳 CMO 한 명과 맥주를 마신 적이 있었다. 두 사람은 훌륭한 CMO의 자격을 두고 토론을 벌였다. 몇 가지 의견을 주고받은 끝에 켄은 결론을 내렸다. "결정을 내리면 절반 이상을 적중시킬 만큼 똑똑해야 하지만, 어느 쪽으로 결정이 나든 100% 확신을 가지고 밀어붙이는 뚝심이 있어야 한다." 우리는 이런 논쟁과 아이디어를 지지한다. 완벽한 아이디어를 찾으려고 한도 끝도 없이 머리를 쥐어짜는 것보다 정해진 한 가지 아이디어에 전념하는 것이 더 중요하다. 그레그 크리드가 마케터들에게 강조하는 만트라가 하나 있다. "항상 옳을 수는 없지만 언제든 분명해야 한다." 뚝심을 촉구하는 말이지만 기존의 방식에 단련된 마케터들은 이런 개념을 이해하지 못할 것이다.

컬라이더랩에는 크게 실망하여 압력을 넣어야 할 순간에만 꺼내드는 통렬한 모욕이 있다. 다른 사람의 아이디어를 검토한 다음 "딱 맞는 아이디어군요"라고 말하는 것이다. 맞는 아이디어는 적절한 의견이고 더할 나위 없이 좋아 CMO의 의도를 충족시킨다. 동시에 그것은 아무도 들뜨게 만들지 않는다. '맞는 아이디어'가 나왔다는 말은 일단 CMO와 공유할 무언가가 생겼다는 뜻이다. 그 아이디어는 쉽게 승인이 떨어질 만큼 괜찮아서 그것을 기반으로 캠페인을 벌일 수도 있다. 그러나 엄밀히 말하자면 맞는 아이디어일 뿐 특이하지도 않고 마음을 움직이지도 않는다. 그래서 평범할 수밖에 없다. 우리는 그냥 '맞는' 것보다 꼭 맞지는 않지만 특이하고 흥미로운 것, 어딘가 묘하고 건드릴 구석이 많은 허술한 것으로 시작하는 전략을 택한다.

맞게 만드는 것보다는 자신이 택한 방향과 브랜드에 대해 외골수적이고 분명한 태도를 갖는 것이 더 중요하다. 이게… 두려워할 일인가? 마케팅을 하는 사람들은 성공할 전략을 세우기 위해 수백만 달러를 쏟아붓는다. 그러다 실패하면 이 세계에서 쫓겨나고 기획사 계약도 해지되고 수십억 달러 규모의 회사가 도산한다. 그래서 말인데 '맞지만' 특색이 없고 기억에 남지 않는 것보다 약간 '어긋나도' 특색 있는 쪽의 성공률이 더 높다. 그러니 배트를 잡은 손에 너무 힘을 주지 말고 저 멀리 펜스를 보며 휘두를 생각을 해야 한다. 오늘날 얌!의 주요 부분을 설계한 현 CEO 데이비드 깁스는 이런 신념 체계를 비즈니스 전반에 적용한다. "방향을 확실하고 분명하게 잡는 것이 성공의 기본이다. 이것저것 기웃거리며 조심스럽게 우회하는 식으로는 아무것도 얻을 수 없다."

위험을 감수할 용기가 있어야 한다. 한 가지 아이디어를 확보하면 거기에 전념해야 한다. 그레그는 특이한 결정을 아무렇지 않게 내리는 과단성을 갈고 닦았다. 앞서 언급했듯이 그는 타코벨에서 샌드위치 등 제품 종류를 늘리라는 압력에 시달렸다. 그는 그 자리에서 답했다. "번bun은 안 된다. 절대로." 후에 그는 이 철학을 밀고 나가며 한 가지 덧붙였다. "샐러드는 안 된다. 절대로." 말 그대로 수십억 달러가 오가는 결정이지만 그런 결정을 그는 화요일 오후에 점심을 주문하듯 대수롭지 않게 내렸다. 그는 자신의 의견을 굽히지 않았고 그것은 결국 올바른 선택이 되었다. (잊지 말아야 할 것이 있다. 패스트푸드 매장에서 가장 많이 팔리는 품목은 햄버거와 치킨 샌드위치이지만 타코벨은 이 두 가지 중 어느 것도 판매한 적이 없다.)

뭔가 두려움을 느끼는 순간 마음이 흔들린다. 하지만 너무 무모하다고 느낄 때 오히려 달려들어 내 것으로 만들어야 한다. 그러다 잘못되면 어떻게 하느냐고? 90년대 중반 미국에서 나온 희한한 멘토스Mentos 광고를 생각해 보라. 당시 문화는 아랑곳하지 않고 포스트 그런지 시대와도 맞지 않은 생뚱맞은 음악을 배경으로 민망한 시트콤 같은 상황이 전개된 후에 아무 일 없었다는 듯 아나운서는 이렇게 외친다. "멘토스! 더 프레시메이커!Mentos! The Freshmaker!" 광고를 위촉한 쪽에서는 그것이 얼마나 형편없는지 몰랐겠지만, 그들은 그 어정쩡한 광고 시간을 제대로 장악했다. 그 광고는 정말 황당했지만, 확실히 특이했고 그래서 기억에 남는다. 지금도 그 구절을 따라 부를 수 있는 사람들이 적지 않을 것이다. 맞는 광고 공간을 어정쩡하게 소유하는 것보다는 엇나간 공간이라도 확실하게 장악하는 것이 더 좋다. 믿어지지 않으면 유튜브에서 '멘토스. 더 프레시메이커'를 찾아보라.

다만 한 가지는 명심해야 한다. 그렇게 해서 잘못될 수도 있지만, 완전히 잘못될 리는 없다는 점이다. 화장실 향수 브랜드 푸푸리Poo-Pourri를 생각해 보라. 매력적인 여성이 변기에 앉아 배변 과정을 적나라하게 설명하지 않는가? 이 무슨 해괴한 모습인가? 완전히 잘못된 광고다. 그런데도 베일로 가려 에둘러 암시한다던가 "뭐가 됐든 제품의 실제 기능은 언급하지 말라" 같은 전략보다 얼마나 더 효과적인가? 그게 잘못됐다고 생각했다면 마케터도 겁이 나 그녀가 똥을 누고 있다는 사실을 인정하지 못했을 것이다. 아니면 반대로 아주 잘못되고 저속하게 만들어 훨씬 더 자세히 노골적으로 만드는 방법도 있다. 사실 똥을 언급하는 그녀의 터무니없이 절제된 말투와 매너리즘이 똥과 대조를 이루어 아주 그럴듯한 효과를 발휘한다. 그 스폿 광고들은 완벽하게 잘못됐고 그래서 완벽하게 특이하다.

그러니 더 나가기 전에 이것부터 기억해 두자.

- 조약돌이 아닌 파문이 될 것.
- 빈 서판이 아니라 아이디어로 시작할 것.
- 완벽하게 맞는 쪽보다는 특이하게 벗어나는 쪽이 늘 낫다.

R.E.D.의 기초

3

R.E.D.는 판매에 필요한 기본 요소 몇 가지로 요약할 수 있다. 첫째, 고객의 니즈가 있어야 한다(아니면 고객의 니즈를 창출해야 한다). 그런 다음 그 니즈와 특별히 관련이 있고(R), 구하기 쉽고(E), 고객의 머릿속에서 특이한 것으로 기억되는(D) 어떤 것을 확보해야 한다. 다가올 겨울에 운동복을 팔려 한다고 하자. 그것이 고객의 니즈다. 그리고 그 니즈와 연관이 있는 것은 방수가 되고 따뜻하며 너무 비싸지 않은 운동복이다. 그리고 구하기 쉬워야 한다. 그러니 빠른 배송과 원클릭 주문이 유리하다. 마지막으로 고객의 머릿속에 두드러진 하나의 선택지로 떠오르려면 특이해야 한다. 이럴 때 가장 먼저

생각나는 브랜드는 나이키다. 나이키에는 매우 특이한 스우시 로고와 진취적인 브랜드 색이 있고, 110달러만 있으면 구할 수 있다.

이것은 극히 기본적인 사례다. 곧 다루겠지만 중요한 우여곡절을 몇 번 더 거쳐야 한다. 하지만 의외로 많은 마케터들이 이런 아주 기본적인 차원에서도 이들 요소 중 한두 가지를 잊고 있다. 그들은 대부분 기능적 연관성을 강조하며 사람들이 진정으로 원하는 특징을 알아내는 데 많은 시간을 할애한다. 방수되는 직물일 수도 있고 눈 속에서 체온을 유지해주는 기능일 수도 있다. 하지만 E와 D는 간단히 얼버무리고 만다. 기존의 마케터들은 접근 용이성을 영업팀이나 유통 부서의 문제로 치부한다. 나와는 상관없는 일이라는 것이다. 그러면 특이성은? 글쎄, 그건 기획사의 일 아닌가? 내가 왜 그런 걱정을 해야 하지? 그건 자신의 일이 아니라고 여긴다.

하지만 문제가 있다. 결국 매출에 가장 큰 영향을 미치는 것은 무엇인가? 인간은 못 말리게 게으른 존재다. 사람들이 썩 마음에 들지도 않는 제품을 계속 집어 드는 이유는 그게 좋아서가 아니다. 구하기 쉽기 때문이다. 마트도 마찬가지다. 주차공간을 찾기 힘든 대형 마트보다는 상품의 구색을 제대로 갖추지 못했어도 주차장이 널찍한 곳을 더 자주 찾는다. 성에 차지는 않아도 웬만하면 접근하기 쉬운 쪽이 이긴다. 대부분의 경우 접근 용이성이 연관성을 누른다. 생각해두었던 나이키 신발을 찾기가 힘든 상황에서 늘 지나치는 동네 운동화 가게에 브룩스Brooks가 보이면 망설이지 않고 집어 든다. 특이한 브랜드가 아니니 방수기능 따위야 아무래도 상관없다. 어차피 브랜드를 내세울 수는 없으니까. 마케터들은 연관성이 높은 특성을 확보하겠다고 죽도록 애를 쓰지만, 매출을 유도하는 가장 큰 동기는 그런 것이 아니다. 그보다 중요한 것은 E와 D다. 그런데도 그들은 이 두 가지를 대충 다루거나 아예 건드리지도 않는다.

R.E.D.는 앞서 설명한 것보다 더 미묘한 구석이 있다. 마케팅에서 이기려면 이 세 가지에도 각각 확실히 해두어야 할 몇 가지 다른 요소들이 포함되어 있다는 사실을 알아야 한다. 얌!에서 마케터를 양성할 때 이런 요소를 설명하는 우리만의 방법이 있다. 그림 2에 그 내용을 간략하게 정리해 놓았다.

R.E.D.의 3요소   그림 2

연관성 (Relevance)	용이성 (Ease)	특이성 (Distinctiveness)
· 문화적 연관성 · 기능적 연관성 · 사회적 연관성	· 쉽게 눈에 띈다 · 접하기 쉽다	· 독특하고 고유 영역이 있고 일관성이 있다

R.E.D.의 요소:
연관성

연관성은 본질적으로 어떤 제품이 고객의 요구와 니즈에 적합하다는 것을 의미한다. 싸고 맛있고 달콤한 스낵을 원하는가? 트윙키 Twinkies면 될 것 같다. 쫄깃하고 끈적끈적하고 달콤한 행복감에 푹 빠지고 싶은가? 역시 트윙키가 연관성이 높다. 그러나 이것은 기본적으로 마케팅을 연관성으로 정의할 경우의 얘기다. 그때의 연관성은 합리적이고 감성적인 개념으로, 보통은 합리적이고 감성적인 혜택이라고 정의할 수 있다. 여기서 대다수가 놓치는 게 있다. 소위 말하는 '문화적 연관성'이다. 그 제품이 해당 카테고리나 그보다 더 중요한 문화 집단에서 비중이 높아지고 있는 문화적 가치와 어울리는가? 물론 합리적으로는 달달한 간식을 먹고 싶고, 감성적으로 따지자면 그 느낌에 충실하고 싶다. 그러면 된 것 아닌가? 하지만 문화적으로 생각하면 조금 켕긴다. 트윙키를 먹으면 어딘가 떳떳하지 못한 기분이다. 그렇지 않은가? 인스타그램에 올리기엔 좀 꺼려지지 않는가? 90년대라면 트윙키로도 아무 문제가 없겠지만 지금은 아니다. 요즘에는 이런 부분을 만회할 장점이 있어야 한다. 그러면 유기농이어야 하나? 식물성 기반이어야 하나? 에너지나 성능이 중요한가? 혹시 사회적으로 책임 의식이 분명한 여성이 이끄는 기업이 만드는 것이라면? 어쩌면 그것의 진짜 탄생 스토리가 문화적 연관성을 만드는 건 아닐까? 그래서 결국 당신은 트윙키를 내려놓고 오닛Onnit의 프로틴 바를 집어 든다. 트윙키 못지않게 맛있는 데다 식물성이라는 장점과 문화적 죄책감을 떨치는 데 필요한 에너지가 듬뿍 담겨있으니까.

우리가 연관성을 문화적 연관성, 기능적 연관성, 사회적 연관성의 세 가지 주요 카테고리로 나누는 이유도 그 때문이다.

1. 문화적 연관성: 문화에 동조하라

당신의 제품은 당신의 고객이 살고 싶어 하는 세계를 반영하는가?

켄은 아드리아노 골드슈미드Adriano Goldschmied, 그러니까 AG의 카키 바지를 입는다. 토론토에서 LA에 이르기까지 어느 정도 창작과 관계된 회사의 X세대 리더들도 예외 없이 AG를 입는다. 특별한 이유는 없다. 편하고 보기 좋으니까. 하지만 갭Gap의 바지에 비해 착용감이 딱히 좋은 것도, 품질이 뛰어난 것도, 기능성이 썩 좋은 것도 아니다. 문제는 요즘 창의적인 리더들이 갭에서 쇼핑할 생각을 아예 하지 않는다는 점이다. 90년대에는 갭이 그들의 상징이었을지 모르지만, 다이얼 전화가 최첨단 기술이었던 때를 마지막으로 그들은 갭 매장에 발을 들여놓지 않는다. 당신이 갭에서 마지막으로 청바지를 샀을 때는 언제인가? 바지든 청바지든 본질적으로 갭이 잘못된 것은 없다. 그것들은 잘 맞는다. 여러 번 빨아도 되고 색도 괜찮게 바래고 밑위가 짧은 로우라이즈도, 밑위가 긴 하이라이즈도 있다. 부츠컷도 있고 플레어도 있고 스키니도 있다. 실제로 갭은 미국의 어느 쇼핑몰에 가도 쉽게 살 수 있다. 갭은 에버레인Everlane이나 AG보다 싸고 고가 브랜드보다 접근성이 훨씬 좋다. 그런데 당신은 왜 입지 않는가? 아니 그보다 사람들은 왜 갭을 사려 하지 않는가?

갭은 두 가지 이유로 흔들렸다. 갭은 특색이 없고(이 문제는 11장에서 다룰 것이다) 문화적인 연관성을 놓쳤다. 사실 갭은 90년대 중반의 유쾌한 포스트 그런지 시대를 완벽하게 압축한 고전적인 카키스 스윙Khakis Swing 광고 이후 한순간도 컬처 코드를 제대로 드러낸 적이 없다. 당시 갭은 우리들이 대부분 끼고 싶어 하는 집단herd을 대표했다. 갭은 OK 콜라OK Cola나 시케이원CKOne 같은 90년대 브랜드와 함께 특정 시기에 젊음의 컬처 코드를 포착하고 규정했다. 다시 말해 그들은 민주적이었고 공공연한 신분적 상징에 무관심했으며(오히려 유니섹스 디자이너 향수 같은 보다 미묘한 상징을 탐했다) 어른스러움이나 성별 코드나 성공 같은 기존의 틀을 거부했다. 그러나 요즘엔 메이드웰Madewell이나 에버레인 같은 수많은 새로운 브랜드들이 갭이 있는 바로 그 공간에서 활약하고 있다. 그들은 좀 더 연관성이 높은 방식을 택한다. 갭의 디자이너들도 끊임없는 변화를 모색하고 새로운 디자인 철학과 디자이너 컬래버레이션을 시도해 왔지만, 그들은 당대의 시대정신을 어느 한 면도 개척하지 못했다. 그들의 최근 컬래버는 카니예 웨스트Kanye West의 이지 갭Yeezy Gap 정도가 전부다. 이들의 유명세가 갭의 운을 되살려 낼지 지켜보는 것도 흥미로울 것 같다.

문화적 연관성이 왜 중요한가

AG의 카키 바지는 중요하다. 시티즌스오브휴머니티Citizens of Humanity의 청바지는 중요하다. 어떤 바지를 입느냐는 꽤 중요한 문제다. 왜냐하면 다른 소비재와 마찬가지로 당신이 문화적 모멘트에서 앞서 있는지, 뒤처졌는지 그리고 어떤 문화 집단에 속하는지를 알려주기 때문이다. 그레그는 여러 해 동안 갭의 청바지를 입었다. 그러던 어느 날의 회의에서 참석자들은 다가오는 타코벨 프렌차이즈 총회에서 타코벨 재단에 50달러를 기부하는 조건으로 청바지 착용을 허용해야 하는지를 놓고 토론을 벌였다. 한 마케터는 그레그가 50달러를 내면 갭 청바지에 쓴 돈보다 더 많은 액수가 될 것이라고 농담했다. 이런 사소한 순간들은 언제 어디서나 일어난다. 그레그는 수십 년째 갭의 고객이었지만, 자신의 청바지가 시대에 뒤떨어졌다는 사실을 그때까지 깨닫지 못하고 있었다. 평소 그는 컬처 코드를 직감으로 이해한다고 큰소리쳤으나 사실 그의 청바지는 그런 코드와 더는 맞지 않았다. 브랜드가 컬처 코드를 따라가지 못해 충성스러운 고객들이 그 브랜드를 사용하거나 착용했다는 이유로 비웃음을 사거나 신뢰감을 잃게 된다면… 그 브랜드는 고전을 면키 어렵다.

포스트 코로나 세계에서 프리미엄 데님 브랜드와 갭이 어떤 행보를 보일지는 두고 봐야 한다. 패션 트렌드 때문에 한때는 그들의 운명이 영원히 뒤바뀐 것 아닌가 하는 느낌이 들었지만, 그렇다고 역전이 불가능한 것도 아니다. 경기 침체로 인해 갭의 문화적·기능적 연관성이 높아지고, 반면에 프리미엄 데님 가격이 웬만한 구매자들이 엄두를 내기 힘든 범위에서 정해질지도 모를 일이다. 심지어 도로시아 랭Dorothea Lange 스타일의 생존과 끈기의 정신에 보조를 맞출 기회가 갭에 주어질지도 모른다. 아니면 반드시 되살아날 민주적 가치를 그들이 이용할 수도 있다. 그리고 이지Yeezy가 AG 팬츠의 부르주아 속성에 대한 비난을 주도하지 말라는 법도 없을 것이다. 그건 시간이 말을 해줄 것이다. 갭 브랜드 팀의 민첩성과 문화적 인식도 마찬가지다.

문화적 연관성을 펼쳐놓고 탐구하는 작업은 컬라이더랩의 심장 박동에 비유할 수 있다. 우리가 멕시코시티 젊은이들의 행동 패턴을 몇 날 며칠 추적하고, 마닐라에 있는 햄버거 프랜차이즈 졸리비Jollibee를 몇 시간씩 관찰하는 것도 바로 그런 이유 때문이다. 컬라이더랩이 중국 창수常熟에 인류학자와 사회학자 들을 보내 그곳 사람들과 마주 앉아 커피를 마시게 하는 것도 문화적 연관성 때문이다. 우리 직원 절반가량이 사무실보다 비행기에서 보내는 시간이 많은 것도 다 그 때문이다. 우리의 데이터 과학 팀이 문화에 나타나는 새로운 신호를 잡기 위해 수치를 분석하는 것도 문화적 연관성 때문이다. 혹시 이런 규모로 문화적 연관성을 탐구할 시간이나 자원이 없고 굳이 그래야 할 필요성을 못 느낀다고 해도, 시장에서 당신의 제품이 문화적으로 연관성이 있는지는 반드시 알아야 한다.

국제적인 브랜드라면 더더욱 세계적 차원에서 문화적 차이와 해당 문화와의 연관성을 파악해야 한다. 예를 들어, 미국에서는 누구든 집단의 일원이기 이전에 개인 그 자신이라는 사실을 앞세우는 것이 문화적 연관성의 커다란 축을 이룬다. 러시아워에 교외로 빠져

나가는 경사로에서 내 차와 같은 중형 SUV 차량 뒤에 서서 30분째 공회전하고 있으면서도. 속으로는 나는 여전히 유일한 개인이며 수량화하거나 범주화할 수 없는 존재라고 자부한다(절대 사실이 아니지만). 공동체 안에서 자신의 입지를 정하는 방식이 이와 전혀 다른 문화권도 있다. 아시아에는 더 큰 집단의 공익을 개인의 욕구보다 훨씬 더 중요하게 여기는 나라들이 많다. 따지고 보면 미국 소비자나 일본 소비자나 집단의 일원인 것은 마찬가지이지만, 앞의 이유 때문에 미국에서 통하는 마케팅이 일본에서는 실패하기도 한다. 물론 그 반대의 경우도 마찬가지다. 감기약 광고만 봐도 알 수 있다. 일본에서는 '주변 사람들 때문에라도 빨리 나아야 합니다'라고 광고하지만, 미국에서는 어디까지나 자신이 중심이다. '초췌해 보이지 않으려면 증상이 나타나는 초기에 잡아야 합니다.' 같은 식이다.

이번 장에서는 이런 질문을 생각해 보자.

- 우리 팀은 고객과 관련된 컬처 코드를 이해하고 있는가?
- 우리의 제품은 고객들이 속하기를 바라고 그들이 자부심을 느끼고 즐기며 보조를 맞추게 되는 문화적 모멘트를 반영하는가?
- 나는 새로 등장한 문화적 모멘트에 속하는가? 아니면 예전엔 통했지만 더 이상 관련이 없어진 어떤 것에 미련을 버리지 못하는가?
- 나는 내 브랜드의 더 깊은 카테고리 코드를 이해하고 그것이 어떻게 변할지 알고 있는가?

앞에서 컬라이더랩의 미학과 사무실 분위기를 이야기한 데는 그만한 이유가 있다. 최근 떠오르는 '이머징emerging 컬처 코드'를 관찰하고 이해하고 공유하려면, 핫 플레이스 한복판에 자리를 잡고 혁신적인 금융 모델을 가진 새로운 기업들을 주변에 두어야 한다. 트래비스 스콧Travis Scott이나 릴 나즈 엑스Lil Nas X나 BTS, 라나 델 레이Lana Del Rey, 빌리 아일리시Billie Eilish 중 누가 당신 고객의 삶에서 최근 떠오르는 컬처 코드를 더욱 적절히 표현하는지 알아내야 한다. 물론 그걸 알아내겠다고 평소 업무를 중단할 수는 없다. 하지만 우리가 제시한 절차를 통해 그런 컬처 코드를 확인하고 해독하고 이해하고 반응하는 것 정도는 할 수 있다. 그러기 위해서는 당신의 과거를 인정하고 현재 모습을 이해하고 당신의 미래와 문화적 연관성을 예상하는 여러 단계의 과정을 거쳐야 한다.

문화적 연관성을 다루는 5장에서 우리는 올바른 질문을 하고 올바른 유형의 연구를 실행하고 자신이 속한 시대와 브랜드에 맞는 문화적 경로를 선택하는 어려운 과정으로 당신을 안내할 것이다.

#MeToo와 하비 와인스틴Harvey Weinstein의 시대에도 여전히 성을 상품화하는 브랜드를 상상해 보라. 혹은 하루가 멀다 하고 정치인들의 성 추문이 폭로되는 시대에 〈맥심Maxim〉 잡지 같은 남성 중심 브랜드를 생각해 보라. 이 브랜드는 특이한 브랜드가 될 수도 있고, 심지어 접하기 쉬운 브랜드가 될 수도 있다. 하지만 문화적 연관성을 거스르면 닻에 묶여 옴짝달싹하지 못하다 언제 어떻게 침몰할지 알 수 없게 된다. 문화적으로 연관성을 확보하지 못하면 다른 어떤 것

도 제대로 됐다는 느낌을 줄 수 없다. 우리가 살고 있는 지금 이 순간과 아무런 접점도 없다는 걸 드러낸다면, 과연 소비자가 당신 제품을 이 세계와 연관 지어 생각하겠는가?

2. 기능적 연관성: 유용할 것

이 제품은 고객이 필요로 하거나 원하는 것을 제공하는가?

마케터나 경영자나 영업팀장이나 제품 개발자로서 우리 모두는 다음과 같은 고객의 니즈를 충족시켜야 한다는 사실을 잘 알고 있다.

- 당신의 고객은 늦은 오후에 기분을 전환할 음료가 필요하다. 그래서 카페에서는 커피와 1인분 용량의 오후 간식을 판매한다.
- 애틀랜타에서 덴버까지 가는 사람들이 있기에, 항공사들은 그 노선의 운항을 개시한다.
- 고객은 자녀들이 심심해한다고 생각한다. 그래서 스트리밍 서비스는 좀 더 향상된 옵션을 제공한다.

성공이다! 당신은 제품을 판매했고 고객을 한 명 확보했다. 적어도 지금은 그렇다. 하지만 바로 그 순간 브랜드는 정체될 위험에 놓인다. 고객 한 명의 니즈를 충족시키는 것으로는 부족하다. 번창하기 위해서는 여러 카테고리 사용 사례category use occasions, 즉 CUO 를 제시해야 한다. CUO는 소비자가 특정 카테고리에 참여하여 충족시키려는 니즈이며 그것을 소비하는 이유다. 그리고 카테고리마다 수십, 수백 개의 CUO가 있다. 예를 들어 트윙키를 보자. 우리는 앞에서 트윙키를 세 가지 CUO로 설명했다. 1) 값싼 간식 2) 달콤한 간식 3) 서운함을 달래는 데 도움이 되는 간식이다. 하지만 다른 것들도 있다. 예를 들어 허기를 달랠 만한 것, 또는 아이들에게 줄 것, 아니면 운전하면서 먹을 것 등이다. 소비자의 머릿속에 가능한 한 많은 CUO를 체계적으로 소유한 브랜드가 성공한다. 6장에서는 브랜드와 제품의 매력을 높이기 위해 새로운 CUO를 체계적으로 구축하는 과정을 설명하겠다. 미니 쿠퍼Mini Cooper가 아니라 토요타 Toyota가, 브룩스가 아니라 나이키가 되고 싶어 하는 이유를 밝힐 것이다. 또한 기존 CUO의 기반 위에 이머징 CUO를 구축하되 고객을 납득시키고 브랜드의 핵심 정체성에서 너무 멀리 벗어나지 않게 붙들어주는 논리적이고 체계적인 계획 또한 상세하게 풀어내겠다.

6장에서 당신은 다음 질문에 답해야 한다.

- 당신의 브랜드는 어떤 CUO를 충족시키는가? 당신의 경쟁사가 더 많은 것을 충족시키고 있지는 않는가?
- 가장 손쉬운 방법으로 매출을 신장할 수 있는 CUO는 무엇인가?
- 이런 CUO를 한 단계씩 확장시킬 논리적 디딤돌은 무엇인가?

3. 사회적 연관성: 대중문화의 모멘트가 되어라

대중문화는 우리에게 무엇을, 어떻게, 왜 해야 하는지 알려준다.

R.E.D.에서 우리는 문화적으로 짧은 시간 안에 인기를 끌고 입소문을 타는 순간을 함께 나누고 토론하려는 인간의 욕구를 활용하기 위해 사회적 연관성이라는 개념(그림 3 참조)을 사용한다. 사회적 연관성은 '집단herd'의 일부가 되는 것이 아니라, '들리게heard' 만드는 문제다. 재미있고 낯설고 주목할 만한 스턴트Stunt(세간의 이목을 집중시키는 행위)나 활동을 만들어냄으로써 우리는 소비자들에게 이야깃거리를 던지고 서로 참여하거나 연결고리를 만들 기회를 준다. 최근에 정말 기발하고 변칙적이거나 아주 흥미로운 것을 본 적이 있는가? 당신은 그것을 보자마자 휴대폰을 들어 친구에게 문자를 보냈을 것이다. 이런 충동이야말로 사회적 연관성을 성공적으로 활성화시키는 기반이다. 그것은 당신의 소비자들이 특정 집단으로 묶이는 차원의 문제가 아니다. 그것은 그들이 스타벅스에 줄을 서 있든 오전 9시 30분에 직원회의를 하든, 언제 어디에서 당신의 광고나 제품을 보든 관계없이 순간적인 클릭으로 SNS에 공유하거나 친구에게 전달하게 만드는 문제다. 이런 공유와 전달의 중요성은 굳이 강조할 필요도 없다. 친구들이 어떤 브랜드를 사용하고 있다거나 그 브랜드를 입에 올리는 것만 봐도 해당 브랜드를 더 자주 소비하게 되기 때문이다.

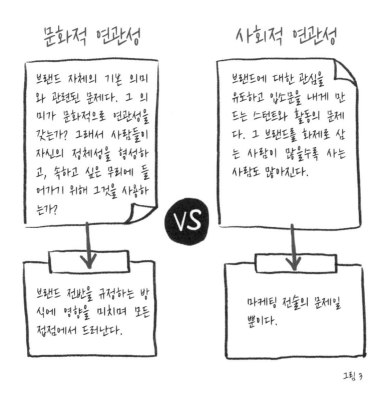

문화적 연관성

브랜드 자체의 기본 의미와 관련된 문제다. 그 의미가 문화적으로 연관성을 갖는가? 그래서 사람들이 자신의 정체성을 형성하고, 속하고 싶은 무리에 들어가기 위해 그것을 사용하는가?

브랜드 전반을 규정하는 방식에 영향을 미치며 모든 접점에서 드러난다.

VS

사회적 연관성

브랜드에 대한 관심을 유도하고 입소문을 내게 만드는 스턴트와 활동의 문제다. 그 브랜드를 화제로 삼는 사람이 많을수록 사는 사람도 많아진다.

마케팅 전술의 문제일 뿐이다.

그림 3

2019년 우리는 팜 스프링스에 타코벨 호텔 앤 리조트를 개장했다. 호텔은 온라인 예약을 시작한 지 2분 만에 매진됐다. 정말 멋진 SNS의 모멘트였다. KFC 스페인은 사람들이 "치킨 치킨!"하고 노래하는 희한한 TV 광고로 많은 화제를 불러일으켰다. 사람들은 너도나도 그 노래를 따라 불렀고, ―10%였던 매출은 +15%로 바뀌었다. 왜 갑자기 수치가 상승했을까? 남들이 관심을 갖는 모습을 보고 들으면 덩달아 그 브랜드를 택하게 되기 때문이다. 어느 정도 광고에 면역이 있다고 생각하는 소비자도 실은 주변 사람들이 공유하고 언급하는 대중문화의 모멘트를 거의 예외 없이 흡수하고 공유한다. 그리고 그런 모멘트가 자신의 삶과 관심사, 니즈와 관련이 있다고 느낀다.

사회적 연관성은 그 순간에 일어나는 문화적 변화에 신속하고 사려 깊게 반응할 것을 요구한다. 코로나19 위기 초기에 KFC 독일의 CMO 데이비드 팀David Timm과 그의 팀은 사람들을 초대하여 '커널 댄스Colonel Dance'를 추는 매우 유쾌한 사회적 연관성 활동을 만들어 틱톡TikTok에 올렸다. "지금은 조회 수 5억을 훌쩍 넘겼습니다." 데이비드는 그렇게 설명한다. "더 중요한 것은 전년도 전체 미디어 노출 수의 절반 이상을 단 2주 만에 달성했다는 점이죠. 타이밍이 결정적인 역할을 했어요. 부활절 주말에 내놓았거든요. 도시 봉쇄로 이동이 자유롭지 못한 상황에서 지루함을 참지 못한 사람들이 무언가즐길 궁리를 하다 같은 무리와 함께 느끼고 바깥 세상에 자신을 표현할 방법을 열심히 찾을 때였죠."

사회적 연관성의 모멘트가 중요한 이유는 또 있다. 그 부분만 제대로 하면 브랜드를 대하는 소비자의 태도를 바꿀 수 있기 때문이다. 사람들이 특정 브랜드를 더 자주 입에 올리게 되면 자연스레 그 제품을 생각하는 사람이 많아지고 아울러 그 제품이 중요하고 좋은 것이고 또 그것이 유행한다고 생각하게 된다. 일종의 단순 노출 효과mere exposure effect인데, 더 많이 노출되었다는 이유만으로 선호하게 되는 현상이다. 예를 들어 어떤 유명인사를 반복적으로 보는 사람들은 단지 그 사람이 친숙하다는 이유만으로 그를 호의적으로 바라보게 된다. 아주 단순한 원리다.

이런 효과는 행동경제학자들이 말하는 '가용성 휴리스틱availability heuristic'과 관련이 있다. 뇌가 결정을 내릴 때 취하는 일종의 지름길을 일컫는 그럴듯한 용어다. 뭔가 쉽게 떠오르는 것에 사람들은 점수를 더 준다. 그래서 쉽게 생각나는 브랜드를 더 대단하게 여긴다. 사람들이 수시로 어떤 브랜드를 얘기한다는 것은 그 브랜드가 대단하다는 뜻이다. 모두가 어떤 쇼를 입에 올리면 그 쇼가 꽤 괜찮으리라고 생각한다. 사회적 연관성은 바로 그런 효과를 노린다. 그러니 사람들이 당신 브랜드를 얘기하도록 만들어야 한다. 그러면 사람들의 머릿속에서 당신 브랜드의 위상이 올라간다. 레이디 가가의 생고기 드레스를 기억하는가? 2010년 MTV VMAVideo Music Awards 시상식 다음 날, 사람들이 모인 자리에서 오간 것은 온통 생고기 드레스 얘기뿐이었다. 10년이 지난 지금도 그 드레스를 소재로 삼아 농담을 할 때는 어떤 설명이나 사족을 붙일 필요가 없다. 그것은 이미 하나의 아이콘이 되었다. 이제 당신의 브랜드로 그런 효과를 만들어야 한다.

완벽한 사회적 연관성의 모멘트를 만드는 법

하지만 사회적 연관성을 만들어낸다는 게 생각만큼 쉬운 일은 아니다. 사회적 연관성 스턴트라며 어설프게 일을 벌여놓았다가는 엄청난 시간과 자원만 낭비하고 만다. 예를 들어 우버Uber는 파리에서 장난감 차 같은 자동차 몇 대를 갖다 놓고 테두리를 뭉툭하게 만들어 레고 블록처럼 보이게 만들었다. 그런 행사는 어느 정도 입소문을 냈지만 우리는 그런 스턴트로는 별다른 성과를 거두지 못할 것이라고 장담했다. 며칠만 지나면 그게 우버였는지 르캅LeCab이나 볼트Bolt였는지, 어느 회사의 택시였는지 구별하지 못할 것이라고 예측했다. 실제로 소비자들이 기억하고 화제로 삼은 것은 레고가 전부였다. 레고만이 그 스턴트의 진정한 승자였다. 레고가 공짜로 입소문을 내준 우버에게 정중한 감사 편지나 과일 한 바구니라도 보냈는지 모르겠다.

그 반대의 사례도 있다. 타코벨이 필라델피아의 '자유의 종Liberty Bell'을 사들여 타코 리버티 벨Taco Liberty Bell로 개명했다고 발표하자 사람들은 어안이 벙벙했다. 곧이어 수천 명의 사람이 국립공원관리청과 타코벨 본사에 전화를 걸어 진상 확인을 요구하며 항의했다. 다음 날인 1996년 4월 1일에 타코벨은 만우절 농담이었다고 고백했다. 25년이 지난 지금도 사람들은 여전히 그 장난을 기억하고 있고 그런 장난을 했던 상표도 기억하고 있다. 타코벨이 파리의 우버보다 훨씬 더 좋은 결과를 얻은 이유가 무엇일까?

타코 리버티 벨이 승자인 이유는 그것이 어트리뷰션attribution을 착각할 확률이 거의 없는 브랜드와 연결되어 있었기 때문이다. 그리고 무엇보다 그 광고는 문화 속에서 타코벨의 역할을 반항아이자 장난꾸러기로 각인시키면서 햄버거를 만드는 것으로 만족하지 않겠다는 브랜드의 의지를 재확인시켰다. 7장에서 우리는 브랜드가 '문화에서 차지하는 역할'의 중요성을 설명할 것이다. 이런 역할은 브랜드의 특이한 포지셔닝을 지원하는 올바른 문화적 모멘트와 사회적 모멘트를 만들어내는 데 도움이 된다.

대중문화의 모멘트는 감성적이거나 재미있을 수도 있고 사려 깊을 수도 있고 심지어 정치적일 수도 있다. 2016년, 인종차별에 반대하기 위해 국가가 연주되는 도중 무릎을 꿇어 논란이 되었던 미식축구 선수 콜린 캐퍼닉Colin Kaepernick을 생각해 보라. 사회적 파장을 불러온 그는 2018년 노동절에 공개된 나이키의 광고 모델로 기용되었다. 이 일로 팬들은 그를 더욱 좋아하게 되었고 그를 싫어하는 사람들은 격분했으며 나이키 판매량은 그 주말에 31% 증가하여 1년 전 노동절에 17%였던 증가율의 거의 두 배를 기록했다.[1] 그 기간 내내 나이키는 미국의 인종 문제를 향해 던지는 강력한 진보적 메시지에 보조를 맞췄다. 물론 나이키는 자신들에게 악의를 드러낸 트럼프 미국 대통령을 비롯하여 몇몇 유명인사들로부터 거센 공격과 비난을 받아야 했다. 그러나 나이키의 그런 항변은 의심할 여지 없이 당연히 해야 할 옳은 일이었다. 그 후 2년 뒤 조지 플로이드George Floyd가 경찰의 손에 살해당하는 일이 벌어지고 그에 항의하는 시위가 전 세계로 확산되었다. 이처럼 양심의 각성을 촉구하는 운동이 대대적으로 일어나자 그와 갈등을 빚었던 미식축구 협회NFL는 결국 미온적이나마 사과했고 선수들이 원할 경우 무릎을 꿇어도 좋다고 정식으로 허락했다.[2]

사회적 연관성이란 것이 매번 이렇게 심오해야 활성화되는 것은 아니다. 그러나 그런 활성화는 언제나 '사람들이 모인 자리에서 화제가 될 만한' 것이어야 한다. 기나긴 마케팅 역사에는 당혹스러운 사회적 연관성의 실패 사례들이 가득하다. 대부분 현실 감각이 없는 브랜드 디렉터나 생각해 낼 수 있는 것들이다. 화장지를 거는 법, 화장지를 앞으로 끊는지 뒤로 끊는지를 두고 논쟁을 조장하려 했던 화장지 브랜드가 있었다. SNS에서 해시태그로 투표해달라고 진지하게 호소하는 포스터가 한때 시카고 담벼락을 도배하기도 했다. 아이고. 사회적 모멘트를 획득하려면 소비자들에게 얼마간의 '사회적 자본'을 주어야 한다. 사람들이 모인 자리에서 신이 나서 얘기할 만한 소재 말이다. 그들은 아무나 아는 것이 아닌, 대단한 이야기를 전한다는 기분 때문에 자랑스레 이야기한다. 그러므로 "이봐, 화장지를 어느 쪽으로 거는 게 맞는지 따져보자고!"라고 하는 것보다는 "타코벨이 리버티 벨을 샀다는 얘기 들었어?"라고 하는 쪽이 훨씬 더 낫다.

R.E.D.의 요소: 용이성

용이성은 얼마나 중요할까? 사실 R.E.D.도 애초에는 E.D.R.이었다. 그러다 KFC 인도의 CMO 루이스 루이즈 리봇Lluis Ruiz Ribot이 R.E.D.가 더 특이하고 보기도 좋다고 지적했다. E.D.R.은 어른들이 하는 이야기의 흐름을 끊는 아이들 노랫소리처럼 어딘가 산만하다는 지적이었다. 그래서 R.E.D.로 바꿨을 만큼 용이성이 중요하다.

용이성이 전부다

앞서 '들어가는 말'에서 컬라이더랩의 핵심 철학 중에 '행동이 태
도를 바꾼다Behavior Changes Attitudes'라는 말이 있다고 얘기했다. '태도
가 행동을 바꾼다'라는 기존의 마케팅 사고와는 완전히 반대다. 그
것이 용이성과 무슨 관계가 있는지 자세히 따져보자. 일반적으로는
연관성이 있는 광고를 제작하여 어디를 가든 고객이 계속 볼 수 있
도록 해야 마케팅을 잘했다고 말한다. 그래야 고객이 메시지를 온전
히 흡수하고 자신의 믿음 체계를 당신의 제품에 유리한 쪽으로 바
꾸고 그 가치를 확신하여 당신이 판매하는 것은 무엇이든 구입하게
된다.

그럴듯하다. 결국 우리 인간이라는 피조물은 속속들이 합리적이
고 우리의 구매 결정은 다른 모든 선택과 마찬가지로 논리적이고
분석적이며 신중한 방식으로 진화한다. 평소 다양한 선택지를 놓고
많은 정보를 흡수한 다음 경험을 바탕으로 그중 한 가지를 선택하
듯 말이다. 그렇지 않은가?

당연히 그렇지 않다.

우리 인간들, 아니 정확히 말해 우리의 두뇌와 그 두뇌의 작동 방
식은 사실 지독하게 게으르다. 선택을 해야 할 때 우리는 대부분 정
말로 관심이 있거나 실제로 욕망하는 것을 반영해 주는 쪽보다는
가장 쉽고 고통이 덜한 쪽으로 결정한다. 오후만 되면 켄은 사무실

한편에 있는 과자 서랍을 열고 이것저것 뒤적이다 작은 크기의 스니커즈Snickers를 집어 든다. 사실 그는 스니커즈를 좋아하지 않는다. 초콜릿 질감이 너무 부드럽고 미끈거리며 캐러멜은 너무 끈적거리고 금방 물리기 때문이다. 대량 생산되는 초콜릿에 곤충 부스러기가 섞여 들어간다는 기사도 어디선가 읽은 것 같다. 역겹다. 그런데도 그는 스니커즈를 집는다. 왜일까? 그가 좋아하는 보주Vosges의 초콜릿 바, 그러니까 소량으로 살 수 있고 유기농이고 장인의 손으로 만든 것은 사무실에서 10분 정도 차를 몰고 가야 나오는 식품점에서만 팔기 때문이다. 조금만 수고하면 원하는 것을 손에 넣을 수 있지만, 스니커즈도 단 것에 대한 욕구 같은 그의 니즈를 어느 정도 충족시킨다. 켄의 책상 여기저기 흩어져 있는 구겨진 스니커즈 포장지는 우리 인간이 다른 어떤 동기보다 용이성을 먼저 택한다는 사실을 입증하는 확실한 물적 증거다.

그렇다면 '행동이 태도를 바꾼다'는 어떻게 되는 건가? 어쩔 수 없어 스니커즈 바를 먹기는 했지만 켄은 어딘가 꺼림칙하다. 그는 건강이나 유기농 식품에 관심이 많다. 평소에도 건강 얘기를 자주 한다. 그런데 왜 스니커즈 바를 먹는가? 이런 인지부조화가 불편해서 켄은 자신의 선택을 정당화하기 시작한다. "보주 초콜릿 바는 하나에 8달러야. 노후 생각도 해야지. 스니커즈는 공짜잖아. 그러니 금전적으로 봐도 스니커즈가 더 현명하지." 두뇌가 이런 합리화를 승인해 주기 때문에 그는 자신의 선택에 마음이 편해진다. 이제 한결 느긋해진 마음으로 스니커즈를 즐기면서 그는 혼자 생각한다. "뭐,

따지고 보면 스니커즈도 나쁘지 않은 것 같아… 아니 꽤 좋다는 생각도 들어." 그래서 아예 즐거운 마음으로 스니커즈를 먹는다. 두뇌가 미래를 위해 돈을 아껴야 한다는 사실을 인지했고 그래서 가족을 사랑하는 마음으로 과감하게 그런 결정을 내린 자신에 그는 만족한다.

고객이 제품을 최대한 쉽게 체험했다가 필요할 때 다시 떠올려 구입하게 만드는 것이 당신이 할 일이다. 패스트푸드, 그러니까 QSRQuick Service Restaurant 쪽에서 일하는 우리 같은 사람들에게 이 말은 속도가 최우선 고려사항이라는 의미다. 일반 소비재인 CPGConsumer Packed Goods 쪽에서 일하는 사람들에게 이 말은 가능한 한 많은 상점, 많은 매장에 제품을 유통하고 비치시켜야 한다는 의미로 받아들여진다. 기부금을 모아야 하는 비영리단체에게 이 말은 기부를 요청하는 문자를 보낼 것인지 아니면 사람들이 지갑을 열어서 신용카드를 꺼내고 여러 가지 양식을 작성해야 하는 복잡한 가입 절차를 진행할 것인지의 문제다. 따라서 용이성을 다룰 장에서는 제품을 만드는 방법을 알아볼 것이다.

접근 용이성(8장)

쉽게 구할 수 있고, 구매 여정에서 심리적으로나 물리적으로 가능한 한 마찰을 최대한 없애주는 제품.

그리고

인지 용이성(9장)

감성적인 반응을 야기하는 파격적인 메시지로 해당 분야 전반에서 헤비 유저와 라이트 유저 모두에게 손을 뻗는 광범위한 광고 전략.

이 부분은 심리적·물리적 가용성 개념과 비슷하다.[3] 용이성을 잘 처리하면 게임을 크게 앞설 수 있다.

R.E.D.의 요소:
특이성

개인 생활용품은 잠깐 한눈파는 사이에 어지러운 전쟁터로 바뀌는 분야다. 대형 브랜드들은 선반에서 서로 유리한 공간을 차지하기 위해 수백만 달러를 들여 밀고 밀리는 전투를 치른다. 마지막 순간에 고객이 손을 뻗어 당신의 데오드란트를 집어 들게 만들기까지 당신은 많은 단계를 거쳐야 한다. 2000년대 후반, P&G의 남성 그루밍 브랜드 올드 스파이스Old Spice는 이미 여러 해째 하강 곡선을 그리는 중이었고, 어디에 가나 선반에서 예전의 입지를 잃어가고 있었다. 최대 라이벌인 유니레버에 비해 그들의 제품은 연관성이 없어 보였다. 유니레버는 2002년에 미국에서 액스 바디 스프레이Axe Body Spray라는 브랜드를 출시했다. 액스는 이후 6년 동안 무서운 기세로 남성

데오드란트와 보디워시 부문을 장악해 갔다. 액스는 젊은 성인 남성을 타깃으로 '캔 속의 섹스sex in a can'를 장담하며 P&G의 올드 스파이스를 순식간에 구닥다리로 만들어버렸다. 액스에 비하면 올드 스파이스는 아버지나 할아버지가 쓰는 이미지였다. 해결책은 분명했다. 젊은 소비자를 기반으로 한 새로운 고객에게 어필할 수 있는 브랜드로 다시 만들어야 한다는 것. 그러나 이전 팀들은 브랜드의 독특한 핵심 자산을 만들 생각은 하지 않고 무조건 연관성만 추구했다. 결국 올드 스파이스는 특이성도 없고 아무런 느낌도 주지 못하는 제품이 되고 말았다. 성적 유혹이라는 지루한 비전에 초점을 맞춘 구태의연한 올드 스파이스 광고는 그런 그들의 잘못된 시대관을 고스란히 드러냈다.

케빈과 조지가 속해 있던 P&G 팀은 브랜드의 이미지를 쇄신하기 위해 오리건주 포틀랜드에 자리한 광고기획사 와이든+케네디Wieden+Kennedy의 문을 두드렸다. 그들의 브리프(광고의 방향을 결정하는 기획서)는 무엇이었을까? 올드 스파이스가 누렸던 기존의 영광과 연관성을 되찾는 것이었다. W+K는 그들에게 주어진 돈키호테 같은 임무를 받아들였다. 여기를 고치고 저기를 다듬는 짓은 관두고 그들은 풍차를 향해 곧장 질주했다. 브랜드의 의미를 밑바닥에서부터 재발견하기 위해서였다. 그들은 브랜드의 DNA에서 출발했다. 1) 사향 냄새가 은은한 올드 스파이스는 남성적 분위기를 물씬 풍긴다. 2) 올드하다는 것은 바꿔 말하면 노련하다는 의미다. 두 가지 모두 액스가 넘볼 수 없는 영역이었다.

W+K는 브랜드의 전성기 때 핵심 자산이었던 특이성을 되살렸다. 오리지널 올드 스파이스 범선 로고와 상징적인 올드 스파이스 휘파람 징글jingle(광고 효과를 높이기 위해 사용되는 짧은 선율이나 특정 효과음—옮긴이) 그리고 온통 검은색과 은색뿐인 남성용품 선반에서 눈에 확 띄는 빨간색과 베이지색의 배색 등이 그것이었다. 무엇보다 특기할 만한 것은 다시 돌아온 그들이 냄새의 영역에서 소유할 수 있는 자신만의 당당한 포지셔닝을 완전히 체화했다는 점이었다.

리브랜딩 캠페인이 2년째로 접어들었을 때, 또 다른 유니레버의 퍼스널 케어 브랜드인 도브 포 멘Dove for Men이 미국에서 론칭되었다. 그때 올드 스파이스를 지켜낼 브리프는 무엇이었을까? "남자에게 나는 남자 냄새Smell Like a Man, Man(보통 줄여서 'SLAMM' 캠페인으로 통한다)"를 선택할 수 있는데, 왜 야생화 냄새 같은 여성스러운 향의 보디워시를 쓰려고 하는가? 이 브리프는 브랜딩의 역사에서 가장 상징적인 광고 캐릭터를 탄생시켰다. 전직 NFL 선수 출신의 배우 아이제이아 무스타파Isaiah Mustafa는 웃통을 벗은 채 말을 타고, 하프를 연주하고, 폭포에서 뛰어내리는 신화 속 아도니스가 되어 다양한 모험을 통해 "당신의 남자에게서 맡고 싶은 냄새를 가진 남자The Man Your Man Could Smell Like"의 모습을 구체적으로 보여주었다. 이 광고는 막상 2010년 슈퍼볼 중계 시간에 방송되지는 않았지만, 슈퍼볼이 열렸던 주말에 송출되어 지금도 역대 최고의 슈퍼볼 광고 중 하나로 손꼽힌다. 이후 10년 동안 이 캠페인은 해를 거듭하면서 계속 진화했고, 그 핵심 콘셉트는 여전히 강력하다. 2020년 1월, 올드 스파이스는 오리지널 올드 스파이스 맨Old Spice Man인 아이제이아 무스타파와 더불어 배우 키스 파워스Keith Powers를 그의 아들로 출연시켜 신세대 아들의 행동에 약간 당황하면서도 결국은 이해하는 아버지의 모습을 보여주는 오리지널 캠페인의 리부팅으로 10년간의 성공을 자축했다.

올드 스파이스는 싫든 좋든 사람들의 의식 한구석을 확실하게 소유한다. 이런 소유권을 '특출성salience'이라 하는데, 이는 성공하는 마케팅 캠페인의 핵심 특징이다. 올드 스파이스 캠페인은 별스럽고 이상하고 엉뚱할 정도로 독특하기 때문에 기억에 남는다. 사실 당신도 '당신의 남자에게서 맡고 싶은 냄새를 가진 남자'의 첫 번째 스폿 광고를 다시 보면 틀림없이 시각적 개그와 대화를 대부분 기억해 낼 것이다.

a) 올드 스파이스 캠페인을 기억해 내고 b) 그것을 올드 스파이스 캠페인이라고 정확히 귀속시키는 능력이야말로 값으로 따질 수 없는 소중한 자산이다. 이유가 무엇이냐고? 광고의 50% 이상이 잘못된 브랜드로 인지되기 때문이다. 확실하게 차별화되어 소비자의 머릿속에 일정 공간을 차지하고, 그로 인해 10년 뒤에도 그 광고와 내용, 광고하는 사람을 모두 정확하게 기억하게 만드는 것. 그것이 바로 특출성이고 특이성이고 강렬하고 효과적인 마케팅이다.

용이성이나 연관성과 달리 특이성은 오직 기억에 남는다는 사실만을 그 기반으로 삼는다. 기억에 남는 캠페인이 되려면 다음 세 가지가 있어야 한다.

1. 독특함

2. 소유 가능성(고유 CUO 확보 가능성)

3. 일관성

올드 스파이스는 브랜드의 본질을 과감히 현대화하고 현대인과의 연관성을 매우 독특한 방식으로 부각시킴으로써 그 목적을 확실하게 달성했다. 이런 극적인 방법을 쓰지 않고 수십 년 동안 한 가지 시각적 코드나 메시지를 고수해도 차별화를 꾀할 수 있다. 미국의 코카콜라나 스타벅스가 그런 전형적인 사례다. 지역을 더 멀리 넓히면 영국에서는 민트 초콜릿 애프터 에잇After Eight부터 기네스Guinness, 국제적으로는 앱솔루트 보드카Absolut Vodka, 페리에Perrier, 헬로우 키티Hello Kitty, 오랑지나Orangina 등도 대표적인 차별화된 브랜드다. 11장에서는 버진 애틀랜틱Virgin Atlantic 같은 브랜드를 살펴보고 그들이 균질화된 항공사 브랜딩의 바다에서 어떻게 즉각적이고 확실하게 두드러지는 그들만의 특이한 브랜드 정체성을 만들어냈는지 살펴볼 것이다. 우리는 이것을 미러 마케팅Mirror Marketing과 마그넷 마케팅Magnet marketing이라는 개념으로 비교한다.

브랜드 정체성을 '거울'처럼 반영한 브랜드는 예비 고객이 보고 싶어 하리라 생각하는 것만 단순하게 재현한다. 보통은 고객의 삶을 그대로 반영함으로써 감성적 연결고리를 만들어내는 데 주력한다. 맥주 광고에 나타난 파티 장면은 얼마나 그럴듯한가? 냉동식품 광고에 나오는 단란한 가족의 모습은 또 어떤가?

이에 비해 '자석'처럼 끌어당기는 브랜드는 예비 고객들에게 그들을 봐야 할 이유를 준다. 사랑받는 아이콘 브랜드는 자석 같은 매력을 지닌다. 애플Apple은 멋진 수준을 넘어 창의적이고 현대적인 세계를 창조하여 사람들의 마음을 사로잡는다. 나이키의 진취적이고 첨단을 달리는 스포츠 세계는 좀처럼 외면하기 힘든 매력을 뿜낸다. 애플도 나이키도 소비자의 삶을 반영하지 않는다. 그들은 거울이 아니라 자석이다.

올드 스파이스와 액스의 사례는 또한 컬처 코드의 진화에 따라 특이성이 어떻게 흥하고 쇠하는지 잘 보여준다. R.E.D.의 세 가지 요소 중 어떤 것도 홀로 존재하는 법은 없다. 액스라는 젊은 브랜드의 외설적이고 성적 요소를 지나치게 강조하는 광고가 그 시대의 남성 문화를 드러내면서 올드 스파이스의 구시대적인 체면과 인습적인 남성성에 큰 타격을 입혔고, 이로 인해 사람들의 뇌리에서 희미해져 갔다. 남아프리카나 영국이나 아르헨티나 어디를 가든 액스 광고는 단순한 성적 방정식에 초점을 맞췄다. 뿌려라, 정복하라, 반복해서. 효과가 있었다. 그러다 어느 순간 통하지 않게 되었다. 미투의 시대가 고개를 들면서 매력적인 젊은 남성을 상징하던 액스는 위협적이고 부적절한 존재가 되었다. 남성들이 여전히 그 광고들을 은근히 즐기는지는 모르지만, 대놓고 티를 내기엔 부적절했다. 그 광고는 거의 벌거벗은 여성을 보며 가슴 뛰는 순진한 사내들 무리에 기분 좋게 합세했다는 느낌보다는 약탈자가 되는 것 같은 느낌을 주었다. 2016년에 액스는 지나치게 성적인 요소를 강조하는 특이한 마케팅을 포기하고 문화적으로 좀 더 연관성을 추구하여 '당신만의 마법을 찾으세요Find Your Magic' 캠페인을 시작했다. 다양한 형태와 성별과 욕망과 복잡함으로 남성성을 예찬하는 캠페인이었다.

특이성은 QSR 브랜드의 성공에 특히 중요한 속성이다. 패스트푸드는 브랜드의 경계가 모호해서 차별화가 힘들기 때문이다. 피자 브랜드는 다른 피자 브랜드와 쉽게 뒤섞이고 만다. 햄버거나 치킨도 마찬가지다. 따라서 소비자들에게 지속적인 영향력을 미치려면 두드러져야 한다.

결론

지금까지는 아주 간단하다. 그렇지 않은가? 우리는 마케팅 프로그램의 개별 요소를 분석하고 약점을 파악하고 고객과 좀 더 효율적으로 소통할 기회의 영역을 찾아내는 데 필요한 간결하고도 합리적인 시스템(그림 4 참조)을 만들었다. 하지만 R.E.D.에는 또 다른 측면이 있다. 어떻게 해야 연관성과 용이성과 특이성이 함께 효과를 발휘할 수 있을까? 그리고 마케팅 전략과 최종 캠페인을 개발할 때 이세 가지 요소의 우선순위를 어떻게 정할 것인가?

다음 세 개의 장에서 우리는 제품에 적용되는 연관성과 용이성과 특이성을 파악하는 과정을 거칠 것이다. 작게는 개인적 실천부터 크게는 집단 실천을 거쳐 마지막으로 정성적 연구와 외부 전문가와

R.E.D. 각각의 주요 개념

그림 4

연관성 (Relevance)	용이성 (Ease)	특이성 (Distinctiveness)

문화적 연관성

사람들은 문화적으로 연관이 있는 무리에 속했다고 느끼게 해주는 브랜드를 높이 평가한다. 브랜드에 최근 떠오르는 이머징 emerging 컬처 코드를 주입하되 특이한 방식을 구사해야 한다.

기능적 연관성

브랜드를 성장시키는 것은 CUO를 성장시킨다는 뜻이다. 당신의 카테고리에서 CUO를 세심히 측정하여 쉽게 해낼 수 있는 것과 브랜드에 맞는 것이 무엇인지부터 파악하라.

사회적 연관성

사람들이 당신의 브랜드를 화제 삼는다면 잘 팔릴 가능성이 더 크다. 문화적으로 이야깃거리가 될 만한 활동을 하되 당신만의 고유한 브랜드 자산을 활용해야 한다.

인지 용이성

많은 사람에게 브랜드에 대한 기억 구조를 만들 때 그 광고는 효과를 발휘한다. 그러니 틈새를 표적으로 삼지 말라. 당신의 카테고리에 있는 사람 전부를 대상으로 하는 저비용의 미디어를 구입하여 그것으로 감성적인 반응을 일으켜 당신의 창의성을 기억하게 만들라.

접근 용이성

쉽게 접근하고 쉽게 구할 수 있는 브랜드가 결국 이긴다. 구매 과정에서 있을 수 있는 물리적·심리적 마찰을 모두 찾아내 줄이거나 제거해야 한다.

특이성

독특하고 (CUO를) 소유할 수 있고 일관성이 있어야 한다. 독특하고 소유할 수 있고 특이한 브랜드 자산 distinctive brand assets, DBA을 만들고 지켜내는 브랜드는 심리적으로 이용하기 훨씬 더 쉽다. 창의성을 꾸준하게 유지하는 브랜드가 변화를 우선시하는 브랜드를 이긴다. 그것이 마케터의 최우선 과제다. 그러니 자신만의 브랜드 자산을 찾아 초지일관 밀고 나가라.

포커스 그룹의 외적 도움을 필요로 하는 전략을 살펴볼 것이다.

이후 열두 개의 장을 빠뜨리지 말고 모두 꼼꼼히 읽되 당신의 야망과 예산과 시간 범위에 적합한 실천 사항이 무엇인지 잘 살펴보기 바란다.

연관성의
통념을 깨라

4

브랜드 사랑의 종말

연관성을 이해하려면 연관성에 밀려난 개념을 알아야 한다. 브랜드 사랑brand love, 즉 특정 브랜드나 제품에 대한 욕구를 만들어낸다는 개념이 그 첫 번째다. 이 글의 목적을 위해 욕구를 연관성과 꽤 가까운 동의어라고 생각해 보자. 왜 그래야 하는가? 연관성이 매우 높다는 것은 욕구가 매우 강하다는 말이기 때문이다. 연관성이 없으면 욕구가 있을 리 없다. 이런 사실을 이해했으면 "어떻게 욕구를 창조하는가?"라는 말이 결국 "어떻게 연관성을 창조하는가?"라는 말의 동의어임을 알 수 있다.

가장 기본적인 차원의 욕구를 만들려면 소비자의 니즈와 연관성을 갖게 만들어야 한다. 누군가의 니즈와 연관이 있으면 그것을 욕구하게 된다. 휘발유가 떨어져 가면 주유소 외에는 아무것도 보이지 않는다. 이때 주유소의 연관성은 극대화된다. 점심 식사를 배불리 끝낸 뒤에 보이는 길 건너편의 식당은 나와 연관성이 없다. 내가 CMO라는 사실을 실감하고 싶어서 AG 팬츠를 산다. 문화의 최첨단을 걷는다는 자부심을 확인하고 싶고 돈도 있기에 나이키의 트래비스 스콧을 산다. 이 같은 예시도 결을 같이한다.

성공하는 마케팅 전략은 니즈를 창출하거나 욕구를 충족시킨다(때로는 둘 다 한다). 하지만(당연히 "하지만"이라는 말을 예상했을 것이다) 욕구를 만드는 것이 말처럼 간단하지는 않다. 우리가 보기에 마케터들은 욕구의 의미를 근본적으로 잘못 알고 있는 것 같다. 욕구는 인간의 기본적 요소이기 때문에 무시할 수 없는 개념이다. 그래서 제품을 홍보하는 마케터는 본능적이고 감성적인 경험을 앞세우면 좀 더 강렬한 인상을 주어 구매자의 행동에 영향을 미칠 수 있다고 말한다. 전혀 무리가 없는 주장이다. 하지만 우리가 이 분야에서 경험을 쌓아가며 확인한 모든 것과 컬라이더랩에서 수행했던 모든 연구를 토대로 보건대, 마케팅 전략으로 욕구를 창출하고 구현한다는 발상은 효과가 없다. 우선 두 가지 점을 짚고 싶다.

■ 그렇다. 부정하지 않는다. 욕구는 소비자를 움직이게 만드는 근

본적인 힘이다.

- 하지만 당신은 욕구를 완전히 잘못 해석하고 있는 것 같다.

우리는 욕구를 R.E.D.의 관점에서 다룬다. 지난 10여 년 동안 마케팅 커뮤니티는 소비자와 '감성적 연결고리를 창출'하는 일에 매달렸다. 이런 감성적 연결고리가 어떤 종류의 욕구를 만든다고 생각했기 때문이다. 사랑이나 다를 바 없다. 파트너를 욕망하듯 브랜드를 원한다. 이 무슨 말도 안 되는 소리인가! 욕구는 합리적인 선택이나 감성적 연결보다는 기능적·문화적 연관성과 더 관련이 있다. 그런 의미의 욕구를 만들고 싶다면 이들 렌즈를 통해야 한다. 기능적으로 유용하게 만들고 그것을 통해 소비자들이 문화의 한 부분을 느낄 수 있도록 해야 진정으로 브랜드를 욕구하게 만들 수 있다.

비합리적인 논쟁, 믿어야 할 이유

영원히 사라져야 할 또 하나의 낡은 개념은 수십 년 묵어 시대에 뒤떨어진 마케팅 기법이 되고야 만 '믿어야 할 이유Reason to Believe', 즉 RTB다. 이 이론에 따르면 확실한 RTB로 제품을 차별화하면 논리적으로나 합리적으로 사람들이 구매해야 할 제품을 제공할 수 있고 그래서 연관성을 창출할 수 있다고 한다. 이런 점에서 바이런 샤프에게 경의를 표하지 않을 수 없다. 그는 차별화 개념이 여전히 버티고 있는 요즘 세상에서 이를 극복하겠다는 용감한 개인적 사명에 충실했다.[1]

켄의 초기 작업 중, 맥주 광고 고객에게 카피를 만들어준 일이 있었다. 명인도 아니었고 동네 소형 브루어리에서 주조하는 IPA도 아니었다. 밀맥주나 포터, 벨지안 스타우트도 아니었다. 새뮤얼 애덤스Samuel Adams는 더더욱 아니었다. 켄이 맡은 맥주는 물이라고 해도 할 말 없는 종류였는데 화분에 줘도 될 만한 맥주였다. 그러나 그는 금요일 밤 술집에서 각자 자신이 고른 것을 두둔하며 한 손에 맥주를 든, 미국의 맥주 애호가들을 납득시킬 만한 이유를 찾아야 했다. 당시 마케팅 업계는 이것을 '믿어야 할 이유RTB'라고 불렀다. 자신이 특히 좋아하는 너도밤나무 숙성 맥주이든 냉각 주조 맥주이든 비열 처리한 맥주이든 간에 RTB는 그 사람에게 그 맥주가 경쟁사들 맥주보다 더 낫다고 믿을 수 있는 논리적인 근거를 제시하는 것이었다.

RTB는 제품을 구매하도록 만들기 위해서는 마케터들이 사람들을 논리적으로 설득해야 한다고 생각했던 시대의 유물이다. 이제 와서 하는 이야기지만, 고객을 설득하려면 그들을 수세로 몰아서는 안 된다("이봐, 내가 이런 따분한 맥주를 마시는 데는 다 이유가 있다고!"). 또는 그런 선택 때문에 시대에 뒤떨어진 사람으로 낙인찍히거나 구태의연하고 고지식한 인간이라는 느낌을 주어서도 안 된다. 또 주변 사회의 집단(R.E.D. 마케팅 용어로 허드herd)과 단절되었다는 느낌을 받을 때 그런 선택에 의지하게 해서도 안 된다. 애석하게도 인생은 단순하지도 않고 욕망뿐인 것도 아니다.

RTB 접근법은 크게 신뢰를 잃었다. 인간은 전혀 합리적인 존재가 아니다. 합리적으로 보이는 주장에 익숙했으므로 지금의 탈 합리화에 크게 놀라지만, 사실 합리성은 우리의 실제 의사 결정에 별다른 영향을 미치지 않는다. R.E.D.라는 렌즈로 이 캠페인을 되돌아보면 '너도밤나무로 숙성됐다'거나 '냉각 주조했다'라는 문구의 진정한 가치는 단순히 '특이한 브랜드 자산'을 창출한다는 의미라는 것을 깨닫게 된다. 즉, 꾸준히 오랜 세월 사용한 덕분에 브랜드 자체를 상징하는 약어가 된 자산이다. 광고에 특이한 브랜드 자산을 사용하면 광고를 특이하게 만들 수 있고, 이런 특이성이 브랜드를 더욱 돋보이게 해 소비자들이 그 제품을 더 자주 사게 만든다.

감성적 연결고리

이처럼 합리적인 근거(내 맥주가 당신 것보다 더 차갑다)로 욕구를 창출할 수 없다면 어떻게 욕구를 만들어낸다는 말인가? 그래서 마케터들이 생각해 낸 빅 아이디어라는 것이 바로 감성적 연결이었다.[2] 그러나 우리로서는 소비자들을 설득하여 특정 생활용품을 좋아하게 만들 수 있다는 주장을 받아들이기 힘들다. 사실 요즘도 매일 이런 개념을 붙들고 씨름하는 중진 마케터들이 있다. 브랜드를 사랑한다는 개념은 분석하면 할수록 근거가 허약해진다. 당신이 사용하는

토스터 브랜드를 생각할 때 당신은 사랑의 감정을 느끼는가? 차에 넣는 휘발유는 어떤가? 그 뒤에 있는 멋진 브랜드를 생각하면 눈가가 촉촉해지는가? 당신은 매일 찾는 편의점의 브랜드를 정말 사랑하는가? 아니라고?

정말 특별한 애정이 가는 소비재들이 있을 수 있다. 이런 사랑은 유일한 셀링포인트selling point가 아니라 덤으로 주어지는 행복감이라고 해야 옳을 것이다. 예를 들어 나이키 러닝화를 좋아하는 이유가 그걸 신으면 더 빨리 달릴 수 있고 엘리트 선수 축에 낀 느낌을 받기 때문일 수도 있다. 당신의 여동생이 파타고니아를 좋아하는 이유는 야외활동과 좀 더 연결된다는 느낌을 주기 때문일지 모른다. 주말에 야외를 찾는 사람들이 너도나도 하이드로 플라스크Hydro Flask의 텀블러를 들고 다녔던 때가 있었다. 그러나 마케터들이 소비자와의 '감성적인 연결고리'를 찾기 시작하면서 그들은 엉뚱한 길로 빠져 버렸다. 물론 우리에게는 특정 제품이나 브랜드에 대한 선호가 있다. 진심으로 좋아한다. 하지만 그런 감정이 생기는 것은 브랜드나 제품이 우리의 삶에 없어서는 안 될 만큼 기능적으로나 문화적으로 연관성을 가졌기 때문이다.

마케터들이 '감성적 연결'을 목표로 삼은 탓에 사람들은 그렇게 극적일 정도는 아니지만 좀 더 정확하고 새로운 사실을 놓치고 말았다. 마케터들이 생각하는 감성적 연결이라는 것이 사실 따지고 보면 기능적 또는 문화적 연관성이라는 사실 말이다. 다시 말해 어떤 제품을 열망하게 만드는 것은 그 브랜드에 대한 애틋한 사랑이 아니라 제품의 기능성이고 특정 문화 집단의 일원으로 만들어주는 회원권이다. 기능적으로 팬들은 테슬라Tesla의 자율주행 능력을 좋아한다. 문화적으로 테슬라는 부유하고 환경을 의식하는 트렌드 세터, 즉 선택받았지만 과시하지는 않는 엘리트 계급에 속했다는 느낌을 준다. 꼭 9만 달러라는 가격만 이런 역동성을 입증하는 것은 아니다. 어떤 카테고리이든 브랜드의 개념이 중요한 제품들은 그런 개념들을 스스로 입증한다. 15달러짜리 스탠스Stance 양말을 탐내는 이유에는 물론 기능적으로 편리하다는 것도 있지만, 그것 외에도 그 양말을 신으면 젊은 서퍼의 마인드를 가진 멋진 집단의 일부가 될 수 있기 때문이다. 브레빌Breville 토스터는 빵을 어김없이 바삭하게 구워내면서(기능적 연관성) 동시에 미식가 대열에 합류한 것 같은 느낌을 준다(문화적 연관성). 이런 역학관계는 저가 제품에도 그대로 적용된다. 미국의 10대들은 29.99달러짜리 디키즈Dickies 팬츠를 좋아하는데, 기능적으로 스케이트 타기에 좋을 뿐 아니라 유행의 첨단을 걷는 기분을 선사하고 반항적인 정체성을 잘 드러내 주기 때문이다. '브랜드'라는 단어가 완벽한 것은 그 때문이다. 브랜드는 제품 제조사의 정체성을 식별하게 해줄 뿐 아니라 최종 사용자에게 특정 정체성을 부여하는 역할도 한다.

합리적인 마케팅 전략 못지않게 감성적 연결고리로서의 욕구에는 길고 끈끈한 촉수가 있다. 하지만 앞서 말한 모든 논리적인 추론에도 감성적 연결고리가 터무니없는 생각이라는 사실을 납득하지 못하겠다면 그런 생각을 버려야 할 보다 실질적인 이유를 하나 더

들겠다. 바로 그런 생각이 어정쩡하고 평범하고 깨끗이 잊히는 광고
를 만들어낸다는 사실이다.

무의미한 목적

> "인간에게 사고란 고양이에게 수영 같은 것이다.
> 할 수 있는데도 하지 않으려 한다."[3]
> —대니얼 카너먼 DANIEL KAHNEMAN

적어도 우리가 보기에 마케터들을 탈선시키는 또 다른 커다란 미신
은 브랜드 목적 brand purpose 이다.

우리는 완전성과 높은 윤리적 기준에 따라 활동한다는 내적인 목
적을 가지고 스스로 위상을 높이는 브랜드와 그들이 세상에 미치는
영향력을 전적으로 지지한다. 브랜드의 이 같은 행위야말로 세상을
실제로 더 나은 곳으로 만들기에, 얌!은 이를 장려하기 위해 할 수
있는 모든 것을 한다. 그러나 이런 행동을 마케팅 전략의 초석으로
삼는다면 아무런 효과도 거둘 수 없다. 게다가 마케팅에서 목적이라
는 것은 애당초 그런 식으로 설정되지도 않았다. 목적은 좀 더 전통
적인 브랜드 메시징 전략에 가까운 것이었다. 애플 컴퓨터를 사면
촌스럽게 "나는 PC야 I'm a PC"(맥 Mac이 아니면 고리타분하다는 메시지를
전달하기 위해 만든 애플의 광고문구 – 옮긴이)라고 말하는 구닥다리보

다 더 생산적이고 창의적인 부류라는 기분이 든다. 그것은 '세상을 더 좋게 만드는' 목적은 아니지만, 말 그대로 분명하고도 범위가 한정된 목적이다. 스바루Subaru 자동차를 구입하면 아무래도 야외로 더 자주 나가게 된다. 간단하다. 이들 제품에는 목적이 있었다. 하지만 이런 목적은 본질적으로 사람들의 삶에 좀 더 확실한 혜택을 더해주는 방식을 상징했다.

이런 목적purpose이 '목적Purpose'으로 진화한 것은 2012년이 되어서였다. 이제 컴퓨터는 사용자의 창의력을 자극하는 것으로는 성에 차지 않는다. 컴퓨터는 인류를 구하기 위한 이타적인 차원에서도 사용자와 연결되어야 한다. 그렇지 않으면 그들은 당신의 제품을 절대 사지 않을 것이다. 당신의 청바지가 밀레니얼세대(또는 Z세대)나 곧 등장할 이타적일 것 같은 세대에게 반향을 일으키기를 원한다면 편안하고 멋있고 독특하고 쉽게 접근할 수 있을 뿐 아니라 탄소 배출을 줄이기 위한 핵심 목적도 가져야 한다. 그렇지 않으면 그 청바지는 선반에서 먼지만 뒤집어쓸 것이다. 하지만 소비자들은 그런 식으로 결정하지 않는다. 또 그런 식으로 결정한다고 해도 '그린워싱green-washing(환경을 생각하는 척하는 브랜드 이미징)'이 너무 만연한 세상이라 소비자들은 더는 환경 문제에 관심이 있다고 외치는 브랜드를 믿지도 않고 관심을 가지지도 않고 원하지도 않는다.

목적을 내세우려는 브랜드의 이런 열망은 파타고니아 목적Patagonia Purpose 같은 개념으로 귀결되었다. 그것은 플랫폼과 고객 기반을 활용하여 사회적으로 책임 있는 메시지를 전파하고, 환경 보호라는 그들만의 '사명'을 적극적으로 실천하는 것이다. 진정성만 있다면 고결하고 숭고한 목표를 추구하는 행위로 칭송받아 마땅하다. 그래서 우리는 박수를 보낸다. 파타고니아는 이런 방침으로 놀라운 효과를 냈다. 파타고니아를 입으면 자신이 누구이며 스스로를 어떻게 생각하는지 확실하게 전달할 수 있다. "비록 내 몸은 오늘 세 번째 미팅에 참석하고 있지만 내 마음은 요세미티 보호를 위한 기금 마련을 위해 홀로 모금 활동을 벌이는 중이다." 파타고니아는 누구보다 먼저 이 철학을 내세웠고 지금도 흔들림 없이 초지일관하고 있기 때문에 효과가 있다. 이런 목적은 그들을 문화적으로 연관성 있게 만들 뿐만 아니라 그들을 특이한 기업으로 만든다.

그러나 이런 방법이 당신에게는 통하지 않을지도 모른다.

왜냐고?

우선 고객은 제품을 구매할 때 목적을 고려하지 않기 때문이다. 목적이 정말로 외면하기 힘들 정도로 매혹적이라면 누가 아마존Amazon에서 쇼핑하겠는가? 포장의 양만으로도 Z세대와 밀레니얼세대들은 이런 쇼핑을 극렬하게 반대해야 한다. 그렇지 않은가? 하지만 아마존은 밀레니얼세대들이 압도적으로 선호하는 브랜드다. 아마존이 웹사이트에서 제품을 판매하는 소규모 인디 기업들을 힘들게 만든다는 사실도 중요하지 않다. 밀레니얼세대뿐 아니라 미국 소비자들은 이런 문제에 별 관심을 두지 않는다. 돈이 덜 들고 구매하기가 더 쉽다면 그들은 망설이지 않고 아마존을 선택한다. 용이성이 목적을 이긴다. 늘 그렇다.[4]

목적을 브랜딩의 핵심 도구로 사용하지 말아야 할 두 번째 이유는 간단하다. 파타고니아처럼 첫 번째 주자가 아니면 결국 경쟁자들과 뒤섞이고 만다. 그들이 내세우는 진정성도 다들 비슷하다. 그러니 사회적 목적이나 환경적 목적에 관심이 있다고 해도 눈에 띄지 않을 것이다. 당신이야 매우 사려 깊고 독특하고 눈에 금방 띌 정도로 특이한 목적을 만들어냈다고 생각하겠지만, 실제로는 그렇지 않다. 소비자들은 당신이 설명하는 목적에 별다른 관심을 보이지 않고 그 목적을 당신의 경쟁자들의 목적과 구별하지도 않는다. 대니얼 카너먼은 우리가 온종일 사용하는 사고 시스템은 두 가지 중 하나라고 말한다. 시스템 1은 빠르고 직관적이며 감성적이다. 시스템 2는 느리고 합리적이며 신중하다.[5] 그의 연구에 따르면 우리는 웬만한 결정은 시스템 1로 한다. 왜 그런가? 시스템 2로 모든 선택지를 따지는 작업은 수고를 많이 들여야 하는데 그러기에는 너무 게으르기 때문이다. 치약을 고를 때 치약의 목적을 조사하여 내 이상과 일치하는지 확인하는 사람은 많지 않다. 멋진 목적을 내세웠다가 첫째가 되지 못하면 역효과만 낳기 쉽다. 차차 설명하겠지만 오귀인misattribution은 마케팅 산업에서 절대 소홀히 다룰 수 없는 큰 문제다. 잘 알려진 브랜드의 전략을 섣불리 베끼려다 잘못되면 괜히 남 좋은 일만 시키고 만다.

따라서 목적은 아무리 숭고한 것이라 해도 제품을 팔고 고객과 연결시켜 주는 전략으로 삼기 어렵다. 간혹 드물게나마 목적이 효과를 발휘했다면 그것은 감성적 연관성 때문이 아니라 독특했기 때문이다. 탐스TOMS는 신발 한 켤레를 팔 때마다 한 켤레를 기부하는 일대일 기부 방식을 처음 제시했고, 도브의 '리얼 뷰티Real Beauty' 캠페인은 화려함과 포토샵이 난무하는 경쟁의 바다에서 자연스러움을 추구한 그들 브랜드를 유독 돋보이게 했다. 우리 컬라이더랩도 자체적으로 정한 목적이 있을 정도로 목적을 정말 좋아한다. 그런 목적이 있기에 우리는 사회적으로 책임 있는 결정을 신속하게 내리고 직원들에게도 영감을 줄 수 있다. 그러나 목적을 마케팅 전략으로 사용해 봐야 소비자의 구매 결정에는 별다른 변화를 주지 못한다. 그렇다면 이제 남은 것은 무엇인가? 합리적인 논거를 동원하여 실질적인 욕구도 창출하지 못하고, 감성적인 연결도 헛짚은 것이고, 목적으로 진정한 연결고리를 만들지 못한다면… 그다음은 무엇인가?

정말로 연관이 있는 것은 무엇인가

소비자가 브랜드를 욕구하게(또는 연관성 있게) 만드는 방법은 두 가지다.

1. 니즈를 충족시켜야 한다.
   브랜드가 소비자의 머릿속에서 명확한 CUO와 연결되면 그 브랜드를 더 욕구하게 된다. 이 점을 분명히 해둬야 하며 절대 대충 처리해서는 안 된다. CUO로 인해 브랜드가 알려지면 브랜드에 대한 욕구가 커진다. 세 가지 연관성 카테고리에 기능적 연관성이 포함되는 것은 그 때문이다.

2. 문화적으로 연관성이 있어야 한다.

고객이 자신을 특정 무리의 일원으로 여기고 당신의 제품을 통해 그들 무리의 회원임을 자처할 수 있는 표현 방법을 찾아야 한다. 왜 미국에서 핀테크 쪽에 있는 사람들은 동부, 서부 할 것 없이 전부 파타고니아의 나노 퍼프 재킷을 탐내는가? 나노 퍼프를 걸치면 영향력 있고 남들이 부러워할 만한 사업가 부류에 속했다는 사실을 확인시켜 주기 때문이다. 코트와 넥타이 따위를 무시해도 될 만큼 강렬하지만, 누구나 탐을 내는 기업 로고를 확보한 인사이더답다는 느낌도 주기 때문이다. 그 로고가 누구나 구할 수 있는 SXSW South by Southwest 코팅 옆에 있으면 더할 나위 없다. 파타고니아 '족'은 돈도 있고 지속가능성을 의식하는 사람들이다. 테슬라를 타는 부류와 비슷하다. 그들은 말한다. "나는 돈이 좀 있는 편이어서 6만 달러짜리 차를 아무렇지도 않게 뽑고 가벼운 재킷 하나에 200달러 이상 선뜻 낼 수 있지만, 함부로 과시하지 않는 요즘 엘리트에 끼려면 지속가능성이라는 약간의 문화 자본을 갖춰야 한다는 것도 안다."

계속하기 전에 우리가 말하는 군중심리의 의미와 그것이 브랜드와 사업에 미치는 영향을 빠르고 간단하게 설명하겠다.

군중심리:
다른 사람들은 어떻게 하는가?

유발 하라리Yuval Harari는 군중심리를 단순명쾌하게 설명한다.[6] 호모 사피엔스는 어떻게 지구상의 다른 모든 인종을 누르고 지배종으로 올라섰을까? 그의 이론에서 아프리카를 떠난 호모 사피엔스는 중동과 유럽에서 네안데르탈인과 마주쳤다. 네안데르탈인은 호모 사피엔스보다 근육이 발달한 체형이었고 두뇌도 더 컸다. 추운 기후에도 더 잘 적응했다. 그런데 어떻게 호모 사피엔스가 승자가 되었을까? 왜 네안데르탈인은 지구상에서 영원히 사라졌을까?(오늘날 남은 우리 종에서 1.4%는 네안데르탈인이라는 주장도 없지는 않지만.)

그 답은 작은 행동의 변화에서 찾아야 할 것 같다. 네안데르탈인과 달리 호모 사피엔스는 더 큰 부족을 조직했고 그렇게 집단을 키웠기에 개별 구성원들의 안전을 확보하고 사회적 유대를 다지며 생존 기회를 늘릴 수 있었다. 우리는 사회적 동물이다. 그것이 우리의 성공 비결이다. 네안데르탈인은 사회 집단을 크게 키우지 못했고 호모 사피엔스는 그 일을 해냈다.

그렇다면 또 묻게 된다. 호모 사피엔스는 어떻게 해서 집단을 크게 키울 수 있었을까? 공통의 역사와 공통의 미래 의식을 가꿀 새로운 의사소통 방식을 만들었기 때문이다. 그들에게는 스토리가 있었다. 스토리를 지어내고 공유할 줄 아는 능력 덕분에 호모 사피엔스는 낯선 사이에서도 자신들만의 신화를 믿고 서로 협력했고, 그로 인해 수천, 수만, 수백만의 개인들로 이루어진 더 큰 공동체를 꾸려 갔다고 하라리는 설명한다. 우리는 무엇보다 무리 짓기 좋아하는 종으로 사회적 신호와 행동에 빠르게 반응하고 적응한다. 그리고 우리 모두는 지금도 본능적으로 일정 수준의 안전과 동료 의식을 추구하며 다른 무엇보다 여러 세대에 걸쳐 지속되는 스토리의 일부라는 인식을 갖고 있다.

브랜드가 이런 사실을 이해하면 남들보다 유리한 고지를 차지할 수 있다. 브랜드는 결국 세상을 향해 우리가 누구라고 말하는 수단이다. 브랜드는 집단적 소설의 일부다. 20대 후반의 한 남자가 입고 있는 더헌드레드The Hundunds 셔츠와 나이키 조거, 그가 신고 있는 빨간색과 검은색이 섞인 에어 조던 원Air Jordan 1 스니커즈는 사람들에게 자신의 스토리를 말해주면서 어떤 신호를 보낸다. 그러면 다른 부족 구성원들은 그 신호를 알아보고 그에 반응한다. 무엇보다 브랜드는 그 사람의 정체를 드러낸다. 이런 집단적 스토리텔링은 사람들을 무리로 묶는다. 호모 사피엔스 조상들이 우리의 기원과 조상에 대한 최초의 신화를 말해주듯, 우리는 소통할 수 있는 지름길을 찾는다. 지름길이 있으면 무리에 접근하기가 쉽고, 그로 인해 크고 중요한 혜택, 즉 안정과 성공을 누린다. 유행이 아닌 운동화와 청바지를 입은 아이는 사회가 '멋진' 10대로 인정하는 무리에서 겉도는 아웃사이더가 되어 또래들로부터 조롱을 받는다. 적어도 다른 무리, 다른 아웃사이더, 다른 괴짜들과 섞이기 전까지 그는 안전하지 않다. 궁극적으로 무리의 밖에 머물면 취약하고 내부에 있어야 성공할 확률이 높기 때문에 우리는 더욱더 무리와의 단단한 결속을 추구한다.

스토리를 듣고 말하려는 우리의 자연스러운 욕구와 무리를 지으려는 본능과 브랜드 스스로 스토리텔러가 되기 위해 문화적 연관성을 활용하는 방법 사이에 존재하는 이런 연결고리를 명심해야 한다.

무리가 생사를 결정한다. 무리는 마케터나 제품 디자이너나 전문경영인에게 주어진 기회다. 그러니 제품에 대한 생각도 달리해야 한다. 제품은 더 이상 단순한 소비재가 아니다. 제품은 기회다. 무리에속한 사람들을 단결시키는 스토리를 표현하고, 유대감을 느끼게 하고, 비슷한 마음을 가진 사람들을 알아볼 수 있게 해주는 기회, 그것이 곧 제품이다. 그것이 우리가 말하는 문화적 연관성이다. 당신의 브랜드는 어떤 스토리를 말하고 어떤 무리를 통합하는가? 아니 그보다 당신의 무리는 어떻게 변화하고 진화하는가?

80년대 사람들은 딩동Ding-Dongs(초코파이와 비슷한 미국 과자 – 옮긴이)을 즐겨 먹으면서 식품에서 안락함과 편리함을 추구하는 무리에 속했다는 만족감을 느꼈다. 지금으로서는 상상이 가지 않는다! 채식주의자, 혹은 유연한 채식주의자나 윤리적인 식습관을 가진 사람들이 환영받는 요즘엔 그런 무리에 속하려는 사람을 찾기 어렵다. 자동차와 연비를 봐도 그렇다. 허머Hummer(군용 험비를 응용해 만든 픽업트럭 – 옮긴이)는 왜 사라졌을까? 누구도 연비나 환경을 생각하지 않는 사람들의 무리에 속했다는 말을 듣고 싶지 않았기 때문이다. 브랜드를 만들거나 규정할 때 또는 무리가 반응할 새로운 가치들을 창조할 때 사람들은 무리의 가치를 따진다.

과거에 어떤 무리가 인기를 끌었는지 알지 못하면 요즘 인기를 얻는 무리를 이해할 수 없다. 작은 틈새 카테고리에 속한 경우가 아닌 이상 작은 무리를 대상으로 한 협소한 마케팅을 권장할 생각은 없지만, 그런 사소한 무리도 규모가 큰 집단의 진화 방식을 알려주는 신호이기 때문에 이들을 노리는 협소한 표적 마케팅도 확실하게 알아두어야 한다. 규모가 작아도 성장하는 무리를 제대로 이해하면 이런 새로 부상하는 가치들을 찾아내고 이해하여 당신이 실제로 노리는 규모가 큰 집단으로 확장시킬 수 있을 것이다.

문화적 연관성

5

앞장에서 우리는 가장 끈질긴 마케팅 신화 두 가지의 가면을 벗겨냈다. '일리가 있는 것 같은' 신화로, 태곳적 어느 날 문득 그동안 모은 씨앗과 열매가 먹고 남을 정도로 넉넉하다는 생각이 든 수렵채집인이 이웃을 찾아가 물건을 교환하여 서로 이득을 챙기기 시작한 이래로 계속 우리 산업을 괴롭혀온 것이다.

마지막으로 한번 더 강조하지만,

마케팅 도구로서의 목적Purpose은 허상일 뿐이다. 그보다는 고객이 자아정체성을 형성하고 끼기 원하는 무리에 들어갈 수 있도록 해주는 데 역량을 집중해야 한다.

제품이나 브랜드를 만들었을 때 그 기능적 또는 문화적 연관성의 부산물로 감성적 연결고리가 만들어지는 경우가 있다. 하지만 이런 종류의 '사랑'을 창조하기란 불가능에 가깝다. 그러니 무엇을 만들어 팔든 사랑의 불꽃을 일으켜보겠다고 시간을 낭비하는 일은 이제 그만두었으면 좋겠다. 그보다는 제품의 기능적 연관성이나 문화적 연관성을 극대화하는 데 초점을 맞추되, 어쩌다 기대하지 않았던 감성적 연결고리가 만들어졌어도 기분 좋은 보너스 정도로 여기기를 바란다.

나라나 지역을 막론하고 유서 깊은 브랜드는 가족들에게 추억을 만들어주고 달콤하고 따뜻한 감성으로 서로의 마음을 이어준다. 그것은 어렸을 때 엄마나 아빠와 함께 그곳에 갔던 기억 때문이다. 하지만 그런 브랜드가 최고의 자리를 차지하는 경우는 드물다. 감성적 연결이 그냥 판매로 바뀌는 경우는 거의 없다.

낡고 나쁜 아이디어를 홍보하기는 쉽고, 멋지고 새로운 아이디어를 만들기는 어렵다. 이제부터는 이런 까다로운 과제를 다루고, 문화적 연관성을 활용하여 그동안 목적과 감성적 연결로 실패했던, 포착하기 어려운 연결고리를 만들 방법을 설명하겠다.

문화적 연관성이란
정확히 무엇인가?

그것은 실체다

문화적 연관성(그림 5 참조)은 감성적 연결이라는 오래된 수사修辭에 대한 보다 정교하고 현대적인 견해다. 이제는 브랜드에 대한 인위적인 사랑이나 애정을 유발하려 애쓰기보다 사용자에게 브랜드와 연결되어 있다고 느낄 만한 이유를 주어야 한다. 그럴 때 우리는 소비자가 속해 있다고 생각하거나 속하고 싶어 하는 특정 무리에 실제로 속했다는 느낌을 주는 상징을 찾게 된다.

여기가 바로 컬라이더랩과 일부 현대 마케팅 학자들의 입장이 갈라지는 지점이다. 그 점만 아니었다면 우리도 그들을 존경했을 것이다. 그들은 심리적·물리적 가용성만 중요하다고 생각하며 다음과 같이 주장한다. "연관성 중에 쓸 만한 것은 기능적 연관성뿐이다." 다시 말해 사람들의 기능적 니즈를 충족시키는 제품을 만들고 동원할 수 있는 미디어와 특이성을 활용하여 그 제품을 가장 먼저 떠올리고 또 구하기 쉽게 만들어야 한다. 그 외에 다른 모든 것들은 무의미한 헛소리다.

정말 그럴까? 우리 생각은 좀 다르다. 그들은 나이키의 '멋진' 브랜드 아우라나 테슬라의 미래지향적인 열망을 별것 아닌 것으로 폄하한다. 그들의 세계관이 옳다면 동네 아이들은 갭 청바지면 족할

그림 5

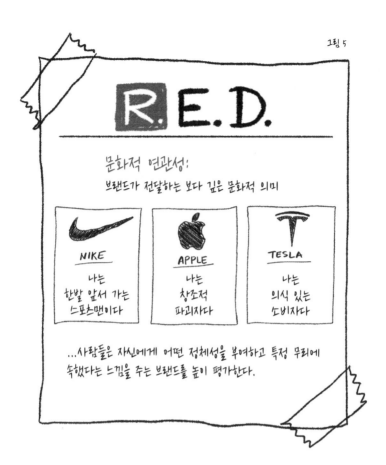

R.E.D.

문화적 연관성:
브랜드가 전달하는 보다 깊은 문화적 의미

NIKE
나는
한발 앞서 가는
스포츠맨이다

APPLE
나는
창조적
파괴자다

TESLA
나는
의식 있는
소비자다

...사람들은 자신에게 어떤 정체성을 부여하고 특정 무리에
속했다는 느낌을 주는 브랜드를 높이 평가한다.

것이다. 몇 달을 기다려야 하는 테슬라 모델 S, 3, X, Y가 아니라 미
국 동부와 서부에서 쉽게 구할 수 있는 적당한 수준의 토요타 프리
우스나 닛산Nissan의 리프나 셰비Chevy의 볼트를 타면 된다.

천만의 말씀이다. 브랜드에는 눈에 잘 띄고 기능적으로 연관성이
있으며 쉽게 얻을 수 있는 것 이상의 무엇이 있다. 거의 모든 구매
행위 뒤에는 합리적 설명이 불가능한 여러 가지 고려사항이 있다.

그레그는 몇 가지 사례로 이 점을 지적한다. 40달러짜리 타이맥스Timex는 시간도 잘 맞는데 왜 어떤 사람들은 시계 하나에 수십만, 아니 수백만 달러를 지불하는가? 슈퍼컷Supercuts에 가면 18달러로 깔끔하게 머리를 다듬을 수 있는데 왜 수백 달러를 내는 곳으로 가는가?

무엇을 사는지 보면 그 사람에 대해 많은 것을 알 수 있다. 당신도 예외가 아니다. 상품이 아니라도 뭔가를 구매할 때는 거의 매번 다음과 같은 생각을 조금 하게 된다. "이게 나인가?" "이게 내가 속한 무리에 어울리는 제품인가?" 이런 생각을 하게 만들지 못하는 브랜드는 표류하고 만다. 당신은 세상에서 가장 훌륭한 유통 및 미디어 전략을 마련할 수 있다(용이성). 기능적으로 뛰어날 수 있고(연관성의 3분의 1) 매우 특이할 수도 있다. 하지만 소비자가 당신의 브랜드 앞에 멈춰 서서 "이건 나답지 않아. 나는 저런 무리에 속하고 싶지 않아"라고 생각한다면 그 마케팅은 실패한 작품이다.

아주 미묘한 개념이니 조금 더 파헤쳐 보자. '감성적 연결'은 이 방식을 믿는 사람들이 정의한 대로 고객이 느끼는 브랜드 자체에 대한 일종의 애정이다. 그렇다면 마케터는 이렇게 생각할 것이다. "소비자들의 호감을 창출해 냈으니 그들은 나를 사랑하고 따라서 나를 살 것이다." 일견 타당해 보인다. 그러나 그것이 구매로 이어지지는 않는다. 거기에는 그런 감정이 어김없이 만들어내는 아주 감상적이고 거울 같은 크리에이티브 탓도 있다. 반면에 제대로 된 문화적 연관성은 구매로 이어져 브랜드의 수명을 크게 늘려준다. 그것이

"나는 이 브랜드와 감성적으로 연결되어 있다고 느낀다"와 "이 브랜드는 나의 정체성에 문화적 특징을 덧붙인다"의 차이다. 그것이 핵심이다. 브랜드에는 단순한 특이성과 기능성 그 이상의 의미가 있다고 말하지만 '그 이상'이라는 것이 '감성적으로 소비자와 연결되어 있다'라는 뜻은 아니다. '그 이상'이라는 말의 실제 의미는 이것이다. "이 제품은 소비자인 내가 나의 정체성을 형성하고 어떤 무리에 속하기 위해 사용하는 문화적 정체성의 기준이다."

맥주 브랜드 미켈롭 울트라Michelob Ultra는 이 점을 간파했기에 미국의 맥주 시장을 지배할 수 있었다. 그들의 기법은 현대 마케팅의 위대한 전설이 되었다. 이 분야의 8위였던 그들은 하이네켄Heineken이나 코로나Corona 같은 굴지의 브랜드들을 가볍게 제치고 3위로 껑충 올라섰다. 어떻게 그런 일이 가능했을까? 우리는 마케팅 천재이자 FCB의 최고전략책임자CSO인 존 케니John Kenny에게 그 비결을 물었다. 그는 그 전략을 주도했던 팀의 일원이었다.

"'활동적인 것이 새로운 프리미엄이다'라는 트렌드가 고개를 들면서 피트니스가 새로운 지위의 상징이 될 때였죠. 미켈롭 울트라는 그런 트렌드를 받아들인 최초의 맥주였습니다." 맥주를 마시는 사람들은 다들 그 무리에 합류하고 싶어 했다. 자신들의 성공을 모방하려는 브랜드에게 존은 이렇게 조언한다. "해당 카테고리의 관례를 따르지 말고 그 문화에서 일어나는 혁신을 보아야 합니다. 그러면 자신의 분야에서 문화적으로 놀라운 연관성과 특이성을 확보할 수 있습니다."

오틀리 효과

우리는 문화적 연관성의 힘을 믿는다. 우리 브랜드뿐 아니라 전 세계의 다양한 브랜드에서 문화적 연관성이 발휘하는 효과의 증거들을 수도 없이 직접 확인했기 때문이다. 아울러 학계에서도 브랜드의 문화적 연관성의 실제 효력을 입증해 주는 탁월한 연구 결과가 계속 나오고 있다.

하버드 경영대학원 교수를 역임했던 옥스퍼드 대학의 로레알 마케팅 석좌교수 더글라스 홀트Douglas Holt는 그가 말하는 브랜드의 '상징적 하중symbolic load'과 우리가 생각하는 문화적 연관성을 탐구해왔다. 그는 상징적 하중이 큰 브랜드를 브랜드 아이콘brand icons 이라고 부른다.

아이콘은 소비자들이 정체성에 대한 욕구와 불안을 해결하기위해 사용하는 특정한 종류의 스토리, 즉 정체성 신화를 표상한다. 아이콘은 남다른 열성을 보이는 소비자에게 묵직한 상징적 하중을 안기기 때문에 엄청난 가치를 지닌다.[1]

그런 '상징적 하중' 즉 문화적 연관성은 소비자들이 자신의 정체성을 형성하는 동시에 특정 무리에 속하기 위해 사용하는 도구다. 귀리 우유 브랜드인 오틀리Oatly를 예로 들어보자. 오틀리는 마셔본 사람들에게 꽤 맛있다는 평가를 받는 훌륭한 대체 우유다. 하지만 대체 무슨 일이 있었기에 한낱 대체 우유가 티셔츠나 운동복, 맨투맨을 브랜드 상품화해 수시로 품절되도록 만들었을까? 인터넷에서 오틀리를 검색해 보면 어이없을 만큼 열광적인 사용자 집단을 금방 찾을 수 있다. 재고가 잠깐 동났었던 2018년에 아마존에서는 열두 개짜리 팩이 정가의 네 배에 팔렸다. 정말이다. 소비자들이 200달러를 주고 오틀리 12팩을 사갈 때, 경쟁업체들의 대체 우유는 진열대에서 먼지 두께만 늘리고 있었다. 그것이 문화적 연관성의 힘을 이해하는 브랜드와 이를 단지 정신적·육체적 가용성의 문제로 취급하는 브랜드의 차이다.[2]

홀트는 계속해서 특정 브랜드들이 지닌 소위 '정체성 가치identity value'를 말한다.

오틀리의 의류 상품

고객들은 제품의 기능만큼이나 그것이 갖는 상징성에 가치를 부여한다. 코카콜라, 버드와이저, 나이키, 잭 대니얼Jack Daniel's 같은 브랜드를 찾는 고객들은 주로 그것이 지니고 있는 정체성 가치 때문에 브랜드의 스토리를 중요하게 여긴다. 자기표현을 담아 전달하는 브랜드에는 소비자들이 자신의 정체성을 형성하는 데 중요하다고 생각하는 스토리들이 스며있다. 소비자들은 그들이 동경하는 이상을 구현해 주는 브랜드, 그들을 그들다운 사람으로 만들어주는 브랜드로 몰려든다.[3]

우리와 자주 대화를 나누는 또 다른 협력자는 서던캘리포니아 대학의 공공정책 교수인 엘리자베스 커리드 할켓Elizabeth Currid-Halkett이다. 그녀는 소비자들이 브랜드를 일종의 자기정체성이나 소속감으로 활용하는 데 그치지 않고, 스스로를 더욱 긍정적으로 여기거나 미래적 가치를 지향하는 무리에 속하는 수단으로 삼는 방법을 연구했다. 지난 몇 년 동안 그녀는 그런 미래적 가치 지향 집단의 요건을 규정하는 것이 브랜드의 윤리적 행동과 연관되는 추세를 확인했다. 최근에 우리와 나눈 대화에서 커리드 할켓은 이렇게 설명했다.

미래적 가치를 지향하는 집단에 끼려는 사람은 제품의 외관은 물론 맛에도 전혀 관심을 갖지 않습니다. 미래적 가치를 지향하는 소비자들은 그들을 더 나은 인간으로 만들어주고 그래서 더 나은 세상을 '꿈꾸게' 해주는 제품과 서비스를 찾습니다. 그래서 윤리를 중시하는 기업이 투명한 생산 과정을 거쳐 만든 '해롭지 않은' 제품이라는 것을 알면 주저하지 않고 집어 듭니다. 풀밭에 방목한 닭과 그 닭이 낳은 달걀에 관한 이야기이든 바버Barbour 재킷과 영국 전통에 관한 이야기이든 제품의 스토리에는 이런 유형의 소비 의식이 담겨있습니다. 미래적 가치를 지향하는 계층에 속한 사람들의 입장에서 볼 때, 제품의 가치는 보다 깊은 사회적·문화적 의미와 스토리에서 파생되는 것이기도 합니다.[4]

오틀리는 커리드 할켓의 이론의 타당성을 멋지게 입증한다. 이 브랜드를 선호하는 집단은 분명 미래적 가치를 지향하는 집단일 것이다. 사람들이 오틀리에 매력을 느끼는 가장 큰 이유는 그 브랜드가 갖는 '사회적 선善'이라는 스토리가 그들이 속하고자 하는 무리를 만들었기 때문이다. 우리는 오틀리의 글로벌 최고크리에이티브책임자CCO 존 스쿨크래프트John Schoolcraft에게 문화적 연관성이라는 개념을 유포시킨 경위와 그것이 브랜드 성공에 어느 정도 중요한 역할을 했는지 물었다.

토니(오틀리의 CEO)도 나도 귀리 우유를 파는 것에는 별 관심이 없었습니다. 오히려 우린 그것을 사회를 긍정적으로 변화시키는 수단으로 여겼죠. 귀리 우유 한 통을 팔면 우유를 팔 때보다 지구의 탄소 발자국을 70% 정도 줄일 수 있습니다. 우리는 그런 사회적 혜택을 강조하고 티셔츠나 배지, 포스터, 벽화 페인트 등에

문화적 연관성이 드러나는 오틀리의 패키징

그런 뜻을 담은 문구를 넣어 문화적 연관성을 만들려 했고 실제로 그 일을 꽤 잘해왔습니다. 우리는 귀리 우유 추종자들을 만들었지만, 아무것도 파괴하지 않고 더 큰 선을 실천하는 방식을 택했죠.

다시 말해, 미래적 가치를 지향하는 소비자가 오틀리 티셔츠를 입으면 홀트의 말처럼 "자신의 정체성을 구축하여" 진보적이고 문화적으로 연관성이 있는 무리에 속하게 된다. 이런 현상을 이해하면 사람들이 귀리 우유 한 통을 200달러씩 내고 구입하는 이유를 알 수 있다. 기능적 연관성과 독특함만이 브랜드에 대한 이런 강렬한 욕구를 일으키는 것은 아니다. 그런 브랜드에는 어떤 의미가 담겨있다. 소비자들이 매우 소중히 여기는 의미 말이다. 여기서 중요한 문제가 대두된다. 바로 감성적 연결고리와 문화적 연관성의 차이다. 오틀리를 찾는 사람들은 "환경에 좋기 때문에 이 브랜드를 사랑하고 그래서 그것을 산다"라는 식으로 브랜드를 감성과 연결해 생각하지 않는다. 그보다는 브랜드의 문화적 의미가 그들 자신의 정체성에 매우 중요하다고 생각한다. 즉 "내가 무리해서라도 이 브랜드를 사려는 이유는 트렌드에 합류하여 멋진 집단에 속했다는 느낌을 받고 싶기 때문이다." 무슨 시답잖은 학문적 의미를 따지려는 것이 아니다. 크리에이티브에게 "소비자와 감성적인 연결고리를 만드는 것"을 목표로 제시하는 것과 "소비자들이 우리 브랜드의 티셔츠를 입고 싶게끔 멋있게 만들라"를 목표로 제시하는 것은 근본적으로 다른 결과를 만들어낸다. 문화적 연관성에 비하면 감성적 연결은 아무것도 아니다.

앞서 말했지만 우리는 '목적'을 마케팅의 도구로 삼는 발상도 탐탁하게 여기지 않는다. 목적이 부인할 수 없는 절대적 진리이고, 그 '목적'을 특별히 내세운 최초의 브랜드임과 동시에 그 목적이 당신의 제품을 특이한 것으로 만드는 게 아니라면 특히 그렇다. 오틀리는 사회적 선이라는 자신들의 목적에 진정성을 부여하고 그로 인해 특이한 브랜드로 돋보인 드문 경우에 속한다. 그리고 그럴 수 있었던 것은 그 목적을 표현하는 방식이 매우 독특하고 특정 CUO를 소유할 수 있고 한결같았기 때문이다. 즉, 그들은 겸손하지 않고 재미있고 예상 밖이었다. 그리고 이 분야에서 이런 접근법을 시도한 최초의 제품이기도 했다. 오틀리가 크게 성공하자 많은 대체 우유 브랜드들도 덩달아 "우리에겐 그보다 더 큰 목적이 있다"라며 시장에 뛰어들었다. 그래봐야 특이한 요소가 없기에 대부분 실패하고 말 것이다. 굿 카르마 플랙스밀크Good Karma Flaxmilk, 플래닛 오트Planet Oat, 실크 오트 예아Silk Oat Yeah 등 잘 알려지지 않은 브랜드들이 고전을 면치 못하는 것도 그 때문이다.

어쨌든 사람들이 꼭 가지고 싶어 하는 상징적인iconic 브랜드가 되려면, 문화적으로 적절한 의미를 확실하게 주입해야 한다. 전통적인 마케터들도 브랜드가 단순한 기능성 이상의 위력을 갖는다는 사실에 기꺼이 동의할 것이다. 하지만 그들은 바로 여기서 두 가지 치명적인 실수 중 하나를 범한다. 우선 그들은 앞서 말한 오틀리의 아류들처럼 거창한 의미의 글로벌한 목적을 마케팅의 도구로 삼아 무리하게 그런 목적을 추구한다. 그런가 하면 감성적 연결이라는 토끼굴로 들어가 고객과 어떤 '사랑'을 이루어보려 노골적인 구애 작전을 펼친다. 그리고 그들의 제품이 고객의 삶에 멋지게 들어맞는다는 사실을 거울에 비추듯 그대로 보여준다. 그러나 새로운 혈통의 마케터들은 이런 개념을 완전히 거부한다. 전통적인 마케터는 기능적으로 유용한 제품을 쉽게 구할 수 있게 해주면서 차별화를 꾀하기만 하면 이런 종류의 비논리적인 열정을 만들어낼 수 있다고 착각한다. 신진 마케터들은 이런 접근법을 '효과적으로 구사한 브랜드 로고' 전략이라고 비웃는다. 우리는 그 비판에 동의한다. 그것은 허술하기 짝이 없는 접근법이다.

우리는 마케팅의 이런 최근의 현상에 대해 홀트 박사와 논의하면서 마케터들이 철학적 측면에서 두 개의 진영으로 나뉘게 된 이유를 물었다.

1. 브랜드를 문화적으로 보다 연관성 있게 만듦으로써 브랜드의 가치를 높일 수 있다고 생각하는 마케터
2. 특이성으로 두드러지면 그만이라고 생각하는 마케터

홀트의 설명에 따르면 특이성이 전부라는 접근법을 지지하는 학자들은 "평범하기 그지없는 브랜드에서 나온 데이터"를 사용하고 그래서 "브랜드의 평범함을 표본으로 삼는다." 홀트는 다음과 같이 말한다. "내 표본은 상위 1%의 브랜드가 그 기반입니다. 그런 브랜드는 문화적이어야 하고(소위 문화적 연관성) 아니면 단순히 경이로운(그래서 드문) 세계 최고의 제품이어야 합니다." 다시 말해 지속적인 힘을 가진 아이콘 브랜드가 되려면 특이성만으로는 충분하지 않다는 것이 홀트의 주장이다.

우리가 R.E.D.를 내세우는 것도 바로 그 때문이다. 우리는 문화적 연관성이라는 개념과 심리적·물리적 가용성이라는 강력한 개념을 하나로 묶을 시스템이 있어야 한다고 생각했다. 단순한 흑백논리의 마케팅 전략으로는 결코 소기의 목적을 달성할 수 없다는 것이 컬라이더랩의 기본 신념이다. 문화적으로 연관성을 확보해도 특이성이 없으면 실패한다. 또한 놀라울 정도로 독특해도 문화적 연관성

이 없으면 실패한다. 그리고 두말할 필요 없이 용이성을 확보할 수 없다면 마케터 직함을 내놓아야 한다. 이 세 가지 요소는 모두 중요하다. 이 요소들을 동시에 전개하면 오틀리 같은 결과를 얻을 수 있다. 실제로 점유율을 엄청나게 증가시킬 수 있다는 뜻이다. 오틀리의 점유율은 대단하다는 말로는 채 설명이 안 된다. 그래서인지 그 많은 투자자들 중에 오프라 윈프리Oprah Winfrey와 제이지Jay-Z는 2020년에 2억 달러를 쾌척하여 오틀리의 지분 10%를 매입했다. 당시 오틀리의 실제 평가액은 20억 달러였다.[5] 하지만 이 브랜드가 치러야 할 다음 단계의 전투도 흥미롭게 지켜봐야 할 것 같다. 오틀리는 연관성과 특이성으로 경이로운 일을 해냈지만, 용이성에서는 고전을 면치 못하고 있다. 수요를 충족시킬 만큼의 공장을 단기간에 세울 수 없는 사정 때문에 유통이 원활치 못하다. 그래서 찾기가 쉽지 않다. 아류 브랜드들이 시장에 넘쳐나는 형편이라 그들 중 몇몇이 "용이성에서 오틀리를 능가하면" 새로운 승자가 되지 말라는 법도 없다. 상품 개발R&D을 제대로 한다면 특히 그렇다.

여기서 문화적 연관성의 문제를 명확히 해둬야겠다. 우리는 우리 제품을 찾는 소비자들이 진열대 앞에서 우리 브랜드에 매료되어 심장이 두근거린다고 생각하지 않는다. 어떤 감성적인 연결고리 때문에 우리 제품을 산다고 생각하지도 않는다. 소비자가 우리 브랜드를 사거나 사지 않는 이유는 우리 브랜드가 그의 정체성에 대해 말해주기 때문이고 무엇보다 그가 속한 무리에 대해 말해주기 때문이라고 생각한다.

별 차이가 아니라고 생각할지 모르지만, 이것이야말로 마케팅 캠페인을 전혀 다르게 만드는 핵심 요인이다. "브랜드를 사랑하도록 만들라"라고 마케팅 팀을 다그치면 아주 고지식한 '거울 같은' 크리에이티브와 심금을 울리는 메시지와 "제발 나를 사랑해 줘!" 같은 신파만 손에 들게 될 것이다. 그러나 브랜드를 문화에 연관시키라는 임무를 주면 전혀 다른 결과를 손에 넣게 된다. 그때 팀원들이 먼저 알아내야 하는 것이 있다. "문화가 어느 쪽으로 가고 있는가?" 그러면 그들은 자문하게 된다. "어떻게 하면 그런 문화의 흐름 속에서 브랜드를 흥미롭고 특이한 것으로 만들 수 있을까?" 감상적인 광고로는 안 된다. '자석 같은' 힘이 있어 사람들이 얼른 스마트폰을 집어 들어 얘기를 전달할 작품이어야 한다. 그것이 감성적 연결과 문화적 연관성의 차이다.

문화적 연관성을 다룰 때 꼭 알아두어야 할 것이 있다. 소비자들은 무리로 움직인다는 것이다. 최종 사용자를 상정할 때는 그들도 다른 사람들과 마찬가지로 의식적으로든 무의식적으로든 그들이 속해있거나 속하기를 원하는 무리에 가까이 가고 싶어 한다는 걸 이해해야 한다. 문화성을 지닌 제품이나 브랜드는 그들에게 특정 무리의 일원이라는 사실을 확인시켜 준다. 문화적 연관성의 성공 여부는 이런 무리들이 언제 어떤 방향으로 변하는지 빨리 파악하여 브랜드 의미를 그에 맞게 진화시키는 능력에 달려 있다. 기왕이면 고객의 니즈와 욕구가 변하고 있다는 것을 고객이 직접 깨닫기 전에 먼저 알아차려야 한다.

당신의 컬처 코드를 이해하라

이런 문화적 상징을 우리는 클로테르 라파이유Clotaire Rapaille의 이론에 따라 컬처 코드라고 부른다. 소비자가 특정 카테고리에 있는 브랜드에 특별한 관심을 보이거나 거부감을 느끼는 이유를 쉽게 이해하기 위한 방편으로 이를 '카테고리 코드'라고 생각하자. 패스트푸드, 즉 QSR은 같은 브랜드라고 해도 나라마다 문화적 연관성이 매우 다양하기 때문에 매력적인 카테고리다. 미국의 패스트푸드 문화는 기능적이고 효율적인 칼로리 섭취를 위한 청교도적 이상이 그 토대다. 그리고 그 기원은 독일의 고기와 감자 문화 및 딱히 음식을 중요하게 여기지 않는 영국 문화에서 찾을 수 있다. 멕시코에서 패스트푸드의 목적은 사교다. 프랑스는 라파이유의 지적대로 즐거움과 유쾌함이다. 필리핀에서 패스트푸드는 현실 도피와 판타지다. 러시아에서는 서구적이고 새로운 것에 대한 탐험과 시도다.

그러나 항상 기능적 경험이었던 미국의 패스트푸드가 최근에는 소위 '패스트 푸디Fast Foodie(패스트푸드 식도락)'로 많이 바뀌었다. KFC, 맥도날드, 버거킹 등은 모두 동일한 브랜드로 여러 나라에 들어가 있다. 그래서 자카르타의 KFC에서 통했던 기법이 프랑스에서는 처참하게 실패할 수 있고 그 반대의 경우도 마찬가지다. (6장에서 우리는 미국인들과의 기능적 연관성을 찾기 위해 특별히 고안한 타코벨의 혁신 제품 크런치랩을 설명할 것이다.) 문화를 우습게 여기면 안 된다! 소비자 기반의 문화를 이해하고 한 나라에서 썩 잘 통했던 것이 다른 나라에서는 낭패를 볼 수 있다는 사실도 인정할 수 있어야 한다.

문제가 복잡해지는 것 같지만 다행히 우리는 문화적 연관성과 컬처 코드를 브랜드와 제품에 적용할 시스템을 개발했다. 잠시 후에 그 핵심 내용을 설명하겠지만, 먼저 KFC 남아프리카 공화국(이후 남아공)의 사례를 통해 문화적 연관성을 살펴보자.

문화적 연관성의 발견

아파르트헤이트(남아공의 인종차별 정책과 제도-옮긴이) 철폐 이후로 KFC 남아공은 즐거운 '무지개 나라'라는 브랜드 아이덴티티를 내세웠고, 이런 홍보는 몇 해 동안 상당한 효과를 발휘했다. 사람들은 그런 구호가 연상시키는 마인드를 자랑스럽게 생각했다. 하지만 2012년경부터 남아공 KFC는 인기를 잃기 시작했다. 2015년까지 3년째 매출은 계속 떨어졌고 우리의 이미지를 상징했던 '일체감 브랜드togetherness brand'는 변화하는 새로운 밀레니얼의 문화적 트렌드에 어울리지 않았다. 경쟁사들은 매장을 검은 벽과 황금 샹들리에로 치장하고 식사 공간에 하우스 뮤직house music(전자 음향 기반의 비트가 빠른 댄스 뮤직-옮긴이)을 틀었다. 덕분에 우리 매장은 졸지에 고루하고 시대에 뒤떨어진 장소가 되고 말았다.

뭐가 달라졌을까? 컬라이더랩은 남아프리카 문화에 대한 본격적인 조사에 착수했다. 우리는 요하네스버그에서 인류학과 사회학을 전공하는 명망 있는 두 교수님의 도움을 받아 KFC가 타격을 입은 원인을 몇 가지 가설로 정리했다. 그런 다음 우리는 당대 남아공에서 내로라하는 시인과 문화 평론가들에게 우리의 생각을 제시하고 그에 대한 의견을 타진했다. 이 몇 주간의 협업은 기반을 다지는 작업이었다. 문화에 대한 광범위하고 현대적인 분석 외에 몇 가지 새로운 가설을 전제하고 다음 단계의 연구를 시작하자 모든 것이 달라졌다. 그리고 켄과 제시카 고메즈-두아르테가 요하네스버그로 날아갔다. 하루에 열두 시간을 들여 소비자들을 만나고 매장과 동네를 둘러본 그들은 우리 브랜드가 자유 낙하한 이유를 알아냈다. 그런 다음 매우 컬라이더랩다운 일을 했다. 그들은 소웨토에 가서 며칠 동안 여러 가족들을 만나 함께 지내고 대화하며 그들의 생활 면면을 관찰했다. 그들은 우리가 초빙한 교수들과 문화 협력자들이 컬라이더랩에 설명했던 문제들을 현지 가족을 통해 확인했다.

노년층들은 이렇게 말했다. "요즘 애들은 우리의 꿈을 이해하지 못해요. 그 꿈이 뭐겠습니까? 우린 끔찍한 순간을 견뎌냈어요. 이제 다시 함께 모이고 하나가 되는 때가 오겠죠." 젊은이들은? 글쎄, 그들은 정반대였다. 그들은 아파르트헤이트 이후의 무지개 나라 따위에는 관심이 없었다. 그들에게는 야심이 있었고 추진력을 앞세워 자기만의 방식으로 성공할 기회를 찾는 데에만 관심이 있었다. 인터뷰 대상자 중에 18세 대학생이 있었다. 켄과 제시카는 그의 작은 공동주택을 찾았다. 바닥엔 온통 책뿐이었고 다른 것은 없었다. 냉장고에는 곰팡이가 핀 패스트푸드 샌드위치 몇 개가 뒹굴었고 침대에는 시트도 없었다. 두어 시간 동안 자신의 인생과 앞날의 비전을 얘기한 그는 두 사람을 쳐다보며 말했다. "아버지는 나더러 등신이래요. 우리 할아버지는 천치라고 하고요. 내가 그분들의 꿈을 믿지 않기 때문이죠. 내가 믿는 게 뭔지 아세요? 내가 가고 싶은 곳으로 데려다주는 건 바로 나, 나 자신이라는 거예요. 그리고 나는 그곳에 갈 거고요." 그 말이 얼마나 인상적이었던지 켄은 그때 그의 모습이 두고두고 잊히지 않는다고 말한다. 어둡고 휑한 그 방 구석구석의 세세한 모습과 아주 강인해 보였던 그의 턱이 또렷이 생각난다고 했다. 그 인터뷰 이후로 몇 해가 지났고 켄과 제시카는 그가 가고자 했던 곳에 도달했으리라고 믿어 의심치 않는다.

이처럼 남아공은 문화적으로 엄청난 변화를 겪는 중이었고 KFC는 여전히 맥을 못 추고 있었다. KFC가 줄곧 아파르트헤이트 이후의 인종 화합과 공동체 이야기만 하고 있었기 때문이다. 그런 건 당시 남아공의 삶의 경험과 사실상 아무런 연관이 없었다. 우리가 취재했던 그 학생이 소웨토의 쇼핑몰에서 무엇을 먹을지 정해야 한다면, 그에겐 두 가지 선택지가 있다. 왼쪽에는 집안 어른들이 늘 드나들던 KFC로, 로고만 봐도 정겹고 그곳에서 가족들과 함께했던 기억이 머릿속에서 반짝이는 추억의 장소다. 오른쪽에는 우리의 경쟁사가 있다. 짙은 검은색 벽이 사방을 둘러싸고 끊이지 않는 리드미컬한 음악에 맞춰 거대한 황금색 샹들리에가 번쩍인다. 그곳으로 들어가기 위해 문밖에는 유행하는 신발을 신은 젊은이들이 장사진을 치고 있다. 그의 결정은 어렵지 않았다.

며칠 뒤, 컬라이더랩 팀은 비행기로 서른한 시간 걸리는 귀국길에 올랐다. 돌아온 그들은 관찰 과정에서 느낀 자신들의 직감과 본능을 되짚어 가며 보강했고, 남아공의 교수와 시인과 블로거와 작가들 그리고 연구팀이 밝혀낸 결과의 문제점을 지적하거나 입증해줄 만한 사람들에게 연락했다. 남아프리카의 젊은이들은 자기실현과 독자적인 성취를 갈망하고 있었다. 아파르트헤이트 시대는 까마득한 옛날처럼 느꼈다. 오히려 그들은 부모님의 꿈에 대해 냉소적이었고 캠프파이어 주위에 둘러앉아 속내를 털어놓는 형태의 모임에는 별 관심이 없었다. 아주 강력하고 급진적인 집단이었다. 제시카와 켄은 KFC가 시대에 뒤떨어진 컬처 코드를 고집했다고 결론을 내렸다. 캠프파이어의 단란함을 앞세운 우리의 '쿰바야Kumbaya' 캠페인은 그들에게 바라지도 않는 정체성과 가담할 생각이 없는 집단의 회원권을 발급하고 있었다. 다른 브랜드들은 이런 변화를 알아차렸다. 기네스는 한층 권한이 강화된 아프리카 정신을 축하하는 '메이드 오브 블랙Made of Black' 캠페인으로 성공을 맛보았다.[6]

흥미롭게도 KFC 일본 역시 공동체와 일체감에서 벗어나려는 비슷한 변화와 씨름하는 중이다. 지난 40년 동안 KFC 일본은 비공식적인 크리스마스 저녁 브랜드였고 가족들은 명절을 전후로 KFC 메뉴를 함께 즐겼다. 하지만 남아공과 마찬가지로 이제 일본의 젊은이들은 일체감과 가족이라는 구세대의 발상을 거부하고 있다. 1인 가구가 꾸준히 늘어 2020년에는 전체의 34.5%를 차지할 것으로 추정된다. 요즘 일본의 젊은 전문직업인들이 생각하는 음식은 의무감에서 벗어날 수 있게 해주는 소중하고 평화로운 휴식 수단이다. 그래서 여럿이 함께하는 친목 모임과 같은 KFC의 크리스마스 전통은 코드와 전혀 맞지 않는 문화로 여겨진다. 결국 KFC 일본의 재기 넘치면서도 겸손한 CMO 나카지마 유코는 수십 년 동안 훌륭하게 기능해온 그들의 기본 마케팅 프레임을 다시 짤 수밖에 없는 입장이다. 그녀의 팀은 브랜드와 최신 문화를 다시 조율할 획기적인 방법을 찾고 있다. 우리가 가장 좋아하는 전술적 실천은 한밤중에 몰래 여기저기 공원 벤치에 KFC를 상징하는 샌더스 대령의 동상을 갖다 놓는 것이다.

세 가지 컬처 코드

남아공과 일본에서 확인한 진화는 일종의 이머징 컬처 코드다. 이는 초기의 발전 단계에서 볼 수 있는 소비자 트렌드의 변화이지만, 그것은 카테고리 코드에 대한 고객의 생각과 느낌이 크게 달라지고 있다는 사실도 함께 알려준다. '무지개 나라'라는 컬처 코드는 남아공의 젊은이들이 자신의 희망, 삶, 현실과 꿈을 반영하는 문화의 틀을 다시 짜면서 서서히 퇴화하고 있었다. 우리가 보기에 카테고리의 컬처 코드는 세 가지 단계를 거친다.

　1. 잔재 코드: 과거에 통했던 코드

2. 지배 코드: 지금 효과가 있는 코드

3. 이머징 코드: 앞으로 효과가 있을 코드

이런 진화의 단계를 정확히 파악해야 한다. 소비자의 취향이나 관심사나 신념 체계는 항상 유동적이어서 컬처 코드는 한시도 멈추지 않고 진화를 거듭한다. 이렇게 자문해 보라.

1. 내 카테고리에서 예전에 효과가 있었던 컬처 코드는 무엇인가?
2. 지금은 어떤 코드가 효과가 있는가?
3. 그리고 앞으로는 어떤 코드가 효과가 있을까?

다시 타코벨로 돌아가자.

바삭한 것이 살아남는다

에너지원에서 경험으로 바뀐 음식

먼저 몇 가지 배경부터 이야기해야겠다. 90년대의 타코벨을 기억하는가? 당시에 10대였다면 그곳에서 보낸 시간이 결코 적지 않았을 것이다. 69센트짜리 타코를 허겁지겁 먹어 치운 다음 부리토와 나초로 나머지 배를 불렸을 것이다. 당시 10대 아이들을 둔 부모였다면 잘 먹었다는 안도감에 별점 5점을 매긴 다음 문을 나섰을 것이다. 에너지원으로의 음식이라는 타코벨의 컬처 코드는 오랫동안 그런대로 효과를 발휘했다. 그런 코드가 통했던 것은 90년대의 초기 그런지 록과 게으름뱅이 스타일의 정신과 완벽하게 맞아떨어졌기 때문이었다. 90년대는 음식의 크기로 승부하는 빅걸프Big Gulp 시대였고, 특히 패스트푸드는 일을 하든 스케이트보드를 타든 축구를 하든 그저 빈둥거리든, 생활에서 실제로 흥미롭고 의미 있는 것들을 하기 위해 소비하는 에너지원이었다. 타코벨은 그런 문화에 적합했기 때문에 고객들은 우리에게 반응했다. 우리의 메뉴는 고객이 필요로 하고 원하는 것, 즉 가격도 적당하고 너무 먹고 싶고 약간 반항적인 음식과 완벽하게 맞아떨어졌다.

우리는 그렇게 우리의 지배적인 코드, 즉 마음만은 젊고 가치 지향적인 미국의 식객들이 찰루파와 나초를 먹고 힘을 내도록 해준다는 이념에 매몰되어 있었다. 매출은 괜찮았고 고객들은 1997년에 선보인 광고 속 타코벨 치와와를 무척 좋아했다.[7] 그러나 치와와 캠페인이 계속 이어지면서 경영진은 뭔가 당혹스러운 현상을 감지했다. 사람들이 그 개는 좋아하는데, 그 메뉴는 더 이상 좋아하지 않는 것 같았다. 매출이 떨어지기 시작했고 하락 추세는 2000년대에 들어서도 멈출 기미를 보이지 않았다. 나중에야 알게 된 사실이지만 우리는 새로 등장할 코드를 미리 알려주는, 아주 다급하게 번쩍이던 적색 신호를 놓치고 있었다. 에너지원으로의 음식이라는 낡은 코드에 안주하고 있었던 것이다. 변하는 고객의 취향에서 우리가 놓친

것은 대체 무엇이었을까?

컬처 코드가 바뀔 때 나타나는 문제가 하나 있다. 해당 문화 속에 있지 않으면 그런 문제를 인지할 수 없다는 사실이다. 어떤 이머징 컬처 코드를 볼 위치에 있지 않거나, 봐도 눈치채지 못하면, 제품과 그것을 팔기 위한 전략을 세우는 데 필요한 변화를 꾀할 수 없다. 달리 방도가 보이지 않는다면 밖으로 나가 세상 속으로 뛰어들어 당신을 닮은 사람과 닮지 않은 사람들이 어떤 것에 무슨 이유로 매력을 느끼는지 알아내야 한다. 이런 조치의 중요성을 보여주는 완벽한 예가 있다.

문화 속에서 바뀌고 있는
컬처 코드를 찾아라

켄과 그의 아내 파비아나는 2000년대 후반에 시카고에 살았다. 장면을 설정해 보자. 시카고는 거대한 음식 도시이다. 엄청나다. 음식에 관한 한 그 시기의 시카고는 전국에서 가장 매혹적이고 흥미진진한 풍경을 연출했다. 월요일 아침에 출근한 사람들은 "무슨 영화 봤어?" 또는 "어떤 클럽에 갔어?" 같은 것은 묻지 않았다. 매주 월요일 아침에 그들이 알고 싶었던 것은 동료들이 주말에 어디 가서 무엇을 먹었고 맛이 어땠는지 등이었다. 특히 실험적이고 많은 논란을 일으켰던 당시 시카고의 식당들은 멋진 식사의 정의를 바꾸고 있었다. 얼리니아Alinea는 메뉴에 있는 정식의 가격이 1인당 수백 달러에 달했지만 예약하고 6개월을 기다려야 맛을 볼 수 있었다. 시카고의 도축장 구역에 있는 모토Moto는 레이저와 원심분리기, 이온입자총 등을 동원해 특별 요리를 만들었다. 요리사들은 스타 셰프 앤서니 보데인Anthony Bourdain을 흉내 내어 록스타들의 문신을 새겼다. 분자 요리이든 희박 증기법이든 푸아그라 핫도그이든 요리사에게 어떤 영감이 떠올라 만들어보겠다고 마음먹으면 무엇이든 가능한 곳이 시카고였다. 음식의 정체성을 놓고 갖가지 실험을 하는 전통식당도 갈수록 늘어났다. 노스사이드에서 켄이 자주 찾았던 핫 더그Hot Doug's 는 악어, 오리, 사슴고기 외에 갖가지 채소로 만든 10달러짜리 핫도 그를 팔았다. 사람들의 실험 정신은 한계를 계속 넓히고 있었다. 거기에는 음식을 둘러싼 문화와 그 정체성이 진화한 것도 한몫했다. 훌륭한 식사와 음식과 관련된 경험이 주는 의미가 그만큼 크게 변한 것이다.

물론 급성장하는 레스토랑 풍경에 흥분하는 것과 그 비용을 감당하고 즐기는 비용은 별개의 문제였다. 2009년에 켄과 파비아나가 얼리니아에서 저녁을 먹기로 했을 때, 이 부부는 연례 휴가를 포기해야 했다. 1,000달러에 가까운 돈이 드는 일이었기에 쉬운 선택은 아니었다. 하지만 그만한 가치가 있다고 판단했다.

만찬은 물론 놀라웠다. 열여덟 개 코스는 저마다 독특했고, 매번 비현실적이었다. 헬륨을 채운 식용 사과 풍선, 줄기에 붙은 포도 한 알을 땅콩 퓌레에 담가 브리오슈에 싸서 만든 분해된 땅콩버터와 젤리 샌드위치가 와이어 접시에 매달려 나왔다. 그리고 드디어 디저트가 나오는 시간이었다. 셰프인 그랜트 애커츠Grant Achatz가 오더니, 식탁에 고무매트를 펼쳐놓았다. 따뜻하고 자욱한 안개 속에서 또 다른 셰프가 차갑게 동결된 사각 덩어리 누가를 들고 왔다. 셰프가 망치로 내려치자 누가는 식탁 위에서 산산조각이 났다. 이어서 그는 세 가지 초콜릿 소스를 식탁 곳곳에 떨어뜨리기 시작했다. 초현실주의 캔버스 식탁이 흡족했는지 셰프는 누가 조각을 잡고 초콜릿과 누가를 함께 문지르는 시연을 선보였다. 그것 역시 맛있었고, 그렇게 저녁 식사가 끝났다.

그날 저녁 식사 이후 몇 년 동안 켄은 그 일을 떠올릴 때마다 막연한 죄책감을 느꼈다. 공립학교의 역사 교사와 광고기획사 기획자의 한 끼 식사 비용으로는 너무 많은 돈이었다. 그런 경험을 맛보기 위해 그렇게 고대했던 멕시코 오아하카 여행마저 접어야 했다. 그래도 그 하룻밤은 하나의 계시였다. 여러 가지 다양한 경험이 한 가지 중요한 인사이트의 결정체로 모였기 때문이다. 그에게 멋진 식사는 더 이상 거드름을 피우는 소믈리에, 너무 커서 먹다 물리는 쇠고기 덩어리가 아니었다. 멋진 식사는 이제 모험이고 예측불허의 경험이었다. 얼리니아의 식탁에 앉는 것 자체가 짜릿한 경험이었다. 이제 무슨 일이 벌어질까? 손님은 그들이 음식으로 여겼던 것의 경계에서 쫓기듯 뭔가를 경험하게 될까? 그들은 아늑했던 평소의 식사 영역을 벗어나 그들을 도전하도록 몰아세우는 뭔가를 맛보게 될까? 지금도 파비는 켄에게 그날의 저녁 식사에 썼던 돈이 지금까지 중 가장 값진 지출이었다고 말한다. 그 한 번의 저녁 식사로 켄은 새롭게 떠오르는 거대한 컬처 코드의 정체를 명확히 직시할 수 있었기 때문이다. 그것은 '경험으로서의 음식'이라는 인사이트였다. 타코벨을 찾는 고객이 아니더라도 웬만한 사람들에게 저녁 한 끼 값으로 네 자리 숫자는 엄두를 내기 힘든 액수다. 하지만 그들은 여전히 그런 미식가 무리에 속하고자 한다. 그들은 짜릿하고 색다르고 도발적인 경험이 되는 새로운 음식 세계로 들어가고 싶어 한다. '에너지원으로서의 음식'이라는 고리타분한 명제는 과거의 유물로 자취를 감추는 중이어서 타코벨이 변하지 않는다면 우리의 운명은 그것과 함께 사라질 수밖에 없었다.

이머징 컬처 코드를
믿어야 한다

그레그가 CEO가 되던 2011년에 타코벨의 매출은 자유 낙하하는 카테고리를 향해 가고 있었다. 처음에 그레그는 패스트푸드가 곤경에 처했을 때 꺼내 드는 전통적인 프로토콜을 따랐다. 가격을 낮추고 깜짝 이벤트를 실시하는 수법이었다. 그래서 만든 것이 코미디언 어지즈 안사리Aziz Ansari가 등장하는 '여름 절약 이벤트'였다.[8] 그레그는 이런 식의 행사가 수익을 늘릴 수 있을지는 몰라도 너무 처절한 인상을 준다고 생각했다. 타코벨로서는 특히 안쓰러운 행사였다.

타이밍이 안 좋았기 때문이었다. 우리는 우리가 쓰는 쇠고기가 진짜 쇠고기가 아니라는 터무니없는 소송에 시달리고 있었다. 그 사건은 결국 기각되었지만, 이미 낮은 등급의 쇠고기를 쓴다는 인상이 대중들의 머릿속에 각인된 뒤여서 만회하기가 쉽지 않았다. 결국 우리는 제품에 대한 설명 방식을 대폭 개선해야만 했고 그것도 서둘러야 했다.

2011년은 타코벨과는 무관한 또 다른 이유로 대단한 해였다. 그해 1월에 첫선을 보인 인스타그램은 수백만 명이 넘는 사용자들의 해시태그를 유발했다. 같은 해 6월에 인스타그램은 500만 명의 고정층을 확보했고 9월에는 1,000만 명을 돌파했다.

새로운 플랫폼에 빠르게 반응하는 20대들이 주로 시각적 일기로 사용하는 아웃사이더 앱이었던 인스타그램은 기하급수로 늘어나는 사용자와 해시태그의 기능성을 내세워 2011년 말에 온라인 페르소나를 개발하는 중요한 수단으로 부상했다. 이 페르소나는 과장하지 않는 오프라인 자아의 확장일 수도 있고 개인의 일상적인 현실과 무관하게 자신만의 태도와 독특한 목소리를 가진 특이한 실체일 수도 있었다. 인스타그램 사용자들은 이제 말 그대로 자신만의 쇼를 가진 스타였고 그들이 경험하는 것들은 모두 잠재적 '콘텐츠'였다. 인스타그램 사용자들은 당연히 식사 경험을 즐겨 기록했고 앱의 성장과 함께 녹아내리는 아이스크림콘이나 김치 타코, 소스가 뚝뚝 떨어지는 바비큐 등의 맛깔나는 순간을 담은 사진을 유행시켰다.

타코벨은 불확실성이라는 완벽한 태풍의 한가운데 있었다. 에너지원으로서의 음식이라는 우리의 지배 코드는 타이타닉처럼 침몰하는 중이었다. 우리의 이머징 코드는 분명 기하급수적으로 성장하는 식도락과 인스타그램 문화와 연결되었지만, 그 코드가 무엇인지 확실히 아는 사람은 아무도 없었다.

광고를 의뢰한 입장에서 우리는 켄이 확인한 결과를 보완하기 위해 조사의 강도를 높였다. 우리는 인스타그램을 비롯한 SNS에 로그인하고 새로고침을 누르고 스크롤했다. 그렇게 해서 우리는 켄이 시카고에서 했던 경험을 재확인할 수 있었다. 음식은 더 이상 에너지원이 아니었다. 음식은 삶의 다른 모든 요소들과 마찬가지로 이제 두 가지 기능을 갖게 되었다. 각자의 요구사항(배고픔)을 충족시켜주는 것과 새로 등장한 멋진 무리에 당당히 낄 콘텐츠를 제공하는 경험이었다. 우리는 새로운 주류 식도락의 탄생을 목격하고 있었다. 다른 사람들과 공유하려면 내가 먹은 음식이 탐구적이고 이국적이고 새롭고 기발하며 흥미로워야 했고, 좀 더 많은 관심attention을 끌기 위해 다투는 수많은 인스타 콘텐츠 속에서 일부러 찾아볼 만한 것이어야 했다. 타코벨은 그런 것과 전혀 관련이 없었다. 우리는 문화적 연관성을 놓치고 있었다. 사람들은 예전처럼 우리와의 인연에 매력을 느끼지 못했다. 이제 우리가 할 일은 분명해졌다. 그레그와 타코벨 팀을 설득해야 한다.

문화적 연관성:
우리는 그것을 어떻게 해냈는가

당시 켄은 광고기획사 FCB에서 전략을 책임지고 있었다. FCB 팀은 타코벨 그룹을 만나 가능한 해결책을 논의했다. 필요한 것은 발빠른 변신이었지만, 어디까지나 올바른 변신이어야 했다. 그 점에서는 양측의 생각이 처음부터 일치했으나 그것만으로 문제가 해결되는 것은 아니었다. 타코벨을 살리려면 어떻게 해야 하는가?

가격은 애당초 문제가 아니었다. 그 점에서는 이견이 없었다. 그때나 그 전이나 타코벨의 가격은 적당했다. 그런데도 소비자들은 다른 곳에서 더 많은 돈을 지불하고 식사했다. 문화적인 면에서 뭔가 변화가 일었기 때문이었다. 하지만 무엇이 바뀌었다는 말인가? 얼리니아에서의 켄의 경험과 급성장하는 푸드트럭 문화는 음식 문화가 단순한 기능적 경험 이상으로 진화하는 방식에 대해 꽤나 강력한 가설을 우리에게 제시했다. 이제 해야 할 일은 연구를 통해 그 가설을 분석하는 것이었다. 하지만 사람들을 붙들고 왜 예전처럼 타코벨을 찾지 않느냐고 물어도 그들은 딱히 이유를 말하지 않았다. 그들은 음식이 너무 비싸다거나 재료의 질이 좋지 않다거나 그 밖의 실리적인 몇 가지 핑계를 대곤 했다. 하지만 우리가 연구한 바에 의하면 그런 건 둘러대는 말일 뿐 진짜 이유가 아니었다.

3장에서 켄이 정말로 먹고 싶은 고급 초콜릿을 놔두고 스니커즈를 선택할 때도 핑곗거리가 있었다. 그는 지금도 매일 스니커즈를 집어 든다. 그는 사람들의 진정한 동기와 욕구의 실체를 규명하는 일로 보수를 받는 사람이다. 그걸 규명하려면 소비자들이 정말로 갖고 싶어 하는 것이 있는데도 그것을 드러내지 않는 이유를 알아내야 한다. 자기가 무엇을 원하는지 정확히 몰라서일 수도 있고 아니면 알아도 사회적으로 용인되지 않아서 내색하기 난감하거나 자존심이 허락하지 않기 때문일 수도 있다.

우리는 먼저 고객이 우리 브랜드를 어떻게 생각하고 있는지 알아내기 위해 심리학자들과 함께 잠재의식을 다루는 새로운 종류의 정성적 방법론을 개발했다. (중요한 사실: 우리는 사람들이 특정 브랜드를 사거나 사지 않는 이유를 알아내기 위해 심리적으로 접근하지 않는다. 그보다는 사람들이 우리 브랜드를 어떻게 '보는지' 파악하려 애쓴다. 어느 기업이든 브랜드가 어떻게 인식되는지 명확하게 파악해야 한다. 자신의 브랜드가 고객이 열망하는 문화 세계에 적합한지 알기 위해서는 자신이 무엇을 가지고 일하고 있는지 알아야 한다.) 소비자들은 우리가 만든 여러 가지 질문을 통해 우리 브랜드에 대한 잠재된 감정을 드러냈고 그 과정에서 우리는 구매 후에 자신의 행위를 합리화하는 그들의 평계를 걸러낼 수 있었다. 예를 들어 우리는 대상자들에게 타코벨의 긍정적인 특성과 부정적인 특성을 은유한 수백 개의 이미지를 제시하고 그들의 견해를 선택해 달라고 요청했다. 놀랍게도 그들이 선택한 이미지들은 지루하고 활기가 없고 '흔해 빠진' 것들이었다. 그 많은 패스트푸드 중 멕시코에서 영감을 받은 브랜드라고는 우리가 유일한데, 어떻게 이토록 따분한 반응이 나올 수 있을까?

소비자 연구가 중요한 이유는 바로 이 때문이다. 아무리 가설이라 해도 예리한 전제를 설정하여 제대로 조사하기만 하면 놀라운 사실을 알아낼 수 있다. 앞서 퇴행적 코드와 지배 코드와 이머징 코드를 언급했다. 이들 코드는 끊임없이 진화를 거듭한다. 지배 코드는 예외 없이 서서히 시들해지는 반면, 이머징 코드는 꾸준히 그리고 서서히 주류로 진입한다.

연구를 통해 우리는 타코벨이 하향 곡선을 그리는 진짜 이유를 간파했다. 우리는 가격과 품질로 스스로를 정당화했지만, 소비자들은 타코벨을 '꽉 막힌 범생이가 교실 뒤쪽에서 만든 음식' 정도로 여겼다. 어떤 여성의 아픈 지적처럼 사람에 비유하자면 우리 브랜드는 "사교 파티에서 현관에 오줌을 누는 녀석"이었다. 그 이미지는 우리 브랜드를 각성시킨 전환점이 되었다. 현관에 오줌 누는 녀석이라니 말이 되는가? 90년대였다면 흥청대는 남학생의 사교 파티 문화도 그런대로 멋있었을지 모르지만 2010년에도 그럴까? 타코벨의 광고는 하나같이 썰렁한 농담 일색이었다. 이 광고들은 결국 우스꽝스럽고 아둔하고 멍청하고 쩨쩨한 타코벨이라는 인상만 주었다. X세대까지는 통했지만, 밀레니얼세대는 거기에 넘어가지 않았다. 그들이 찾는 것은 좀 더 멋지고 재미있고 새로운 느낌을 주는 음식이었다. 음식은 더 이상 단순한 에너지원이 아니었다. 그들의 새로운 문화적 욕구를 충족시키려면 기억에 남고 공유할 만한 경험을 제공해야 했다.

여기에 이르자 FCB 팀은 작정하고 에너지원이었던 타코벨을 경험으로 바꾸기로 했다. 그것도 서둘러야 했다. 그들은 그레그에게 미팅을 요청했고, 회의실에서 큰 화면에 노트북을 연결한 다음 '재생' 버튼을 눌렀다. 줄리아 차일드Julia Child가 로스트 치킨을 정성스레 준비하는 예전의 영상이 나타났고 곧이어 아이언 셰프Iron Chef(일본에서 시작된 유명 요리 경연 프로그램—옮긴이) 출연자가 지글거리는 문어를 팬으로 뒤집는 모습이 끼어들었다. 다시 줄리아가 나와 진주를 매만진다. 다시 아이언 셰프가 나와 문어를 그을리자 연기가 스크린을 가득 채운다. 줄리아는 프랑스 버터의 이점을 설명한다. 심사위원들이 아이언 셰프의 별스러우면서도 묘한 맛이 나는 요리를 칭찬하자 그는 좋아서 어쩔 줄을 모른다. 메시지는 분명했다. 음식이 더는 맛있고 구하기 쉽다는 이유만으로 사람들의 관심을 끌 수 없다는 것. 음식은 문화와 연관성을 가져야 했다. 그것은 세 가지 요구 중 하나를 채워주는 것이었다. 흥미롭거나 체험적이거나 예상치 못한 것에 대한 요구 말이다.

이 모든 것은 전자레인지에 넣고 돌리는 90년대의 부리토와는 달라도 한참 달랐다. 문화는 이런 차원의 연구에 관심이 없는 사람들이 짐작하는 것보다 더 급격하게 변해왔다.

연구에서 혁명으로
———

이런 진화를 심층 분석하던 켄과 그레그는 그들의 고객에게 이름을 붙여주었다. 패스트 푸디. 패스트푸드를 식도락 수준으로 즐길 줄 아는 미식가라는 의미였다. 패스트푸디는 개인을 지칭하는 말이 아니다. 패스트푸디는 비슷한 생각을 가진 수백만 명의 무리로, 트렌디하고 모험심이 강하고 사교적이고 약간 반항적이다. 다시 말해 패스트푸디는 타코벨이 예전에 기댔던 집단을 대체하며 빠르게 진화하는 새로운 무리였다. 이들은 탐을 낼 만한 음식을 좋아하면서도 마음만은 반항 기질을 억제하지 못하는 펑크족이었다. 패스트푸디의 눈에 들기 위해서는 그들이 먹고 싶어 할 만한 것을 제공해야 했다. 아이언 셰프처럼 그것은 예상하지 못한 것, 눈을 즐겁게 해주는 것, 즐거움을 주는 어떤 것이어야 했다.

결과론이지만 그레그는 모종의 개혁을 착실히 진행했다. 그것은 아주 시의적절한 개혁, 바로 도리토스 로코스 타코였다. 그의 혁신 팀은 수년째 나초 칩으로 타코를 감싸기 위해 이런저런 실험을 했지만, 그들이 정말 만들고 싶어 하는 것은 질감도 맛도 거짓말을 하지 않는 진짜 도리토스(미국의 나초 과자-옮긴이)로 감싼 타코였다. (도리토스 예찬론자들은 그 차이를 알 것이다.) 우리는 여기서 기회를 보았다. 우리는 타코의 개발 속도를 높이고 그것을 발판으로 브랜드와 문화를 다시 조율하기로 했다. CEO로서 그레그는 '에너지원에서 경험으로from fuel to experience'를 자신의 좌우명으로 정했다. 그는 그 문구를 출력해서 모든 직원의 책상에 붙여놓았다. 타코벨이 가격이 적당하고 맛있고 편리한 것 외에 놀랍고 흥미롭고 공유할 만한 음식이 되길 바랐다.

이런 종류의 크로스오버는 흔하기 때문에 뻔해 보일지 모르지만, 2011년만 해도 친숙한 브랜드 두 개를 하나의 제품으로 결합한다는 발상은 연금술에 비할 만한, 깜짝 놀랄 위업이었다. 수백만 밀레니얼세대들은 너도나도 이런 경험을 인스타그램에 올리려 했다. 우리는 제품의 완성도를 높이기 위해 마케팅의 모든 것을 바꿨다. 예를 들어, 모든 타코에는 타임스퀘어의 디지털 전광판에 사진을 올릴 수 있는 QR코드가 함께 제공되었다. 일단 제품을 출시하자 SNS는 그 위력을 마음껏 발휘했고 우리의 예상대로 사람들은 맛보다 함께 먹는 사회적 경험을 더 많이 얘기했다. 감성적 연결이 아니라 문화적 연관성이 판매를 촉진한다는 사실을 보여주는 증거였다.

광고도 그에 맞춰야 했다. 연관성을 계속 유지하려면 어리석고 썰렁한 농담은 집어치워야 했다. 간편하고 맛있는 음식이라는 얘기를 늘어놓을 때가 아니었다. 그런 것은 더는 문화와 연관성이 없었다. 우리가 새로 내놓은 광고의 원형은 우리에게 대성공을 안겨주던 '라이브 마스'(인생을 좀 더 풍요롭게) 캠페인으로, 타코벨을 하나의 경험으로 제시하는 기획이었다. 첫 번째로 선보인 광고에서 한 남자가 아파트로 돌아와 만족스러운 웃음을 지으며 주머니에서 멋진 밤을 보냈던 흔적들을 꺼내 탁자에 놓는다. 자동차 키, 콘서트 티켓, 아름다운 여성과 찍은 스티커 사진 등등. 그리고 마지막으로 타코벨 핫소스 봉지 하나. 음식이 경험으로 바뀌는 순간이다.

도리토스 로코스 타코는 홈런을 쳤다. 타코벨은 첫 2년 동안 이 메뉴를 10억 개 가까이 팔았다. 그때까지 타코벨 역사상 가장 빠른 판매 기록이었다. 그때부터는 새로운 제품을 만들 때마다 기억할만하고 공유할 수 있는 제품을 만드는 것이 브랜드의 사명이 되었다. 그 후 몇 년 동안 우리는 네이키드 치킨 찰루파Naked Chicken Chalupa(토르티야 대신 닭가슴살로 타코를 감쌌다)부터 토르티야 안쪽에 치즈를 넣은 거대한 케사디야인 케셀루파Quesalupa에 이르기까지 많은 히트작을 연달아 내놓았다. 사람들이 화제 삼을 만한 것이 아니면 메뉴에 올라가지 못했다.

마찬가지로 브랜드 자체도 문화를 주도하는 주전 선수로 그 입지를 넓혀갔다. 타코벨의 오랜 마케팅 VP이자 브랜드 정신의 총괄 관리자인 트레이시 라로카Tracee Larrocca는 사회적 연관성을 높이기 위한 일련의 행사를 고안하여 그것을 "브랜드에 문화적 탑스핀topspin 탁구나 테니스에서 공의 진행 방향으로 강한 회전을 만들어주는 스핀. 드라이브라고도 한다—옮긴이)"을 걸어주는 행위라고 불렀다. 행사 때 타코벨을 무료로 주는 매장부터 '도루를 하고 타코를 받으세요Steal a Base, Steal a Taco(월드시리즈에서 도루를 성공할 때마다 미국 내 모든 고객에게 타코를 무료로 제공하는 행사)' 같은 엄청나게 인기 있는 연례 행사에 이르기까지 그녀의 이벤트는 끊임없이 입소문을 만들었다. 라로카 팀의 그런 노력으로 타코벨은 애플과 구글, 우버에 이어 〈패스트컴퍼니Fast Company〉가 선정한 미국에서 가장 창의적인 50대 기업 명단에 올랐다.[9] 최근 몇 년 동안 타코벨의 CMO로 일했던 마리사 살버그Marisa Thalberg는 브랜드의 문화적 연관성을 어지러울 정도로 크게 끌어올렸다. 그녀는 포에버 21Forever 21과 함께 타코벨 의류를 출시하는 한편, 앞서 언급한 타코벨 호텔을 열었으며 라스베이거스의 타코벨 내부에 있는 교회를 결혼식장으로 제공했다.

타코벨은 그레그의 지휘로 이례적인 성공을 거두었다. 새롭게 떠오르는 식도락의 가치에 가장 먼저 올라탄 주자였기에 가능했던 일이었다. 그것이 바로 문화적 연관성의 위력이다. 위험을 마다하지 않고 해당 분야에서 선두를 지키려는 브랜드들은 삼진을 당하기도 하지만 최후의 승리는 손실을 보상하고도 남는다.

우리는 문화적 연관성을 두 가지 측면에서 접근했다. 일단 말로 표현하고(라이브 마스), 실제로 입증해 보이는(도리토스 로코스 타코) 식이었다. 모든 것이 착착 맞아떨어지면서 한 가지 사실로 수렴되었다. 타코벨은 다시 대단한 존재가 되었다는 것. 소비자들의 수긍도 전례가 없을 정도였다. 타코벨의 매출은 그때 이후로 지금 이 글을 쓰는 순간까지 8년 동안 한 번도 그 상승세가 꺾인 적이 없다.

타코벨을 난관에서 구하려는 그레그의 노력이 이례적인 성공을 거두자 얌!은 그에게 다른 브랜드의 문제도 같은 방식으로 해결해 달라고 요청했다. 그는 얌!의 CEO였으니까. 그레그는 켄과 제프와 그레그 디저릭을 끌어들였다. 그리고 그들은 다니던 광고기획사를 그만두고 우리의 글로벌 업무를 전담하기 위해 직접 컨설팅 회사(컬라이더랩)를 만들었다. 2년이 채 안 되어 컬라이더랩은 글로벌 차원에서 매출 증가를 주도하여 자신들의 가치를 입증했다. 얌!의 CEO로서 그레그가 행한 첫 공식 업무는 컬라이더랩을 인수하여 켄을 얌!의 CMO로 앉히고, 그레그 디저릭을 마케팅 및 혁신 VP로 임명하는 일이었다. 제프는 몇 년 뒤 은퇴할 때까지 피자헛의 최고브랜드책임자CBO로 일했다. 그는 지금도 얌!의 여러 이사회에 봉직하고 있다. 그 이후로 컬라이더랩은 브랜드를 가리지 않고 전 세계 기업들을 상대로 문화적 연관성의 첨단을 유지하는 일을 사명처럼 수행하고 있다.

이젠 당신 차례다

문화적 연관성에서 뭔가를 터득했다면 그것을 당신의 브랜드에 적용할 차례다.

　효과적인 정성 연구라고 하지만 그 방법론은 여러 가지다. 각각의 문화는 고유의 뉘앙스를 갖는다. 그러나 최고의 모델은 훈련을 받은 인터뷰어가 소비자를 찾아가 심리적 질문을 통해 그들의 의식 속에 잠재된 선호도와 편견을 스스로 드러내게 만드는 심층적 일대일 인터뷰 방식이다. 컬라이더랩은 어디서나 이런 인터뷰를 실시한다. 마케팅을 다루는 기존의 조사자들은 안전지대에 머물며 직접적이고 사실적인 질문을 던지는 것 외에는 아무것도 하지 않으려 하기에 사람들의 말 속에 담긴 언외의 의미를 전혀 포착하지 못한다. 그런가 하면 학문적으로 탄탄한 연구에 능숙한 또 다른 부류들은 브랜드나 마케팅 업계와 너무 단절되어 소비자를 직접 만나보기만 해도 쉽게 알아낼 수 있는 중요한 현실을 놓친다. 따라서 잠재의식 연구, 즉 대니얼 카너먼이 말하는 '시스템 1 연구'에 숙달된 사람들이 필요하다.[10] 그렇지 않으면 실제 이유가 아닌 자신의 입장을 합리화하는 변명만 듣게 될 것이다.

제대로 된 연구는 한 가지 아이디어에서 시작한다

우리는 투사법projective technique으로 큰 성공을 거두었다. 예를 들어 소비자들에게 패스트푸드점 vs 패스트캐주얼점(패스트푸드 식당과 패밀리 레스토랑의 중간 형태-옮긴이)을 상징하는 이미지를 선택하게 한 다음, 그런 이미지를 선택하게 된 그들의 심리와 관찰 결과를 신중하게 분석한다. 우리는 그 외에도 의인화나 스토리텔링이나 기본 투사법 등도 활용한다.

- 타코벨을 자동차에 비유한다면 어떤 종류, 어떤 모델입니까?
- 꿈에 사람 모습을 한 타코벨이 당신과 같이 나온다면 어떤 일이 일어날 것 같습니까? 맥도날드가 등장하면 어떻게 될 것 같나요?
- 90년대 사람들은 타코벨을 어떻게 생각했습니까? 요즘 사람들은 타코벨을 어떻게 생각하나요? 당신이 아닌 다른 사람들은 그때 어떻게 생각했고 지금은 어떻게 생각합니까? 무엇이 달라졌습니까?

우리가 엑스트라 크리스피Extra Crispy 치킨의 실마리를 찾아낸 것도 KFC의 여러 제품과 유명 인사들의 이미지를 연결시켜 보라는 요청을 통해서였다. 우리 연구에 참가한 실험대상자들 대다수는 엑스트라 크리스피를 루폴RuPaul에, 오리지널 레시피는 제니퍼 애니스톤Jennifer Aniston에 비유했다. 이 같은 인사이트를 통해 우리는 더 바삭하고 식감이 좋은 엑스트라 크리스피가 가진 특별한extra 에너지를 실감할 수 있었다(그렇다고 사랑스런 제니퍼 애니스톤과 완벽한 샌드위치의 기분을 상하게 할 의도는 없다). 이런 '특별함Extraness'은 요즘의 컬처 코드에 훨씬 더 잘 맞는다. 유튜브 창에 'The Extra Crispy Colonel'을 입력하면 매우 창의적인 광고를 접할 수 있을 것이다.

한 가지 일러둘 것이 있다. 조사하면서 알게 된 사실이지만, 다른 것도 많은데 왜 굳이 특정 브랜드나 이미지를 선택했느냐고 물어보면 대상자들은 자신의 선택을 합리화하는 공통된 반응을 보인다. 그렇기에 '왜'냐고 공개적으로 묻기보다는 진짜 이유를 탐색할 방법을 찾는 편이 더 효과적이다. 조사자들은 "그런데 왜 그걸 선택하셨나요?"라고 묻고 싶은 충동을 느끼지만, 그런 질문보다는 그들의 답을 더 깊이 분석하고 그들로 하여금 더 많은 이야기를 하도록 유도하는 편이 좋다. 대부분의 경우 사람들은 왜 그런 선택을 하는지, 자신이 정말 원하는 것이 무엇인지 잘 모른다. '왜'냐고 묻게 되면 피실험자는 일순 당황하여 자신의 선택을 정당화할 생각부터 하게 된다. 그들이 확실히 아는 것은 자신의 선택이 옳다고 느낀다는 사실뿐이다. 그들의 선택이 암시하는 보다 미묘한 차이와 그런 선택을 구분하여 이해할 수 있도록 유도하는 것이 유능한 조사자의 역량이다.

흥미롭게도, 인터뷰 대상자들이 떠올린 "제니퍼 애니스톤은 오리지널 레시피 같다"라는 은유는 우리가 수집한 데이터보다 훨씬 더 오래 기억에 남았다. 몇 년이 지난 뒤, 우리가 내민 정확한 데이터는 기억하지 못하더라도 자신이 그런 말을 했다는 사실은 여전히 기억하고 있었다. 은유가 유용해 보이는 것도 그 때문이다. 은유는 완벽하고 합리적인 데이터가 아무리 많아도 잡아내기 어려운 삶에 대한 인사이트를 고스란히 전한다.

이런 가설이 엉뚱해 보일지도 모르겠다. 하지만 소비자들의 생각을 직접 털어놓게 하기보다 은유적으로 투사하도록 유도하면 많은 사실을 알아낼 수 있다. 우리가 질문을 던지는 이유는 결국 우리 카테고리의 컬처 코드를 확인하여 브랜드가 그 코드와 얼마나 배치되는지 알아내기 위한 것이다. 은유는 그런 저변의 감성을 파헤칠 수 있는 매우 유용한 도구다.

문화를 파악하려 할 때 마케터가 해야 할 일이 두 가지 있다. 문화의 현주소와 앞으로 향할 곳이 어디인지 알아내는 일이다. 해당 카테고리에서 새롭게 부상하고 있는 가치를 선점하고 유지하려면 작가나 교수, 인플루언서 같은 문화 전문가들과 이야기를 나눠봐야 한다. 부담스럽게 들릴지 모르지만 중소기업이나 개인도 얼마든지 할 수 있는 일이다. 구글 학술 검색Google Scholar에서 원하는 주제를 몇 가지 검색해 보라. 당신이 원하는 주제와 관련된 학술 자료를 작성한 교수들을 금방 찾을 수 있을 것이다. 그 교수나 그들의 이메일을 검색하면 해당 자료를 쉽게 구할 수 있다. 보통은 교수가 속한 대학 학과 홈페이지에서 열람이 가능하다. 그들에게 이메일을 보내고 시간당 정해진 요금을 지불하면 몇 시간 정도 전화 상담을 통해 직접 조언을 들을 수도 있다. (하지만 그 전에 논문부터 먼저 읽어보면 무척 반갑게 대해줄 것이다!) 우리도 필리핀에서 텔레노벨라(중남미 국가에서 제작되는 일일 연속극-옮긴이)를 연구하는 교수와 인상적인 대화를 나누었던 기억이 있다. 그는 KFC가 더 이상 그 나라의 이머징 컬처에 보조를 맞추지 못하는 이유를 명쾌하게 설명해 주었다. 몇 시간만 할애해 적절한 전문가와 대화해 보면 당신의 브랜드가 가진 맹점을 놀라울 정도로 정확하게 찾아낼 수 있다. 소비자에 대한 전반적인 정성적 조사를 실시할 준비가 되지 않았더라도 상관없다. 프로젝트를 진행해 가며 필요한 전문가의 범위를 넓혀갈 것을 권한다. 미리 몇 사람을 인터뷰해 보고 몇 가지 가설을 세워보라. 그런 다음 프로젝트를 진행하면서 대화로 확인한 내용을 상황별로 정리해 보라. 그렇게 모든 내용을 파악했다고 생각되면 좀 더 많은 전문가들을 만나 그들의 견해를 들으면 된다.

문화 전문가로 이런 사람들을 추천한다.

- 당신의 카테고리와 연관된 책이나 논문의 저자
- 당신이 하는 일과 관련된 분야를 전공하는 교수들. 예를 들어 여성의 건강이나 미적 기준과 관련된 분야라면 젠더 문제를 다루는 교수나 여성 인권 운동가 등
- 크고 작은 인플루언서들, 문화의 최첨단에 서고 싶을 때 찾게

전문가를 만나거나 정식 연구를 하지 않아도 문화의 흐름을 확인할 수 있는 곳은 많다. 특히 예술은 문화가 가장 두드러지는 분야다. 젊은 소비자들이 즐겨보는 쇼나 영화를 보고 그들이 좋아하는 음악을 듣기만 해도 게임을 주도할 수 있다. 어디를 봐야 하는지만 안다면 이머징 테마나 트렌드를 놓치지 않고 잡아낼 수 있다. 이렇게 자문해 보라. 그 쇼와 노래의 주인공들이 원하는 것은 무엇인가? 당신의 고객들도 분명 그것을 원할 것이다. 하지만 이런 주제들을 분석할 때는 신중해야 하고 적어도 어느 정도는 과학적인 방법으로 접근해야 한다. 노래들의 주제를 분류한 다음, 몇 년간의 변화를 정량화하는 것도 한 가지 방법이다.

음식 문화를 알려면 자기만의 토론 그룹을 만들어야 한다. 친구와 친구의 친구들을 통해 몇 시간만 응해주면 40달러를 지급한다고 말하라. 서베이몽키SurveyMonkey 같은 사이트에 무료 온라인 설문 조사를 만들어 사람을 모집하는 쉬운 방법도 있다. 아는 사람들에게 이메일이나 문자로 설문지 링크를 보내고 SNS에도 게시하라. 사람들이 관심을 보이면 기준에 맞는 사람을 골라 그룹을 만들라. 우리의 문화전략가인 애비 배철러Abby Batcheller는 왓츠앱 그룹을 만들어 그 분야의 오피니언 리더나 마이크로 인플루언서들을 초대한 뒤, 그룹을 분야별로 운영한다. 최대 12주 동안 그녀는 그들에게 질문이나 자신의 생각을 던지고 어떨 때는 우리가 개발한 제품의 모형을 제시한 다음 그 자리에서 피드백을 받는다. 애비에게는 이런 그룹의 의견을 듣는 일이 매일 여섯 명의 전문가들에게 전화로 조언을 구하는 것 못지않게 소중하다. 하지만 그녀는 한 가지만큼은 분명히 해야 한다고 당부한다. 약속한 금액을 확실하게 지불하고 그들의 자존심을 지켜줄 것. 그 두 가지만 분명히 하면 그들의 인사이트는 점점 더 예리해질 것이다.

이런 일은 혼자 하면 안 된다. 토의 진행을 도울 브레인스토밍 파트너가 적어도 한두 명 참여해야 한다. 우리의 경험으로는 세 명이 가장 좋다. 그래야 교착 상태에 빠지지 않는다. 여건이 허락되지 않으면 두 명도 좋다. 커피와 도넛을 곁들이면 토론 분위기가 한결 좋아질 것이다. 토의 중에 그들에게 물어보라. 이런 카테고리에서는 언제 어떤 브랜드를 삽니까? 우리 브랜드를 비유적으로 설명해 주는 이미지로 이것을 고른 이유가 뭔가요? 그렇게 질문한 다음 그들이 답할 때 어떤 동사를 사용하는지 지켜보라.

그룹 토론이 끝나면 파트너와 함께 벽에 스티커 메모를 붙이기 시작한다. 맨 위에는 제품이나 서비스를 붙인다. 가령 '창의적인 양말'을 만든다고 하자. 그러면 당신은 양말 카테고리의 오래된 컬처 코드를 해독한 다음 이머징 컬처를 알아내려고 할 것이다. 그리고 그룹 멤버들에게 5년 전에는 어떤 이유로 특정 양말을 샀으며 지금은 왜 다른 양말을 택하는지 물어볼 것이다. 5년 전에는 미국의 경기 기조에 맞춰 특정 양말을 샀고 지금은 실리콘 밸리의 규칙을 깨는 선두주자라는 기분으로 다른 양말을 산다는 답이 나왔다고 하자.

그러면 벽에 붙인 메모에 그 내용을 적어라. '재미있을 것 같아서'나 '뭔가 거스르고 싶어서' 같은 답도 나올 것이다. 그것들을 모두 적어 벽에 붙여라. 다음으로 나온 이유들을 다시 한번 꼼꼼히 따져보라. 왜 그들은 재미를 추구하는가? 일이 지루하니까. 왜 그들은 기성문화를 거스르려 하는가? 마지못해 규칙을 따라야 하는 직장의 현실이 마음에 들지 않으니까.

문제의 핵심을 건드렸다고 생각될 때까지 몇 번이고 이유를 물어보라. 직장의 규율을 깨기 위해 일부러 창의적인 양말을 신고 가는 경우도 있을 것이다. 규칙을 어기고 순순히 따르지 않는 자세를 진지하게 다루는 신문이나 잡지, 웹사이트 등 주류 매체의 기사들을 찾아보라. 그러면 그 같은 반골 성향이 어떤 식으로 바뀌고 있는지 감을 잡을 수 있다. 어쩌면 이머징 가치가 단순히 반항을 위한 반항이 아니라 현재보다 더 나은 해결책을 찾기 위한 수단이라는 사실을 알게 될지도 모른다. 아니면 양말의 예전 코드는 '미국의 경기 기조에 맞추려는' 노력이고 새로운 이머징 코드는 '기업가 정신을 강조하는 미국의 새로운 분위기에서 돋보이려는' 것이라는 사실을 눈치챌 수도 있을 것이다.

스마트하되 완벽하려 하지 말라

한 가지 명심해야 할 것이 있다. 지금 당신이 찾는 것은 문화에 대한 인사이트다. 특히 당신의 카테고리에서 움직이는 문화의 향방을 알고 싶다. 제대로 휘둘러야 하지만 배트를 움켜쥔 손에 힘을 준다고 해결되는 일은 아니다. 그레그가 즐겨 하는 말이 있다. "문화의 방향 전반을 '정확하게' 파악하려는 욕심에 지나치게 완벽을 추구하고 좌뇌를 총동원하여 죽기 살기로 분석에 매달리다 보면 오히려 머리가 마비되고 만다."

문화의 진행 방향을 살폈으면 다음 단계로 넘어가 당신의 브랜드를 상징하는 대담하고 특이한 깃발을 대세의 흐름에 맞춰 높이 들어야 한다. 독특하고 새로운 공간을 조성하고 그곳을 당신 브랜드만의 고유 공간으로 만드는 것이 요령이다. 단순히 문화를 반영하는 것이 아니라 문화를 창조한다는 느낌을 주어야 한다. 이 문제는 11장에서 자세히 설명하겠지만, 마케팅에서는 완벽하게 옳은 것보다 조금이라도 두드러지는 편이 언제든 더 좋다.

기능적 연관성

6

기능적 연관성이란 무엇인가?

이쯤이면 R.E.D.의 세 가지 핵심 요소인 연관성과 용이성과 특이성이 서로 맞물려 움직인다는 사실을 알았을 것이다. 이 세 가지는 절대 따로 존재하지 않는다. 그래서 사회적 연관성을 생각할 때는 특이성의 관점에서 함께 생각해야 하고, 특이성을 생각할 때는 특이한 자산을 문화적 측면에서 연관시켜야 한다. 이는 기능적 연관성의 관점에서 볼 때 특히 중요하다(그림 6 참조). 어떤 새로운 기능적 이점이 있으면 브랜드에게도 좋으리라 생각하기 쉽지만, 실제로는 그렇

그림 6

R.E.D.

기능적 연관성:
가장 중요한 기능상의 니즈나 이점(소위 카테고리 사용 사례CUO) 덕에 금방 생각나게 해주는 브랜드의 능력...

TACO BELL

심야 메뉴 + 휴대용 점심 + 흥미롭고 혁신적인 것

... CUO가 많아 브랜드가 잘 알려질수록, 사람들은 더 자주 이용하게 되고 브랜드는 더욱 성장할 것이다.

지 않다. 기능적으로 새로운 이점이 있어도 특이한 점이 없거나, 브랜드가 가지고 있던 기존의 특이한 자산과 조화를 이루지 못하면 아무런 영향을 미치지 못하거나 잘못된 쪽으로 영향을 미치는 부작용을 낳는다.

3장에서 얘기했지만 우리는 CUO, 즉 카테고리 사용 사례를 확보함으로써 브랜드를 기능적으로 연관시킨다. 기본적으로 우리는 카테고리에서 브랜드와 특정 사용 사례 간의 명확한 연결고리를 확립한다. 예를 들어 나이키는 농구화나 애슬레저용 셔츠나 가볍고 편한 아이들 옷이나 운동선수들을 위한 기능성 의류 등 다양한 사용 사례를 소비자들의 머릿속에서 확고하게 연결시킨다. 비결은 나이키만의 매우 특이한 방법론이다. 브랜드의 핵심적 특이성을 유지하는 문제와 카테고리 사용 기회를 확장하는 문제를 두고 이루어지는 절묘한 균형이 이번 장에서 집중적으로 다룰 주제다. 이제부터 그레그와 컬라이더랩이 이 부분에서 성공했거나 실패한 사례를 몇 가지 소개하려 한다. 그런 다음 혁신적이면서도 효과적으로 특이한 기능적 연관성을 창출하는 데 도움이 될 전략을 소개하겠다.

우리는 자신이 원하는 기능을 제공하는 제품을 찾으려는 소비자의 기본적 요구가 곧 기능적 연관성이라고 정의한다. 그렇다면 우리의 카테고리에서 기능적 연관성은 이런 질문으로 나타날 것이다. "타코벨은 우리 가족이 적당한 가격으로 즐길 만한 음식을 제공하는가?" 또는 "KFC는 직장에서 기나긴 오후 근무 시간에 출출함을 느끼지 않을 만큼 맛있는 점심 식사를 넉넉하게 제공하는가?" 패스트푸드가 아니라면 이렇게 물을 것이다. "혼다에는 우리 가족을 전부 태울 만한 차가 있는가?" 또는 "메이블린Maybelline에는 저자극성 립스틱이 있는가?"

여러 해를 지켜본 결과 우리는 CUO의 확장이 브랜드를 성장시키는 가장 빠른 길이라고 결론을 내렸다. 브랜드가 많이 알려지면 소비자의 사용 빈도가 늘고 그래서 더욱 성장하게 된다. 따라서 소비자의 머릿속에서 가능한 한 많은 CUO를 소유하도록 장기적인 목표를 세워야 한다. 브랜드와 특정 CUO가 심리적으로 연결될 때마다 고객은 해당 제품군 구매 시에 그 브랜드를 생각하게 될 또 다른 이유를 가진다.

우리는 이런 현상을 세밀히 연구했고 세계 곳곳에서 CUO를 매우 신중하게 측정했다. 30개가 넘는 국가에서 몇몇 카테고리를 대상으로 특정 목적을 지닌 CUO의 성장을 연구하자 아주 분명한 패턴이 드러났다. 그림 7에서 보듯 우리는 14개국에서 130개 브랜드를 골라 그들의 시장점유율(y축)과 소비자가 그 브랜드를 생각하게 되는 CUO 수치(x축)를 기준으로 도표를 작성했다. 보다시피 그것은 거의 일대일의 관계다. 브랜드를 유명하게 만드는 CUO가 많을수록 브랜드의 시장점유율도 높아진다.

운동복 카테고리를 예로 들어보자. 나이키는 60년대에 빌 바우어만Bill Bowerman과 필 나이트Phil Knight가 대학 캠퍼스에서 혁신적인 러닝화를 차에 싣고 판매한 것이 그 시작이었다. 하지만 일단 러닝화 CUO에서 확고한 발판을 마련하자 그들은 마이클 조던Michael Jordan을 앞세워 그 유명한 에어 조던 시리즈와 함께 범위를 농구화로 확장시켰다. 그때부터 세상은 나이키를 중심으로 돌아갔고 나이키는 축구, 테니스뿐 아니라 가볍게 입기 좋은 옷 등등 점점 더 많은 CUO를 지배하기 시작했다. 반면에 브룩스 러닝Brooks Running은 정반대의 정책을 택했다. 그들은 나이키가 나오기 50년 전인 1914년에 설립되었다. 그들은 원래 여러 종류의 스포츠와 다양한 활동에

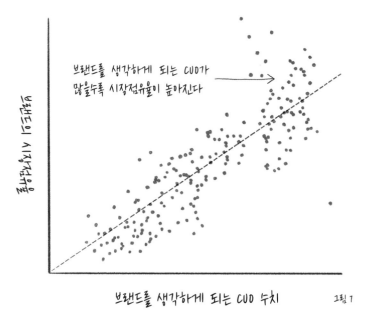

브랜드를 생각하게 되는 CUO가
많을수록 시장점유율이 높아진다

브랜드의 시장점유율

브랜드를 생각하게 되는 CUO 수치

그림 7

어울리는 신발을 개발했지만(베이딩 슈즈의 인기는 정말 대단했다!) 결국 그들은 러닝화로 CUO를 좁혔다. 지금도 러닝화는 브룩스가 최고라고 생각하는 사람들이 많다. 그들의 연간 매출은 7억 5천만 달러에 육박한다.[1] 나이키는? 400억 달러가 조금 못 된다. CUO를 성장시켜야 한다는 주장을 뒷받침하는 데 이만큼 확실한 증거가 또 어디있는가. 물론 나이키는 CUO를 성장시키는 동시에 세 가지 R.E.D.를 멋지게 해냈다.

그들은 문화적·사회적 연관성의 전문가였고 특이한 광고로 정확한 지점을 공략했다. 그 덕분에 그들 브랜드는 쉽게 눈에 띄었다. 또한 혁신적인 온·오프라인 매장으로 접근을 용이하게 해주었다. 하지만 그런 명성을 유지할 수 있었던 주요 요인은 그들이 스포츠 상품에서 거의 모든 CUO를 확보했기 때문이다. 그렇지 않았다면 그 많은 분야 중 어느 것도 별다른 효과를 발휘하지 못했을 것이다. 브룩스는 CUO를 줄이고 줄여 단 한 가지(러닝화)로 한정시키는 실수를 범했다. 또한 러닝화 이외의 부문에서 브랜드를 문화적으로 연관시킨 적이 없었고 문화적으로 적절하게 만들 마이클 조던의 모멘트도 없었다. 하지만 브룩스가 저지른 패착 중의 패착은 다름 아닌 이것이다. 하나의 CUO, 단 하나의 CUO만 소유하기로 했다는 것.

나이키 정도의 성공을 거두려면 색다른 사고방식이 필요하다. R&D에 과감히 투자하고 실패를 두려워하지 않고 CUO를 확장하려는 태도 말이다. 나이키는 서핑으로의 확장에 실패했을 뿐 아니라 스케이트로 확장하려는 과정에서도 여러 차례 실패를 거듭했다. 하지만 마침내 나이키 SB 브랜드와 폴 로드리게스Paul Rodriguez의 후원을 맡아 스케이트 시장의 문까지 열어젖혔다.[2] R&D에 대한 과감한 투자와 실패에 의연한 태도는 CUO를 확장하는 데 중요한 두 가지 요소다. 이 두 요소 모두 기업 차원에서 육성되고 높이 평가되어야 한다. (그렇다. 우리는 실패를 높이 평가한다! 실패를 두려워하는 마케터나 혁신 팀은 이 여정에서 멀리 가지 못할 것이다!)

브랜드의 CUO를 찾는 것도 중요하지만, 제대로 하는 것 역시 못지않게 중요하다. 절대 하지 말아야 할 것은 고객 그룹을 인위적으로 세분화하는 행위다. 왜 그런가?

세분화의 어리석음

제품과 사람들을 기능적으로 연관시키는 방법은 많다. 그중에는 생산적이고 유용한 방법도 많고 의심스러운 방법도 더러 있다. 요즘 같은 마케팅 시대에 납득이 가지 않을 정도로 인기가 많은 방법 중에 세분화segmentation가 있다. 그럴 만도 하다. 언뜻 보면 그럴듯하니까. 더 많은 사람들이 제품을 사용하게 하려면 소비자를 여러 개의 작은 부류로 쪼개는 것이 논리적으로 맞는 것 같다. 스포티한 외관과 탁월한 주행능력을 자랑하는 차가 있다고 하자. 시장을 세분화한다면 젊은 남성들에게는 스포티한 매력으로 그리고 나이든 여성들에게는 하나의 탈출구로 어필할 수 있을 것이다. 나이가 좀 있는 남자들도 젊어진 기분을 낼 수 있다! 브라보! 이 차는 다양한 집단의 다양한 요구를 충족시킨다! 이건 실패로 향하는 지름길이다.

세분화는 왜 실패하는가

세분화는 예를 들어 '금융 서비스를 구매하는 여성'이라는 대규모 잠재 고객 그룹을 인구 통계와 심리 통계, 또는 신념과 태도 등의 기준을 내세워 여러 개의 하위 카테고리로 나누는 작업이다. 세탁 세제를 예로 들어보자. 마케터는 연구를 통해 세제를 구입하는 사람의 78%가 28~65세 사이의 여성이라는 사실을 확인했다. 그러나 세분화 이론은 이 여성들을 동질적 집단이 아니라고 가정한다. 정확한 가정이다. 그래서 마케터는 이 여성들이 속한 카테고리를 찾아내기 위해 규모가 큰 통계 기법을 동원하여 정량적 연구를 실시한다.

- 일단 청결을 으뜸으로 여기는 집단이 있다. 이들은 한 번 입은 옷도 무조건 세탁한다. 마케터는 이들 여성을 '청결지상주의자'라고 명명한다.
- 그런가 하면 유기농을 선호하며 붕산염 성분이 들어있지 않은 세제를 고집하는 부류가 있다. 마케터는 이들을 '골수 유기농 팬'으로 분류한다.
- 세 번째는 유명 브랜드에 흔들리지 않고 무조건 싼 제품을 택하는 부류다. 이들을 '경제적 클리너'라고 하자.
- 그리고 마지막으로 '느긋한 클리너'가 있다. 이들은 옷을 여러 번 입은 뒤에야 세탁하고, 세탁기와 건조기를 멀리할 수만 있다면 작은 얼룩쯤은 아랑곳하지 않는다.

이제 세분화를 지지하는 마케터는 다음 두 가지 중 하나를 추천할 것이다. 한두 부류를 택해 이들을 상대로 집중적으로 마케팅하거나, 자신이 구분한 각각의 부류에 대해 서로 다른 캠페인을 만든다. 컬라이더랩에서 우리는 이 두 가지 중 어느 쪽이 더 나쁜지를 놓고 토론을 벌인다.

언뜻 보면 세분화가 이치에 맞는 것 같다. 인간은 제각각이다. 인구통계학적으로는 엇비슷할지 몰라도 동기와 욕구는 각기 다르다. 문제는 동질적이지 않을 뿐 아니라 일관성도 없다는 사실이다. '청결지상주의자'에 초점을 맞춰, 눈부시게 깔끔한 세탁을 보장하지만 잘 빠지지 않는 얼룩에는 조심해서 사용해야 하는 제품으로 공략한다고 하자. 그래야 '청결지상주의자'를 만족시킬 테니까! 하지만 '청결지상주의자'도 직장이 바쁘게 돌아가는 성수기에는 격무에 시달리느라 집안일을 제대로 신경 쓸 겨를이 없다. 마침 상사가 '재택근무'를 제안한다. 이제 그녀는 매일 출근해야 하는 스트레스에서 해방되었다. 그러니 매일 깨끗한 옷을 입어야 할 이유도 없어졌다. 줌을 켤 때도 똑같은 운동복 바지에 재킷만 멋진 것을 골라 걸치면 된다. 갑자기 그녀는 '느긋한 클리너'가 되어 최소한의 노력으로 세탁을 빨리 끝내는 것에만 관심을 가진다. 그러던 중 다음 달에 그녀가 보유한 주식이 폭락했다. 이런저런 걱정에 그녀는 생필품 지출이라도 줄여보겠다고 '경제적 클리너'를 흉내 내기 시작한다. 타깃을 정확하게 잡아 성공을 눈앞에 뒀다고 생각했던 마케터의 광고는 특정 소비자 집단에 너무 세밀하게 맞춰졌기 때문에 연관성이 사라지고 말았다. 더 큰 문제는 그 마케터가 처음부터 '청결지상주의자' 이외의 다른 87%의 소비자에게는 전혀 맞지 않는 작전을 구사했다는 사실이다. 세분화를 신봉하는 마케터가 잘 모르는 문제점은 또 있다. 계획대로 된다 하더라도 그 모든 것의 기반을 이루는 데이터가 대부분 살짝 왜곡됐다는 사실이다! 예를 들어 이런 가상의 사례에서 '청결지상주의자'의 35%는 세탁에서 중요한 건 손으로 비벼 빠는 것이라고 말한다. 하지만 대체로 소비자의 25%는 처음부터 그렇게 말했다! 따라서 '클러스터 분석'(소비자를 세분화하기 위해 흔히 수행하는 통계적 방법론)을 하다 보면 비교적 대수롭지 않은 의견 차이(35% 대 25%) 때문에 나머지 부류와 근본적으로 다른 새로운 부류가 또 하나 나오게 된다. 이건 문제가 될 수 있는 가정이다. '청결지상주의자'의 65%는 비벼 빠는 것에 전혀 관심이 없기 때문이다!

마케터가 네 부류를 모두 잡으려 할 수도 있다. 그래서 그는 타깃의 범위를 좁혀 각 부류의 특정 니즈만 얘기하는 광고를 만든다. 우리가 만난 디지털을 중시하는 마케터 중에도 이런 방식을 좋아하는 사람들이 여럿 있었다. 그런 마케터는 '청결지상주의자'를 위한 페이스북 광고에서는 비벼 빠는 즐거움을 강조하지만, '느긋한 클리너'를 겨냥한 광고에서는 세탁기가 옷을 세탁하는 동안 영화를 보는 여유를 강조한다. 당연히 그 마케터는 '느긋한 클리너'에게는 좀 더 완벽한 브랜드라는 인상을 주려 하고, '청결지상주의자'에겐 좀 더 집중력 있는 브랜드처럼 보이고 싶을 것이다. 그래서 그는 한 가지 빅 브랜드를 색깔이 다른 미니 브랜드 네 개로 쪼개놓았다. 앤드루 에렌버그Andrew Ehrenberg의 이중 위험 법칙에 따르면 빅 브랜드는 기반이 확실할 뿐 아니라 충성도도 높다. 다시 말해 빅 브랜드는 도달 범위가 넓을 뿐 아니라 빈도 역시 높다는 이중의 장점이 있다. 하지만 브랜드를 네 개로 쪼개 외관과 느낌이 제각각인 다른 집단을 표적으로 삼는다면 이중 위험의 이점을 포기하는 것이다. 또한 이 마케터는 특이성보다 연관성을 우선시하는 우를 범했다. 그렇게 되면 대부분 실패하고 만다. 그래서 갑자기 특이하지도 않고 일관성도 없어지고 이중 위험이 불리하게 작용하는 결과물만 내놓게 된다. 얼마 안 가 그 마케터의 부서 전체는 이직을 걱정해야 할 형편이 될 것이다.

사람은 각양각색이다. 한 사람을 놓고 보아도 마음이 아침저녁으로 변하고 니즈는 수시로 요동치며 수백 가지의 변수에 따라 흔들린다. 마이어스-브릭스Myers-Briggs 성격 유형 검사에서도 5주 후에 다시 검사했을 때 결과가 다르게 나오는 사람이 최소 50% 이상이다.[3] 심리적이든 실제로 보여주는 행동이든 어떤 특정 영역에 영원히 깔끔하게 들어맞는 사람은 없다. 적어도 장기적으로 보면 그렇다. 그런데도 세분화를 고집하면 가장 중요하고 멋진 자산, 즉 특이성이 희생되어 확실하게 두각을 나타낼 기회를 놓치고 만다.

왜 세분화를 거부해야 하는가

얌!은 2015년 남아프리카의 KFC에서 이런 사실을 힘들게 배웠다. 5장에서 KFC 남아공의 난제를 파악하게 된 경위를 설명했다. 하지만 KFC 남아공에는 또 다른 전략적 문제가 있었다. 그리고 그것은 남아공 팀이 택한 마케팅 접근법, 즉 세분화와 더 연관이 있었다. KFC는 남아공에서 가장 잘 알려진 브랜드 중 하나다. 그곳의 우리 매장은 1,000개 정도로, 맥도날드의 세 배다.[4] 그러나 5장에서 설명한 대로 매출이 매년 몇 포인트씩 3년 내리 감소했다. 무지개 나라 시대의 브랜드와 연관되는 것을 좋아하는 젊은이들이 거의 없다는 것도 문제였다. 남아공 KFC의 성공률을 높이기 위해 브랜드 팀은 고객 기반을 여섯 개 그룹으로 나누고 각각에 맞는 특이한 미니 캠페인을 만들기로 했다. 의도는 좋았다. 세분화만을 놓고 보면 우리가 본 것 중 가장 정교한 캠페인이었다. 그들이 활용한 표본의 규모도 대단했다. 그들은 전국을 구석구석 조사했으며 VR 체험까지 만들었다. 카드보드로 만든 고글에 휴대폰을 끼워 각각의 그룹이 살아가는 모습을 체험하는 식이었다. 인류학자 흉내를 내지 못해 안달이었던 우리는 그런 방식이 마음에 들었다! 하지만 마케터로는 힘든 시간을 보내야 했다. 하나의 큰 브랜드를 모양과 느낌이 다른 여섯 개의 작은 브랜드로 나누다 보니 그 세분화의 정확성과 인상적인 면과 관계없이 그 이상의 관심을 끌어낼 수 없었다.

결국 남아공의 마케팅은 드루브 카울Dhruv Kaul의 손에 넘어갔다. 드루브는 탁월한 능력을 가진 팀의 도움을 받아 상황을 단기간에 반전시켜 마이너스였던 매출을 플러스로 돌려놓았다. 팀의 첫 번째 주문은 간단했다. 세분화 방식을 접고 차별적 요소가 확실한 하나의 빅 브랜드로 되돌릴 것. "엄밀히 말해 세분화의 문제는 아니었습니다." 최근에 드루브는 그렇게 설명했다. "문제는 브랜드를 세분화에 적용하는 방식이었습니다. 각각의 파트를 개별적으로 공략하면 안됩니다. 여섯 개의 특이한 접근법은 말할 것도 없고요." 드루브는 특이성이 가장 중요하다는 것을 입증해 보였다. 하지만 그 문제는 나중에 다룰 테니 잠깐 보류하자.

드루브의 관점에서 얘기하자면 남아공은 아주 복잡한 나라로, 공식 언어만 최소 열한 개다. 그에 따른 문화도 제각각이다. 소비자를 심층적으로 이해하려는 노력에는 아무런 잘못이 없다. 사업을 성장시키려면 정확한 CUO를 만들어야 한다. 그러나 마케팅의 방향을 정하겠다고 세분화를 메커니즘으로 활용하면 대부분 실패한다. 사실 미국의 타코벨이라면 젊은 남성을 표적으로 생각하기 쉽다. 천만의 말씀이다. 타코벨의 판매를 좌우하는 집단은 맥도날드와 마찬가지로 40세 이상의 여성층이다. 우리가 직접 조사한 광범위한 연구에 따르면 타코벨과 맥도날드와 버거킹의 소비층은 크게 다르지 않다. 그리고 그런 사실은 우리가 지금까지 연구한 모든 카테고리에도 똑같이 적용된다. 따라서 고객을 세분화하여 젊은 남성을 집중적으로 공략한다면 타코벨의 매출은 당장 하락할 것이다. (그레그는 만나는 사람마다 이런 사실을 강조한다.)

세분화는 아주 허술한 마케팅 기법이다. 그래도 세분화에 미련이 남는다면 이렇게 자문해 보라. 내 카테고리에 있는 소비자들을 실생활에서 그렇게 구별할 수 있는가? 그리고 그런 구분에 일관성이 있는가? 이쪽에 속했다가 저쪽으로 가는 경우는 없는가? 내 브랜드를 서로 다른 사람들에게 서로 다른 방식으로 맞출 경우 그 위력이 더 강해지는가? 아니면 한 가지 표적과 한 가지 니즈로 좁혀 초점을 맞춰야 장기적인 성장을 기대할 수 있는가? 표적화와 세분화의 결정적인 문제는 동원한 수단에 비해 도달률이 낮다는 점이다. 도달률을 높이기 위해 사용할 수 있는 돈을 틈새 소비자를 끌어들이는 데 사용하는 셈이다. 사람이 각양각색이라는 논리에 따라 도달률에 돈을 쓰면 원하는 타깃을 잡을 수 있고 그 이상도 가능하다. 하지만 그럴 경우 미디어 팀은 일을 효율적으로 처리하기가 어렵다. 스스로 생각해 낸 표적을 이리저리 찾고 쫓아다니다 보면 힘만 빠질 뿐 성과가 나오지 않는다.

한 가지 주의할 점. '디자인 타깃'이나 '브랜드 뮤즈'를 가지는 것은 괜찮다. 이것들은 당신이 직접 확인하고 이름을 붙여 당신의 브랜드를 규정해주는 뮤즈로 사용하는 소비자 집단이다. 타코벨의 뮤즈는 25세 남성이다. 타코벨은 이들 캐릭터를 중심으로 만들어졌고 "우리의 뮤즈라면 어떻게 생각할까?"라고 자문한 뒤 그들의 렌즈를 통해 우리의 방식을 들여다본다. 일러두지만, 우리는 광고를 할 때 우리의 뮤즈를 타깃으로 삼지 않는다. 그보다는 우리의 뮤즈가 누구이고 그 뮤즈가 세상을 어떻게 보는지를 파악하여 거기에 보조를 맞춘다. 그렇게 하면 독특한 특정 CUO를 소유할 수 있으며 일관성 있게 작업할 수 있다. 이 세 가지는 특이성의 속성이다. 상식에 어긋나는 것처럼 보이겠지만 이것이 특이성의 핵심 철학이다. 내 삶과 완벽하게 연관이 있어 보이는 것보다 더욱 중요한 것은 내 눈에 띄는 것이다. 이것이 앞서 언급했던 거울/자석 논쟁이다. 이 문제는 11장에서 자세히 설명하겠다. 어떤 것보다도 독특한 것으로 눈에 띄어야 한다. 그렇게 되면 사람들은 당신의 브랜드를 기억한다. 그것을 돕는 것이 명확하게 규정된 뮤즈다 (실제로 그 뮤즈를 표적으로 삼지만 않는다면 말이다!) 남아공에서도 잘한 것이 있었다. 남아공의 이머징 트렌드를 상징하는 젊은 남성 데이비드David에서 브랜드 뮤즈를 확인한 것이었다. 하지만 애석하게도 그들은 뮤즈에 초점을 맞추기보다 다른 세분화된 집단으로 초점을 산만하게 분산시켰다. 결국 '데이비드의' 영향은 희석되어 효력을 발휘하지 못했다.

CUO: 기능적 연관성을 잡을 수 있는 개량된 쥐덫

우리의 권고는 간단하다. 시장을 세분화하는 데 시간을 허비하지 말고 카테고리 내의 다양한 사용 사례를 분류하여 가능한 한 그것을 많이 소유할 계획을 세우라는 것이다. 소비자는 잠시 잊고 사용 사례에만 집중하라. 세제를 예로 들어보자. 소비자의 40%는 '가장 쉬운 해결책'을 추구하는 반면 15%는 '색을 선명하게 해주는 세제'를, 또 12%는 '흰색을 더욱 희게 해주는 세제'를 찾는다고 하자. 손빨래를 선호하는 사람이 정서적으로 평생 어떤 것과 연관되는지 따위를 알아 무엇 하겠는가. 그보다는 '선명한 색'과 그 밖의 다른 CUO를 가능한 한 많이 소유할 수 있도록 문화적으로 연관성이 강하고 특이한 방법을 고안하는 편이 낫다. 마케팅을 한다면서 변덕스러운 (솔직히 말해 허구의) 소비자 집단을 좇는 것은 시간과 에너지와 비용을 터무니없이 낭비하는 행위다.

앞서 5장에서 오틀리와 그들의 대단한 R.E.D.를 소개했지만, 소비자 세분화에 가장 적합하다고 느껴지는 브랜드가 있다면 바로 오틀리일 것이다. 대체 우유 제품에 관심을 가지는 사람이 얼마나 되겠는가? 관심이 있다고 해도 유당불내증이나 젖소의 탄소 발자국에 대한 불안이나 미각적 선호 같은 전혀 다른 이유 때문일 것이다. 그들은 정말 다른 그룹이다! 그러므로 마케터는 시장을 세분화하는 것이 좋은 방법이라고 생각하기 쉽다. 그들은 집단마다 메시지를 미세하게 다르게 조정하고 서로 다른 방식으로 그들을 표적화할 수 있다. 그래봐야 당연히 실체와 멀어질 뿐이다. 오틀리의 존 스쿨크래프트John Schoolcraft는 말한다.

우리는 표적 집단 분석 연구는 절대 하지 않습니다. 왜일까요? 엉터리 마케팅 용어만 잔뜩 들어간 그래프 도표를 만들어 답을 찾는 일에 관심이 없기 때문입니다. 자신의 몸에 무얼 넣어야 할지 또는 미래에 어떤 행성에서 살지 등에 관심이 있는 사람들은 모두 우리의 표적 집단입니다. 지구상에 사는 인구의 80% 정도죠. 아주 큽니다.

오틀리가 다른 방식을 택했다면 어땠을까? 정말 소유하고 싶은 한 가지를 찾아 특이한 방식으로 공략하는 것이 아니라 시장을 세분화했다면 어땠을까? 장담하건대 스마트한 방식으로 세분화되고 표적화된 그들의 제품은 지금 선반에서 같은 카테고리의 다른 대체 우유들과 함께 먼지 두께만 늘리고 있을 것이다. 오틀리가 취했던 접근법과 더 전통적인 방법을 고수하는 글로벌 소비재 회사의 차이는 아무리 강조해도 지나치지 않다. 일반적인 소비재 회사라면 보나마나 시장을 세분화하는 데 몇 개월씩 허비했을 것이다. 하지만 오틀리는 그들이 소유하고 싶은 CUO(내 몸과 지구의 건강)를 결정하고 가능한 한 가장 특이한 방법으로 그것에 활력을 불어넣는 일에 시간을 투자했다. '락토오스 래리Lactose Larry'나 '밸런싱 라이프 베티Balancing Life Betty'나 '헬시 힐다Healthy Hilda' 등을 쫓아갔을 경우의 오틀리를 상상하면 고개가 절로 저어진다.

차라리 그 모든 시간을 특성이나 니즈를 소유할 방법을 찾는 데 투자했다면 진즉에 올드 스파이스의 데오드란트 '스웨거Swagger' 같은 걸 발견했을지도 모른다. 스웨거는 '뭔가 자신감을 갖게 해줄 만한 것이 필요하다'라는 CUO를 충족시켜 주는 멋진 수단이다. 그들이 '10대의 토니 스타크Tony the Teenager' 집단을 타깃으로 삼아 혁신을 시도했다면 무엇이 나왔겠는가? 아마도 경쟁사들과 다를 바 없는, 아무런 영감도 주지 못하는 아이템밖에 내놓지 못했을 것이다. 하지만 그들은 '자신감을 갖게 해주는 것'에 초집중했기 때문에 쉰이 내일모레인 켄과 그의 열세 살, 열다섯 살짜리 아들까지 함께 사용하는, 브랜드 최고의 히트상품을 내놓을 수 있었다. 이 둘처럼 닮은 구석이 없는 집단도 없는데 말이다.

세분화라는 복잡한 작업을 버리고 차별적인 방식으로 CUO를 소유하는 창의적인 작업으로 에너지를 전환할 수 있어야 한다. 올드 스파이스가 고전하던 12년 전으로 돌아가 보자. '글레이셜 폴스Glacial Falls'라는 향수는 올드 스파이스에서 실적이 가장 저조한 제품이었다. 현재 피자헛의 CMO인 조지 펠릭스와 KFC의 CEO인 케빈 하크맨이 당시 그 브랜드를 맡고 있었다. 그들은 우리에게 글레이셜 폴스가 맥을 못 추게 된 경위와 소매상들이 그것을 진열대에서 치우고 싶어 하는 이유를 설명했다. 그곳은 더 멋진 브랜드(액스)가 차지할 수밖에 없는 공간이었다. 액스는 어수룩한 미국의 모든 남자들에게 섹스를 미끼로 던졌다. P&G 역시 세분화를 할 수 있었고 쓸데없이 또 다른 고객 기반에 호소할 수도 있었다. 하지만 그들의 광고기획사인 와이든＋케네디가 끼어들어 마법을 부렸다. 단 한 가지의 CUO만 소유하는 것에 초점을 다시 맞춘 것이다. 그 한 가지는 자신감이었다.[5] 마법 같은 해결책은 무엇이었을까? 제품 이름을 스웨거Swagger로 바꾼 것, 그게 전부였다. 똑같은 제품에 이름과 포장만 살짝 바꿨다. 다른 것은 모두 그대로였다. 그리고 얼마 지나지 않아 스웨거는 가장 실적이 저조한 향수에서 가장 많이 팔리는 향수로 변신했다. 특이하고 문화적으로 연관성이 있는 CUO를 소유했을 때의 힘이 이렇게 무섭다. 그리고 그것이 '10대 토니 스타크' 집단의 심리학적 특징을 알아내겠다고 세분화에 기력을 소진하고 끝없는 회의를 하는 것보다 훨씬 더 시간을 잘 활용하는 길이다.

CUO에서 이기는 방법

1. 카테고리 내의 모든 CUO를 계측해야 한다. 아침 식사용 시리얼이라면 '건강한 것'이나 '재미있는 것' '내 아이들을 위한 것' '어른들을 위한 것,' '섬유질이 풍부한 것,' '천연식품' 등이 될 수 있다. 최근의 사례를 정량적으로 분석하면 그 값을 측정할 수 있다. 최소 3,000명 정도 크기의 표본으로 제품 연구를 진행

하여 사람들이 최근에 아침 식사용 시리얼로 충족시키려 한 것이 무엇인지 물어보라. 어떤 브랜드를 선택했으며, 어떤 CUO를 생각할 때 당신 브랜드를 떠올리는지 조사하라. 그러면 다음과 같은 그래프를 만들 수 있다. 동그라미의 크기는 CUO의 크기를 나타낸다. 가로축에서의 위치는 소비자가 해당 CUO를 충족시키려 할 때 당신의 브랜드를 사용하게 되는 빈도를 나타내고, 세로축에서의 위치는 소비자가 해당 CUO를 충족시키려 할 때 당신의 브랜드를 고려하는 정도를 나타낸다. 가장 쉽게 확보할 수 있는 CUO는 왼쪽 상단의 사분면에 있는 것으로, 브랜드를 생각하는 정도는 높지만, 사용 빈도는 낮다.

2. 이제 쉽게 확보할 수 있는 CUO를 지나, 당신의 브랜드가 차별적으로 구사할 가능성이 가장 큰 CUO가 어떤 것인지 판단하라. 이때 이미 소비자의 머릿속에 당신의 브랜드가 차지하고 있는 기억 구조를 고려해야 한다.

3. 그 CUO를 충족시키되 문화적으로 가장 연관성이 많고 특이한 방법을 생각해내라.

올드 스파이스를 대상으로 CUO 성장 연구를 했다면 그림 8과 비슷한 모습으로 나왔을 것이다.

마인드를 넓혀 CUO를 확장하라
그레그가 이룬 가장 큰 혁신은 다섯 단어로 압축할 수 있다.

올드 스파이스에 대한 CEO 성장 연구는 이런 식이었을 것이다.

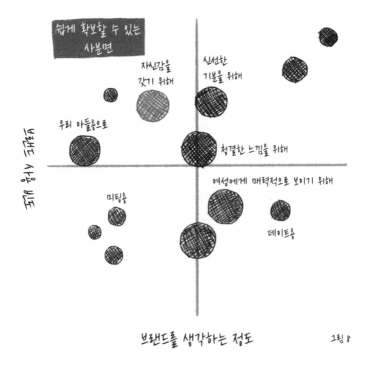

쉽게 확보할 수 있는
사분면

자신감을
갖기 위해

신선한
기분을 위해

우리 아들용으로

청결한 느낌을 위해

미팅용

여성에게 매력적으로 보이기 위해

데이트용

유용성 또는 사용처

브랜드를 생각하는 정도

그림 8

90년대 초에 그레그는 미국 유니레버의 고체비누 카테고리 디렉터였다. 그의 핵심 브랜드는 도브였다. 비누의 아이콘 도브는 50년 동안 이 비누의 4분의 1이 보습 로션이라고 홍보하면서 여성들에게 부드러운 피부를 약속했다. 도브는 완벽하게 차별화된 브랜드였다. 도브를 맡은 광고기획사에는 30년 동안 그 일을 해온 책임자가 있었는데 그는 수시로 그레그에게 말하곤 했다. "내가 여기 있는 것은 당신이 일을 그르치지 않도록 하기 위해서입니다!"

어느 날 기획 회의에서 브레인스토밍할 때, 젊은 직원 한 명이 지나가듯 불쑥 한마디 했다. "우리 어머니는 더 이상 고체비누를 사용하지 않아요. 액체비누로만 씻으세요." 좌중이 고요해졌다. 도브 팀은 액체비누를 취급하지 않았기에 고체비누 팀은 자신들의 카테고리에서 폭발적으로 성장하고 있는 액체비누의 낌새를 전혀 눈치채지 못하고 있었다. 그레그는 근본부터 바꿔야겠다고 판단했다. 그가 맡은 부서의 이름부터가 문제였다.

그날 그는 공문을 냈다. "고체비누 팀은 유명을 달리했습니다. 대신 개인세안용품 팀의 만수무강을 기원합니다." 해야 할 일을 확인하고 그 일을 규정하는 방식이 CUO 혁신을 가로막을 때가 있다. 그날 아침까지만 해도 그레그의 팀은 스스로를 고체비누 부서원으로 인식했다. 제품의 확장 방법을 찾을 때나, 다른 배합 방식이나 액체비누를 논의할 때도 주변에 보이지 않는 변수들이 많았다. 그것이 고객의 삶에 더 광범위하고 더 기능적으로 연관된 것들을 상상하는 그들의 능력을 제한하고 있었다. 부서 이름이 바뀌자 그들은 자신들의 일을 좀 더 창의적이고 더 자신감을 가지고 생각할 수 있게 되었다. 그때부터 도브는 수많은 CUO로 영역을 확장했고 결국 2004년에 그들의 사랑스러운 리얼 뷰티 캠페인을 열었다. 여담이지만 이 캠페인은 목적이 실제로 어떤 기능을 하는지 보여주는 드문 사례다. 그것이 차별화에도 기여할 경우에 말이다.

뻔한 CUO를 놓쳤다는 것을 알아차려도 당황할 필요는 없다. 사실 큰마음 먹고 한발 물러서서 더 크고 분명한 그림을 보려면 약간의 천재성이 필요하다. 90년대 타코벨의 소비자 인사이트 책임자인 톰 와그너Tom Wagner와 그레그 크리드는 획기적인 발견을 했다. 어느 날 톰은 데이터를 살펴보다 그레그에게 말했다. "그레그, 이게 믿어져요? 아무래도 우리가 가장 큰 사례를 놓치고 있는 것 같아요. 휴대성 말이에요." 돌이켜보면 패스트푸드 회사가 그렇게 명백한 것을 그렇게 긴 시간 놓치고 있었다는 것 자체가 오히려 충격이었다. 이렇게 어이없을 정도로 간단하고 기본적인 인사이트 덕분에 우리는 휴대성이 뛰어난 케사디야, 크런치랩 등을 출시하여 이후 몇 해 동안 꾸준한 성장과 헤아릴 수 없는 수익을 창출할 수 있었다. 또한 그 덕분에 톰은 캘리포니아 어바인 대학의 폴 메리지 경영대학원 마케팅 교수로 부임했다.

CUO를 신중하게 선택하라

이제부터는 얌!을 비롯한 여러 브랜드들이 사용자들과 기능적으로 연관이 있는 CUO를 개발한 과정을 알아보겠다. 효과가 있는 CUO는 당연히 다른 브랜드와 차별화되거나 아니면 다른 브랜드에 비해 특이한 방식으로 실행된 것들이었다. 당신의 브랜드에 대해 두 가지를 자문하고 기능적 연관성을 통해 달성하려는 것이 무엇인지 생각해 보라.

- 우리가 소유하고 싶은 CUO는 무엇인가?
- 어떻게 하면 이를 특이한 방법으로 소유할 수 있을까?

당신의 브랜드에 맞지 않는 CUO도 있다. 할리 데이비슨Harley-Da-vidson의 와인 쿨러를 생각해 보라. 농담이 아니라 그들은 실제로 시도했다. 그렇다. 낯익은 브랜드 경험에 완전히 새로운 사례를 추가한다면 정말 멋지겠지만, 말이 되어야 한다. 우리도 타코벨을 다이어트 식품으로 바꾸려 했었다. 말이 안 되는 일이었다. 우리는 서브웨이Subway의 흉내만 냈을 뿐, 별로 특이한 홍보를 하지도 않았고 타코벨만의 특이한 자산도 활용하지 않았다. 결국 대실패로 끝났다. 제품이 안 좋아서가 아니었다. 소비자 입장에서 볼 때 체중 감량과 우리 브랜드는 연결고리가 너무 약했다. 결국 우리는 넘보지 말았어야 할 브랜드 영역에 어설프게 손을 댔다가 물러서고 말았다.

오히려 정곡을 찌르는 CUO 혁신은 대부분 성공한다. 예를 들어 호주의 KFC는 스낵 파트의 매출이 가장 약하지만, 소비자와 브랜드의 연결고리는 그다지 약하지 않다고 판단했다. 스낵이야말로 CUO 성장 그래프에서 왼쪽 위 사분면에 안착할 종목인지도 몰랐다. 하지만 진짜 놀랄 일은 스낵을 완전히 차별화한 그들만의 방법이었다. 당시 CMO였던 캐서린 탠-길레스피는 이렇게 설명했다. "우리의 가장 상징적인 자산 중 하나인 버킷을 컵 홀더에 넣을 수 있도록 줄이고 '고 버킷Go Bucket'이라고 불렀죠. '고 버킷' 덕분에 스낵 매출이 순식간에 두 배로 뛰어올랐어요." 이것이 바로 마법의 공식이다. 브랜드에 맞는 CUO를 택하고 가능한 한 특이하게 만들어 제공하라. 여기서 말하는 특이함은 오직 당신의 브랜드에만 있는 특이함을 의미한다.

하지만 연결고리가 약하다고 다 실패하는 것은 아니다. 그저 깊이 파고들기만 해도 열쇠를 찾을 때가 있다. 컬라이더랩의 전략가들이 문화, 경제, 인간 행동, 마케팅에 관한 책과 논문을 탐독하는 데는 그만한 이유가 있다. 우리는 그런 자료에서 인간의 의사 결정 과정에 대한 인사이트를 확인하고 그것을 여는 귀중한 열쇠를 찾곤 한다.

2012년에 우리는 타코벨 브렉퍼스트를 안착시키라는 임무를 부여받았다. 타코벨은 이미 이를 위해 일곱 차례나 타석에서 스윙을 한 바 있다. 타코벨 브렉퍼스트는 크고 두툼하고 즙이 많은 동그라미로 왼쪽 아래 사분면에 버티고 있었다. 다시 말해 판매 잠재력이 높았다. 하지만 타코벨에서의 아침 식사는 아직 미국에서는 어색한 풍경이었다. 문제를 해결하기 위해 우리는 과감한 전략을 시도하여 부드러운 식사 대신 양념과 맛이라는 옵션을 강조했다(아침 식사를 차별화하기 위한 타당한 시도였지만 대부분의 미국인과는 연관성이 없었다). 타코벨은 소심하게 안전성과 예측 가능성을 담보하기 위해 식품 기업 지미 딘Jimmy Dean과 손잡고 그들의 아침 식사용 샌드위치를 교차 홍보했다(조식 마케팅 연관성 측면에서는 멋진 시도였지만 그다지 특이하지는 않다). 첫째, 강한 양념을 강조하며 "침대에서 나오라"라는 요란스러운 마케팅 캠페인도 소용없었고 둘째, 안전하고 친숙하며 불쾌하지 않다는 말도 효과가 없었다. 더구나 문제를 창의적으로 접근할 확실한 진입로도 보이지 않았다. 그러다 우리는 사내 독서 모임에서 어떤 심리학자가 습관을 흔드는 방법에 관해 쓴 논문을 발견했다. 습관은 고치기가 너무 힘든 것이어서 습관을 흔들어 약간 불편한 느낌이 들게 하지 않으면 소기의 성과를 거두기 어렵다고 논문은 단정하고 있었다. 마케팅 측면에서 크게 성공한 트루스Truth의 금연 캠페인을 떠올리면 짐작할 수 있다. '시체 운반용 자루Body Bag' 같은 스폿 광고가 대표적인 사례다. 그 광고는 담배 회사 필립 모리스Philip Morris 사옥 밖에 시체 운반용 자루 1,200개를 버리는 모습을 연출하여 하루에 담배로 사망하는 사람의 수를 알려주었다.[6] 불편한 이미지는 전통적으로 흡연을 반항의 상징으로 받아들였던 청소년 집단에게 흡연이 '전혀 멋지지 않다'라는 메시지를 전했다. 사고의 틀을 바꿈으로써 흡연을 불편하게 느끼도록 만든 것이다.

그렇게 논문을 놓고 토론하다 보니 한 가지 의문이 생겼다. "아침 식사 부분에서 우리의 주요 경쟁사인 맥도날드를 사실 사람들이 별로 좋아하지 않는다면? 맥머핀 같은 그들의 아침 식사 메뉴가 맛이 아닌 수십 년 동안 이어진 습관의 문제라면? 그렇다면 어떻게 해야 그 습관을 깰 수 있을까?"

기능적 연관성에 대한 인사이트부터 말하자면, 문제를 찾았으면 질문을 던져야 한다.

이제 아침 식사 코드를 해독하기 위한 실용적인 진입로가 확보되었다. 우리는 먼저 목표 대상자를 상대로 기본적인 브랜드 의인화를 수행했다(이를 효과적으로 수행하는 방법에 대해서는 문화적 연관성을 다룬 장의 끝부분을 참조하기 바란다). 타코벨 설문조사에서 했던 대로 맥도날드의 아침 식사가 어떤 마법에 의해 사람으로 변한다면 누가 될지 보기를 제시한 다음 상상해 달라고 주문했다. 그러자 그들은 대부분 조지 코스탄자George Costanza(미국의 시트콤 〈사인펠트Seinfeld〉의 주인공)를 지목했다. 안전하고 편안하지만 그와 함께한다는 사실에 자부심을 느끼는 사람은 아무도 없었다. 반면 타코벨은 교실 뒤쪽에 있는 반항아였다. 그런데 반항적인 아이들도 아침 식사를 하나?

우리는 이런 초기 작업을 통해 한 가지 중요한 사실을 발견했다. 아침은 정말로 습관에 따라 움직인다는 것. 다들 조지 코스탄자 같은 에그 맥머핀을 산다. 그다지 신나는 메뉴는 아니지만 편안하고 놀랄 일도 없다. 이게 바쁜 아침 시간에 소비자들이 원하는 것이었다. 이어서 두 번째 사실이 관찰되었다. 다들 아침에는 시시한 것을 찾는다는 점이다. 그렇게 아침을 끝내고 시간이 흐르면 사람들은 조금씩 모험심을 발동해 음식으로 실험하려 든다.

두 번째 인사이트는 이것이었다. 고객의 근본 동기와 문화를 이해하려면 좀 더 깊이 파고들어야 한다.

'고객들은 늘 해왔던 방식을 편하게 여긴다' 같은 피상적인 인사이트만으로는 충분하지 않다. 한발 더 나아가야 한다. 그래서 전문가의 도움이 필요하다. 우리 컬라이더랩은 사회학자나 심리학자로부터 도움을 받는 게 가장 적절하다고 판단했다. 고객의 사회적 동기나 잠재의식적 동기를 이해하지 못하면 그들에게 반향을 일으킬 제품이나 메시지를 고안하기가 쉽지 않다. 당신의 경우엔 다를 수 있다. 하지만 가장 적절한 행위가 무엇이든, 전문적인 연구에 투자하면 그만한 보상이 따르는 분야가 바로 마케팅이다.

그래서 우리는 다음 단계로 소비자들의 습관을 더 깊이 파헤치기로 했다. 그렇게 하면 그들의 습관을 깨뜨리고 우리의 잠재 고객들에게 아침 식사를 타코벨로 대체할 이유를 찾을 것이라 기대했다.

우리는 자아 심리학자 한 명과 함께 맥머핀의 단골 소비자들을 심층 인터뷰했다. 그리고 흥미로운 사실을 발견했다. 아침은 기본적으로 분리불안과 연관이 있다는 것이다. 아침이 되면 우선 침대에서 내려와 집을 나서 가족과 떨어지는 등, 행복과 안전을 상징하는 것들과 멀어지는 절차를 거친다. 사람들은 이런 분리불안에 두 가지 중 하나로 대응한다. 우선 그들은 그날의 일과를 수행하는 데 필요한 에너지를 얻을 위안거리를 찾는다(맥머핀이나 따뜻하고 달콤한 카페라테나 출근길에 듣는 편안한 팟캐스트 등이 그런 것들이다). 아니면 일종의 무대공포증을 경험한다. 그래서 자신감과 에너지와 열정을 가지고 하루 일과에 씩씩하게 달려들자고 스스로를 다독이며 '사기를 끌어올린다'.

바로 이 부분이 중요하다. 그 시대의 문화를 분석함으로써 우리는 새로운 이머징 컬처 코드를 발견했고 그것을 '허슬the hustle'이라고 칭했다. 당시 청년들은 떨치고 일어나 세상을 향해 주먹을 휘두르며 자신들만의 고유한 길을 찾고 있었다. 그것은 분명 세계 경기가 침체되는 가운데 경제적으로 암울한 시대를 겪고 있다는 사실과 연관이 있었다. 그리고 아마도 그런 태도는 X세대 부모들의 느슨한 사고방식에 대한 반발이기도 했다. 어찌 됐든 '허슬'이 이머징 코드였다. 조지 코스탄자처럼 꾸물거리며 대충 넘어가고 싶은 사람은 아무도 없었다. 그들은 '허슬러'가 되려 했다. 그리고 그런 컬처 코드라면 타코벨로서도 한 번 달려들어 볼 만했다.

여기서 우리는 세 번째 인사이트를 보았다. 새로운 CUO는 브랜드의 논리적 확장이어야 한다는 것.

우리는 아침 식사로 패스트푸드를 선택하는 고객이 심리적으로나 문화적으로 타코벨의 메뉴를 시도해 볼 만한 확실한 이유를 찾기 위해 많은 일을 벌였다. 아침 메뉴, 특히 'AM 크런치랩'을 개발하는 과정을 곧 설명하겠지만, 새로운 CUO를 찾아내는 것은 발명의 문제가 아니다. 논리적 확장을 찾거나 이미 효과가 있었던 분야로 손을 '뻗는' 작업이라는 것부터 명심해야 한다. 우리는 드라이브스루 다이어트 캠페인으로 타코벨의 새로운 CUO를 발명하려 했다. 하지만 타코벨이라는 세계에 그런 개념을 억지로 주입하려는 시도가 쉽게 풀리지 않았을 때부터 그것이 크게 잘못된 발상이라는 사실을 눈치챘어야 했다.

그래도 우리에겐 타코벨 브렉퍼스트에 접근할 방법이 하나 있었다. 앞으로 아침 식사를 찾는 사람들이 타코벨을 시도하게 만들 확실한 동기가 있었다. 우리의 음식은 맛있고 자극적이며 흥미로움이 가득하다. 다시 말해 아침을 찾는 사람들에게 활기찬 하루를 시작할 힘을 주는 이상적인 음식이다. 이제 필요한 것은 상황을 치고 나갈 차별화된 제품이었다.

브렉퍼스트 크런치랩을
향한 여정

앞에서 시장에 따라 패스트푸드의 의미도 달라진다고 말했다. 미국인들의 음식 습관은 여전히 청교도적 가치와 직업윤리에 크게 좌우된다. 패스트푸드의 탄생지가 미국인 것도 그런 이유가 크다. 우리는 전통적으로 패스트푸드를 경험보다는 에너지원으로 여겼기 때문에 휴대용 음식을 좋아하고 또 필요로 했다. (자동차가 수동에서 자동으로 바뀌면서 사람들 몸무게가 늘어났다는 주장이 있다. 운전하면서 간식을 먹기가 더 쉬워졌다는 말이다.) 패러다임이 바뀐 것은 인스타그램이 시작되면서부터였다. 음식은 이제 하나의 경험으로 자리 잡았다. 하지만 그것도 여전히 기능성과 휴대성에 대한 요구가 만든 경험이다. 그렇다고 미국의 문화가 절제된 삶을 벗어나 자유를 갈구하는 해방의 탈출구 역할을 하는 말레이시아의 음식 문화나 만나서 한가하게 수다를 떠는 멕시코 음식 문화로 바뀌지는 않을 것이다. 따라서 우리의 기능적 연관성은 문화적으로도 연관되어야 하고 그 반대의 경우도 마찬가지여야 한다. 우리의 음식이 인스타그램에 올릴 만한 상품이 되기를 원하지만 그래도 여전히 기능 면에서 탁월한 특징을 갖춰야 하는 것이다. 그러니까 여러 가지 일을 하면서 식기 없이 먹을 수 있다거나 온전히 먹는 데만 집중할 필요가 없다는 건 좋은 특징이다.

타코벨이 아니더라도 패스트푸드 식당은 대부분 용기에 잘 들어가고 휴대할 수 있고 흘리지 않고 쉽게 먹을 수 있는 음식을 가장 중요한 미덕으로 꼽는다. 2000년대 초에 그레그는 좀 더 기능성 있는 품목으로 메뉴를 혁신하려 했다. 타코 마니아TacoHeads들은 우리 음식을 좋아했지만, 누군가는 지저분하게 느낄 수도 있었다. 내용물이 너무 많거나 허술하게 싼 타코는 그 속이 옆으로 흘러나오기 쉽다. 포장이 허술한 부리토는 과카몰리와 사워크림이 새기 쉽다. 별로였다. 우리 개발자들이 고수했던 한 가지 규칙은 간단했다. '맛이나 모양을 바꿀 수 있지만, 맛과 모양을 모두 바꿀 수는 없다.' 이것이 특이성의 원칙이다. 어떤 신제품을 개발하든 브랜드가 가진 기존 자산과 같은 계열이라는 것을 한눈에 알아볼 수 있어야 한다. 이 문제는 특이성을 다루는 장(10~14장)에서 자세히 설명하겠지만, 우리의 경우 새로운 제품은 고전적인 타코 맛을 전혀 새로운 모양으로 만들거나, 혁신적이고 새로운 맛을 고전적인 타코의 모양 안에 담아야 했다는 점만 얘기하겠다.

어느 날 아침, 그레그는 새로운 제품을 확인하기 위해 타코벨의 음식개발실에 들렀다. 로이스 카슨Lois Carson이라는 제품 디자이너가 휴대성 문제를 해결하기 위해 궁리 끝내 내놓은 회심작, 크런치랩이었다. 타코에 들어가는 내용물을 육각형 모양으로 접은 밀가루 토르티야로 감싸고 먹을 때 내용물이 흘러나오지 않도록 접합 부분을 구웠다. 그레그는 그녀의 발명품을 보고 말했다. "좋네요. 한번 해봅시다." 그레그는 로이스의 크런치랩 프레젠테이션을 본 다섯 번째 CMO였다. 다른 CMO들은 종이접기처럼 조심스럽게 접느라 준비하는 데 몇 초가 더 걸리는 과정을 지켜보며 생각했다. "저래서야 실무진이나 이사회의 승인이 떨어지겠어?" 다행히 그레그는 조금 전 톰 와그너로부터 휴대성이라는 CUO를 놓치면 안 된다는 인사이트를 들은 터였다. 아무리 봐도 성공이 보장된 작품이었다. 하지만 위대한 CMO도 가끔 실수할 때가 있다. 크런치랩을 거의 다 먹어가던 그레그가 이름을 크런치랩이 아닌 크런치위치Crunchwich로 하자고 우긴 것이다. 하긴 샌드위치의 인기가 높았을 때였고 신제품은 샌드위치와 다를 바 없는 휴대성과 기능성을 가졌기에 논리적으로 문제가 없어 보였다. 다행히 당시 그의 팀은 신제품의 이름을 결정하기 위해 포커스 그룹을 결성해 조사했고, 거기서 크런치랩이 크런치위치를 눌렀다. 나중에 그레그는 포커스 그룹까지 만들 줄은 몰랐다고 했다. 하지만 그의 팀 덕분에 그는 생각지도 않았던 좋은 결정을 쉽게 따를 수 있었다.

2005년에 출시된 크런치랩은 기능적 연관성을 보여주는 훌륭한 사례가 되었다. 크런치랩은 우리의 두 가지 질문에 모두 답을 내놓았다.

어떤 CUO를 소유하고 싶은가?
이 경우에는 맛있고 흘리지 않고 휴대할 수 있는 것이다.

그리고

이것을 어떻게 차별화할 것인가?

타코벨에 아주 독특한 특징을 부여하되 기존의 제품군과 조화롭게 만든다.

크런치랩은 R.E.D. 점검표의 모든 항목을 충족시켰다. 그리고 휴대성이 뛰어나 기능적으로도 적절했다. 게다가 매우 독특했다. 우리는 '굿 투 고Good to Go' 캠페인을 시작했다. '굿 투 고' 캠페인은 '스마트' 손목시계나 최신식 편의 기능을 갖춘 클래식 자동차 등 놀라운 첨단 제품들과 잘 어울리는 장면으로 크런치랩이 가진 기능적 연관성을 유감없이 과시했다.

연관성과 용이성과 특이성의 균형

R.E.D.의 세 가지 요소는 서로 조화를 이루며 기능해야 한다. 이 책을 읽을 때도 그 점을 놓치지 말아야 한다. 우리의 경우는 기능적 연관성에서 문제가 있었다. 그러나 기능적 연관성을 해결하겠다고 덤비다 용이성이나 특이성에서 문제를 만들어낸다면 그건 올바른 접근법이라 할 수 없다. R.E.D.의 세 가지 중 어느 요소도 따로 존재하지 않는다. 예를 들어, 우리는 샌드위치를 출시할 수도 있었다. 하지

만 그렇게 되면 기능적인 문제는 해결할 수 있을지 몰라도 독특하기는 어려울 것이다. 끝도 없는 옵션에 맞춤화된 메뉴를 만들 수도 있었다. 하지만 그렇게 하면 용이성을 놓칠 수밖에 없다. 대신 우리는 독특하고 기능적인 히트작을 만들었다. 현재까지 크런치랩은 14억 개가 넘게 팔려 약 40억 달러의 매출을 기록하고 있다. 아직도 크런치랩은 끝을 모르는 베스트셀러다.

몇 해 뒤에 우리 두 사람은 타코벨 브렉퍼스트의 문제점을 다루던 중 크런치랩의 변종을 만들 때가 되었다고 생각했다. 논리적으로도 그게 합당해 보였다. 그래서 만든 것이 달걀과 베이컨과 해시브라운이 들어간 버전이었다. 아침은 '안전한' 음식이어야 하기 때문에 너무 맵거나 과장된 맛은 곤란했다. 새 작품은 맛있고 기운을 북돋우고 타코벨의 특징이 두드러진 아침 메뉴였다. 매우 특이했지만 누가 봐도 타코벨이었다. 또 다른 히트작이었다.

그다음에 풀어야 할 방정식은 마케팅 전략이었다. 우리에게는 그동안 자아 심리학자들로부터 받아 가이드로 삼아온 인사이트가 있었다. 아침 식사를 내세우기 위해 몇 년 전에 만들었던 타코벨 스폿 광고 중에 헤비메탈 밴드의 기타리스트가 버스 안에서 전기 기타를 마구 두들기며 '맛!'이라고 소리를 지르는 광고가 있었다. 잠이 덜 깬 상태에서 늘 똑같은 맥머핀을 습관적으로 먹는 사람들의 정신을 번쩍 들게 하려는 광고였다. 조사해 보니 접근법이 뭔가 잘못되어 있었다. 보는 사람을 편안하게 해주거나 '기운을 북돋우는' 것도 아니고 오히려 안전한 집을 나설 때 느끼는 무의식적인 불안감만 부추기고 있었다.

결국 두 가지가 필요했다. 하나는 이 새로운 메뉴(브렉퍼스트 크런치랩)의 뿌리를 친숙하고 안전한 기존의 것(맥머핀)과 묶어 정겨운 메뉴로 만드는 것이고, 또 하나는 경쟁사의 제품보다 더 멋지고 만족스러운 메뉴로 개량하는 것이었다.

습관은 원래 의식하지 않고 하는 행위다. 고객이 아침 메뉴를 선택할 때 깊이 생각하지 않기 때문에 우리로서는 맥머핀의 대안을 제시하기가 쉽지 않았다. 고객들은 결정을 내린다는 의식 없이 결정하기 때문에 어떤 대안을 제시해도 실질적인 옵션으로 등록되지 않을 것이다. 그래서 그들이 오래 의지해온 메뉴를 조금 불편하게 느끼도록 만들고 잠재의식의 차원에서 다른 경험으로 넘어갈 문을 열어줄 필요가 있었다. 그리고 그 새로운 경험은 불편한 느낌이 없어야 했다.

우리 캠페인은 이 두 가지 인사이트를 진지하게 받아들였다. 광고기획사 도이치 LA와 손잡고 맥도날드와 경쟁하는 일련의 광고를 제작했다. 그레그는 이 시리즈를 '곰 찌르기'라고 했다. 첫 번째 스폿 광고를 만들면서 우리는 로널드 맥도날드라는 이름을 가진 남성 20명을 찾아냈다. 평소 맥도날드에서 아침 메뉴를 사는 사람들이었다. 우리는 이들을 타코벨로 데려와 브렉퍼스트 크런치랩을 맛보게 했고, 그들은 무척 마음에 들어 했다. 경쟁사의 이름으로 웃음을 주는 광고를 통해 브렉퍼스트 크런치랩은 친숙하고 안전한 음식이라는 느낌을 주는 동시에 조지 코스탄자 맥머핀보다 더 흥미로운 메뉴가 되어 갔다.

두 번째 스폿 광고는 맥도날드를 공산주의 치하의 러시아로 만든 조지 오웰George Orwell 버전이었다. 확성기로 '행복해, 행복해, 행복해, 똑같은 아침 식사, 똑같은 아침 식사, 똑같은 아침 식사'라고 떠들어 사람들을 깨우는 광고였다. 그러다 카메라가 육각형 그라피티를 잇달아 보여주면, 늘 맥머핀으로 아침을 먹던 우리의 주인공은 강제수용소를 탈출하여 타코벨에서 아침 식사를 즐기는 더 젊고, 행복하고, 세련된 군중에 합류한다. 재미도 있을 뿐더러 고객에게 어딘가 의구심을 갖게 만드는 불편함도 없지 않았다.

로널드 맥도날드라는 이름을 사용했을 때의 위험도 있었다. 경쟁사의 특이한 자산을 부각시키고 우리 고객들에게 맥도날드를 좀 더 자주 떠올리게 만든다는 점이었다. 하지만 우리는 타코벨이 맥도날드를 들먹인 것을 사람들이 화제로 삼아 입소문을 낸다면 실보다 득이 많을 것이라는 쪽에 베팅을 했고 운 좋게도 그 작전은 적중했다. 타코벨 브렉퍼스트는 일곱 번의 시도 끝에 유일하게 성공한 작품으로 지금도 성장을 거듭하며 수익을 내고 있다.

특이해야 CUO를 장악할 수 있다

얌!은 십여 년 전 선보인 미국의 도리토스 로코스 타코나 필리핀의 치자Chizza(닭 가슴살 튀김에 피자 소스와 치즈를 얹은 것으로, 한 번 맛보면 쉽게 헤어나지 못할 것이다!)부터 몇 년 전 중동 지역에 선보인 샌프란시스코 사우어도우 피자에 이르기까지 세계 구석구석에서 매년 수천 가지의 혁신을 만들어내고 있다. 대부분 크고 작은 성공을 거두었지만 우리라고 실패가 없는 것은 아니다. 캐서린 탠-길레스피는 용기를 내어 치명적인 실패담을 털어놓았다. 그녀가 KFC 호주의 CMO로 있을 때 풀드 포크 샌드위치Pulled Pork Sandwich를 선보인 적이 있다. 아니, 잠깐. 켄터키 프라이드 치킨에서 돼지고기 샌드위치를 내놓는다고? 생각만 해도 좀 이상한 조합이 아닌가? 어쨌든 당연히 실패했다. 그리고 KFC 호주는 지난 3년 동안 그걸 출시한 달에만 유일하게 동일 매장 매출에서 마이너스 성장을 기록했다! 하지만 그들은 실패를 만회했고 캐서린도 명예를 회복했다. 캐서린이 현재 KFC의 글로벌 CMO로 150개국을 총괄 책임지고 있다는 사실이 그 증거다.

기능적 연관성은 자신만의 고유한 특이성을 활용해야 한다.

그레그도 2000년대 어느 땐가 실패를 맛본 적이 있었다. 얌!에서 세 브랜드 모두에게 목표가 전해졌다. 좀 더 가벼운 다이어트 제품을 개발할 것. 의도는 좋았다. 다이어트 카테고리가 한창 붐을 이루고 건강에 대한 사람들의 관심도 부쩍 높아지던 시절이었다. 당시 타코벨의 사장이었던 그레그는 이 CUO로 진입하기 위해 여러 가지 경로를 모색하고 있었다. 타코벨과 맞기만 하다면 그게 무엇이든 상관없었다. 운이 나빴는지 바로 그 때 그는 크리스틴이라는 타코벨의 열성 고객으로부터 편지 한 통을 받았다. 사워크림도 치즈도 없는 '프레스코 스타일' 타코로 24kg을 감량했다는 얘기였다.[7]

크리스틴은 교양 있는 여성이었고 그녀가 한 말에는 한 치의 거짓도 없었다. 있는 그대로의 얘기였다. 그레그는 멋진 기회라고 판단했다. 어쩌면 이것이 타코벨이 우위를 점할 수 있는 대단한 CUO가 아닐까? 브리핑을 받은 마케팅 팀은 '드라이브스루 다이어트' 캠페인을 다시 시작했다. 그래, 나쁘지 않았다. 너무 진지하지도 않고 뭔가 각성하게 해주는 그 캠페인은 확실히 특이한 구석이 있었다. 이런 문구만 없었다면 말이다. '부드러운 타코. 단단한 몸매.Soft Taco. Hard Body.' 어이쿠! 이 캠페인은 함부로 발을 들여놓을 권리도 없는 CUO를 소유하려는 브랜드의 좋은 본보기만 되고 말았다. 차별화를 꾀한답시고 사람들에게 짜증만 불러일으키는 도발을 한 순간, 정말 이상한 것이 되고 말았으니까.

우리가 CUO 성장 연구를 제대로 했다면 왼쪽 아래 사분면 끝에 있는 큰 동그라미를 놓치지 않았을 것이다. 다이어트를 하려는 사람은 많아도 타코벨을 그런 목적으로 이용하려는 사람은 거의 없었다. 얌!의 요구에 맞추겠다며 우리의 홈구장과 멀리 떨어진 곳에서 연관성을 찾으려 했기 때문에 우리가 수집한 마케팅 자료들은 결국 타코벨을 엉뚱한 브랜드로 만들고 말았다.

'드라이브스루 다이어트'의 인쇄물 캠페인은 청록색과 녹색 위주로 이루어져, 크리스틴이 비키니를 입거나 카키색 바지에 단추 달린 셔츠를 입고 타코를 든 모습을 담았다. 그동안 타코벨의 정체성은 스케이트보드 타는 25세 남성에 어울리는 이미지였다. 따라서 타코벨을 연상시키기 어려운 색조로 세련된 여성을 등장시킨 이들 캠페인은 어느 모로 보나 말이 되지 않았다. 우리는 그 캠페인에서 타코벨만의 고유한 색조를 만들어보려 했지만, 막상 결과물은 엄마들에게 어울리는 것이 되고 말았다. 별로였다.

설상가상으로 그레그는 거부권까지 행사해 가며(그때가 그의 경력에서 유일한 거부권 행사였지만) 선뜻 동의하지 않는 프랜차이즈 업체들을 밀어붙였다. 그 캠페인은 완전히 실패했을 뿐 아니라 문화적으로 영향력 있는 웹사이트들까지 나서 우리의 콘셉트를 맹비난하는 참사를 불렀다. 굳이 여기서 위험/수익률을 분석하지 않아도 그 결과가 어땠을지는 짐작이 갈 것이다.

스타 마케터도 실수할 수 있다. 그런 의미에서 실패를 기꺼이 인정한 그레그에게 경의를 표한다. 이 프로젝트를 배정받은 팀은 그레그가 다이어트 메뉴를 고집하는 바람에 좋지 못한 성과를 냈지만, 그들은 나름대로 최선을 다했다. 그레그는 이 사례를 가볍게 여기지 않고 여기서 기능적 연관성과 관련된 중요한 교훈을 새겼다.[8]

그 첫 번째. 얌!은 담장 너머를 바라보며 휘두른 스윙에 대해서는 보상할 뿐 실패해도 벌점은 주지 않는다. 실패는 혁신하는 회사만 가질 수 있는 전유물이니까(그레그의 기본 원칙은 언제나 영리함과 뜨거운 가슴과 용기였다). 하지만 중요한 것은 두 번째 교훈이다. 왜 실패했을까? 혹독한 대가를 치르지 않으려면 어떻게 해야 하는가?

컬라이더랩은 성공의 비법을 알아내기 위해 '예측시장 개념평가서'를 만들어 전 세계에서 실험한 1,500개 이상의 제품 개념 데이터를 분석했다. 기본적으로 이 설문은 수백 명의 응답자에게 가장 성공할 것으로 생각하는 개념에 돈을 투자하도록 요구했다(나라마다 규칙을 어떻게 정하느냐에 따라 실제 화폐를 투자할 수도 있고 가상으로 투자할 수도 있다). 다수의 응답자들이 선택한 개념을 선택한다면 응답자들은 두 배로 보상받을 수 있다. 이런 방법론은 개인적인 선호도를 묻는 일반 조사보다 실제 일어날 행동을 훨씬 더 정확하게 예측한다. 설문을 하면 사람들은 본심을 감추고 샐러드를 택하겠다고 말하는 경향이 있다. 하지만 그런 사람도 다른 사람들이 무엇을 선택할지는 꽤나 정확하게 안다. 당연히 다른 사람들은 채소를 건너뛰고 곧장 피자를 선택할 것이다.

어쨌든 우리는 모든 제품을 테스트했고 제품의 성공을 가장 잘 예측할 수 있는 확실한 요인을 찾아냈다. 무엇이었을까? 데이터과학 팀을 이끄는 그레그 디저릭은 이렇게 설명한다. "결과가 전혀 예상 밖이었어요. 우리는 '이 제품이면 장애 요소들을 얼마나 극복할 수 있을까?' 또는 '이 제품이 얼마나 시대 감각에 맞는가?' 같은 질문을 해야 제품의 성공을 가장 잘 예측할 수 있다고 생각했습니다. 그러나 다른 모든 지표보다 훨씬 더 정확한 예측을 가능하게 해준 것은 특이성이라는 기준이었어요. 예를 들어 특이성은 본능적인 흥미보다 성공을 예측하는 데 거의 다섯 배나 큰 영향을 미쳤습니다. 따라서 특이성이 탁월할수록 성공할 확률이 크게 높아집니다." 다시 말해 '당신 브랜드만이 할 수 있는 것인가?'를 질문하라는 뜻이다. 타코벨의 도리토스 로코스 타코벨은? 합격. KFC의 풀드 포크는? 그건 별로다. 사실 풀드 포크는 특이한 것과는 정반대였다. 안타깝게도 성공과도 정반대되는 결과만 나왔다.

승패의 스펙트럼의 다른 한쪽 끝에는 2018년에 출시한 타코벨의 프렌치프라이가 있었다. 프렌치프라이는 멕시코(다운) 음식이라고 할 수 없다. 다시 말해 타코벨의 프렌치프라이에는 차별적 요소가 전혀 없다. 타코벨이 프렌치프라이를 금기로 여겼던 것도 그 때문이다. 특이성이 없으면 출시도 하지 말아야 한다. 그런데도 그들은 출시했다. 타코벨의 마케팅 부사장 멜리사 프리베Melissa Friebe는 이렇게 설명한다. "내가 그랬죠. 프렌치프라이를 한 번 더 해봅시다! 그랬더니 다들 빤히 쳐다보더군요. 이런 알맹이 없는 대화를 그동안 얼마나 많이 했는지 몰라요. 그래도 난 말했죠. '프렌치프라이를 하자는 게 아니에요. 나초 프라이를 할 겁니다.' 그러자 노려보던 눈매들이 갑자기 부드러워지며 안심하는 눈치더군요." 그렇게 선보인 나초 프라이는 불과 몇 달 만에 5,300만 건이 넘는 판매량을 기록하면서 타코벨 역사상 가장 성공적인 제품 대열에 합류했다. 특이성이 다시 한번 그 위력을 입증한 것이다.

연습:
새로운 CUO를 만들어 실험하라

오늘 당신의 니즈는 몇 가지였는가? 켄의 니즈를 열거해보자. 우선 아침에 눈을 뜨면 침대에서 일어나야 한다. 인공지능 알렉사Alexa의 알람 덕분에 제시간에 일어났다. 그리고 앞서 언급한 AG 카키 바지와 스탠스Stance 양말과 속옷, 하버Harbor 서핑 숍 티셔츠를 입고 나이키 에어 조던 1s를 신는다. 그런 다음 일본의 센차煎茶를 인사이더 취향의 하이드로 플라스크Hydro Flask 머그잔에 담아 마신다. 출근길에 투고웨어To-Go Ware의 대나무 수저로 밥스레드밀Bob's Red Mill의 오트밀로 만든 오버나이트 오트밀(오트밀을 요거트나 우유에 넣고 냉장고에 넣어 밤새 불렸다가 아침에 먹는 메뉴)을 먹는다. 그런 다음 몇 가지 자잘한 니즈와 그 니즈를 충족시키기 위해 선택한 제품들이 이어진다. 애플 워치, 오더블Audible 앱, 팟 세이브 아메리카Pod Save America의 짧은 에피소드 등등. 출근하기까지 그가 사용한 제품은 스물다섯 개가 넘는다. 그것들을 선택한 이유도 제각각이지만 거기에는 R.E.D의 세 가지 요소가 모두 담겨있다. 기능적 연관성은 간단하다.

내게 니즈가 있다.
그걸 충족시킬 제품이 있는가?

우리에겐 이런저런 유형의 가족이 있다. 아이들, 반려동물, '선택한 가족', 부모님. 이런 사랑하는 사람들을 돌보는 것도 우리의 니즈다. 또 우리에겐 취미도 있고 관심도 있다. 그래서 자전거 장비, 공예 용품, 래프팅이나 낚시를 하기 위해 오지의 강으로 떠날 수 있는 차가 필요하다. 우리에게는 환경이나 정치나 사회라는 신념 체계가 있다. 이런 신념에 맞는(또는 맞지 않는) 제품을 필요로 할 때도 니즈가 생긴다.

지난 24시간 동안의 니즈를 연습 삼아 간단히 적어보라. 전에 사두었던 것이든 이번에 필요해서 구입한 것이든 지난 24시간 동안 실제로 사용한 것들을 모두 적어보라. 다른 지역에 사는 친구에게도 똑같이 해달라고 부탁하고, 다 작성했으면 목록을 확인해 보자. 이런 니즈 하나하나가 전부 카테고리 사용 사례다. 다른 말로 바꾸면 그런 CUO야말로 브랜드가 특정 시기에 특정 니즈를 충족시킬 제품을 만들거나 홍보할 수 있는 기회다. 카페에 대한 CUO를 적었다고 가정해 보자.[9]

- 왜: 잠에서 깨어나 정신을 차릴 계기와 몰두할 일이 있어야 하고 어울릴 상대도 필요하다.
- 언제: 오전 중반쯤에 필요한 것이 있고 초저녁에 필요한 것이 있다.
- 어디서: 차 안에서, 걸으면서, 식당에서 필요한 것이 있다.
- 누구: 사무실 사람들에게, 친구들에게, 내 아이들에게 필요한 것이 있다.
- 무엇: 커피나 간식이나 디저트가 필요하다.

브랜드에 도움이 되는 CUO가 무엇인지 알아야 CUO를 확장하고 발전시킬 수 있다. 스타벅스는 그동안 CUO를 논리적이고 체계적인 방법으로 구축하는 경이로운 일을 해냈다. 짐작이지만 세력을 확장하던 초기 단계에서 그들은 무엇보다 맛있는 점심과 간식이 장기적인 성공의 필수 조건이라는 사실을 깨달았을 것이다. 그것은 범위가 큰 CUO로 단골이 스타벅스를 찾는 두 번째 이유다(특히 커피 프랜차이즈 입장에서는 바쁜 아침 시간이 끝난 뒤에 이어지는 점심과 간식은 매우 중요한 아이템이다). 하지만 어느 날 갑자기 커피에 점심을 추가하기는 어렵다고 생각했을 것이다. 점심을 주문하는 사람이 많지 않아 수익을 내기 힘들 것이 분명했다. 맛있는 음식을 추가할 만한 이유를 찾으려면 다른 메뉴들을 만들어야 할 논리적인 과정이 선행되어야 했다. 객관적인 입장에서 스타벅스 CUO의 궤적을 따라가 보자. 우선 그들은 디저트 같은 느낌의 달콤한 음료를 만들었다. 그런 다음 달콤한 페이스트리를 늘렸다. 그런 다음에야 그들은 맛있는 아침 샌드위치에 손을 뻗었고, 마침내 맛있는 점심과 간식으로 영역을 넓혔다. 몇 년에 걸친 과정이었지만 논리적이었고 고객 입장에서도 납득이 가는 조치였다. CUO가 하나씩 추가될 때마다 '정착 과정'을 거쳐 소비자에게 친숙한 일상이 된 뒤에야 그들은 다음 CUO로 손을 뻗었다.

기능적 연관성 결론

토요타와 미니쿠퍼Mini Cooper를 비교해보자. 토요타는 야외 활동에 적합한 다부진 차, 환경에 부담을 주지 않는 전기차, 어깨에 힘을 줄 수 있는 클래식 자동차, 요란스럽지 않게 이동만 하면 되는 실용적인 차 등, 자동차의 거의 모든 사용 사례를 갖추고 있다. 비교적 최근에 나온 미니 쿠퍼는 도시에 살면서 차에 큰 물건을 싣지 않아도 되는, 아이가 없는 젊은 부부나 자식을 모두 출가시킨 부모 등 고객이 한정되어 있다. 나중에 조금 더 큰 미니 컨트리맨 등으로 라인을 확장했지만 그래도 여전히 그들이 충족시키는 CUO는 상대적으로 폭이 작다. 미니는 매우 차별적이지만 더 많은 CUO를 충족시키지 않는 한 크게 성장할 것으로 보이지는 않는다. 성장을 원한다면 CUO를 더 늘려야 한다. CUO의 성장이 곧 브랜드의 성장이기 때문이다. 그 점에서 토요타는 미니보다 몇 수 위다.

통상적인 영업 환경이 아닌 곳에서도 CUO를 성장시켜야 한다

타코벨의 토르티야 칩은 컬라이더랩이 '1억 달러짜리 아이디어'를 내놓으라는 타코벨의 주문을 받고 개발한 혁신 제품이었다. 막상 개발하고 보니 '왜 진작 이 생각을 못 했을까' 무릎을 칠 정도로 만족스러웠다. 클래식, 마일드, 파이어의 세 가지 메뉴(그리고 한정 판매였던 디아블로)는 타코벨 매장이 아닌 식료품점과 편의점까지 판매처를 넓혀 연간 2,030만 달러의 매출을 올리고 있다. 기능적 연관성의 혁신은 예상 밖의 장소에 생각지 않았던 브랜드를 내놓는 식으로 이루어지기도 한다.

특이성에 충실하라

가능한 한 많은 사용 사례를 충족시키는 것도 중요하지만 동시에 특이성도 꾸준히 유지해야 한다. 암앤해머Arm&Hammer의 베이킹소다는 1920년대부터 1960년대까지 주방의 필수품으로, 베이킹 선반에 놓이거나 웬만한 미국 가정의 냉장고 한켠을 차지한 탈취제로 존재감을 과시했다. 암앤해머는 하나의 성분으로 베이킹소다의 위력을 강조하는 한편, 탈취제라는 기능적 연관성을 중심으로 브랜드를 재구성하고 차별적 성능을 내세워 세탁세제, 가정용 세정제, 응급처치용품, 치약, 구강세척제 등으로 제품군을 체계적으로 확장했다. 암앤해머 접근법을 당신의 브랜드에 활용할 수 있는지 확인하는 것도 하나의 방법이 될 것이다. 하지만 범위를 너무 확대하면 실패할 위험도 있다. 의류에 진출하려 했던 샘소나이트Samsonite가 그런 경우다. 크래커 잭Cracker Jack도 시리얼을 만들었는데 맛있어 보이긴 했지만, 당시의 아침용 시리얼치고는 사탕에 더 가깝다는 말을 들었다. 닥터 페퍼Dr Pepper는 고기 양념을 출시했고, 지포Zippo는 향수를 팔면 좋겠다고 생각했지만 모두 오판이었다.

1차 자료가 핵심이다

브랜드를 성장시킬 CUO를 찾으려면 데이터가 있어야 한다. 특히 해당 카테고리에서 가능한 여러 CUO의 크기를 파악하고, 당신의 브랜드가 그 카테고리의 사용 사례에서 어느 정도 성공할 수 있을지 측정하기 위한 연구를 의뢰하는 게 좋다. 서점에 나와 있는 관련 서적을 구입하는 방법도 있지만, 그것으로는 부족하다. 그런 정보가 당신의 브랜드에 정확히 맞는다는 보장도 없을 뿐 아니라, 그런 작업을 직접 할 수 있는 매우 귀중한 경험을 포기하는 셈이니까. 그래서 먼저 해당 카테고리에서 가능한 한 많은 사용 사례를 목록으로 작성해야 한다. 참고로 우리는 보통 130여 가지 사례를 파악한다. 대부분 아주 사소한 것들이다('전화를 붙들고 있었기 때문에 온라인으로 음식을 주문했다' 와 같은). 그리고 서로 겹치는 것도 많다(흥미로운 것도 필요하고 혁신적인 것도 필요하다). 하지만 예기치 않았던 것을 건졌으면 하는 마음에 일부러 그물을 넓게 던지는 편이다. 그렇게 해서 아주 사소한 것이거나 말이 되지 않는 것이 나와도 손해 볼 일은 없다. 이미 당신이 획득했던 기본적인 사례들을 훌쩍 넘어가야 하는 일이기에 이런 창의적인 연습만으로도 시야를 크게 넓힐 수 있다.

사회적 연관성

"저 여자가 들고 있는 걸로 할래!"

7

4년 전 그레그와 컬라이더랩은 지금 이 책에서 다루는 아이디어를 개발하면서 사회적 연관성(그림 9 참조)을 고객과 얌!에 적용할 방법을 논의했다. 켄은 사회적 연관성을 단순화시켜 두 가지 지렛대만 갖추면 된다고 말했다.

1. 나는 브랜드나 전문가보다 친구나 인플루언서를 더 신뢰한다.
2. 무엇이든 반복해서 들으면 쉽게 떠올리게 되고, 거기에 긍정적인 특성이나 중요한 의미를 더 많이 부여하게 된다.

그림 9

R.E.D.

사회적 연관성:
예상치 못한 스턴트나 행동을 통해 사람들이 모인 장소에서 꾸준히 화제가 되게 만드는 브랜드의 능력...

RED BULL
우주에서 점프

PALM SPRINGS
THE BELL
A TACO BELL
HOTEL & RESORT

TACO BELL
타코벨 호텔

... 브랜드를 입에 올리는 사람이 많으면 다들 그 브랜드를 사야 할 것 같다고 생각하게 된다

사회적 증거

사회적 연관성의 첫 번째 요점은 '사회적 증거Social Proof'라는 것이다. 사회적 증거란 나와 비슷한 부류의 사람들이 하면 분명 옳은 일일 것이라고 가정하는 인간의 성향이다. 지난 일요일 아침 낯선 동

네에서 브런치 잘하는 곳을 찾아다녔다고 하자. 어떤 카페는 손님이 없어 한적했고, 또 어떤 카페는 사람들이 문 앞에 줄을 서서 대기자 명단에 이름을 올려놓고 기다리고 있었다. 어디를 택하겠는가? 타인이 오랜 기간에 걸쳐 고르고 고른 끝에 내린 결과가 그들이 내린 최선의 선택이었을 것이라고 추정하는 이런 경향은 정부나 특정 기관을 믿던 소비자들이 친구나 고용주, 인플루언서, 유명 인사들이 하는 말을 더 믿게 된 것에 한몫했다.[1] 에델만 신뢰도 지표 조사Edel-man Trust Barometer에 따르면 2017년과 2018년 사이에 기업에 대한 신뢰도는 58%에서 48%로 10% 감소했다.[2] 코로나19 위기가 시작되고 몇 주 동안 사람들은 이웃들이 사재기를 한다는 이유만으로 화장지와 생수를 확보하기 위해 가게로 달려갔다. 유명 제조업체나 전문가가 나서 사재기할 필요가 없다고 아무리 말려도 소용없었다. 영국광고협회IPA의 자체 조직인 '신뢰도 연구 그룹Trust Working Group'이 2018년 12월에 조사한 바에 따르면 광고에 대한 대중의 호감도는 25%밖에 되지 않았다. 75%는 광고를 믿지 않는다는 뜻이었다![3]

물론 신뢰할 수 있는 광고만 효과를 발휘하는 것은 아니다. 광고 효과는 그런 식으로 작동하지 않는다. 오히려 광고는 기억 구조를 구축하고 강화함으로써 소비자의 마음에 특출성을 심어놓는다. 그리고 그 특출성이 판매로 이어진다. 그러나 소비자들이 광고를 신뢰하지 않게 되면 흥미로운 문제가 발생한다. 광고를 믿지 않으면 누구를 믿는가? 결정하기 위해 의견을 구할 때 그들은 누구에 의존하는가? 당연히 같은 부류의 사람들이다. 화장품 기업 글로시에Glossier

가 제품을 홍보하고 성장에 박차를 가할 때 열성 팬에 눈을 돌리는 것도 그 때문이다.[4]

인플루언서의 영향력이 어느 정도인지 살펴보자. 2006년에 론칭한 톰 포드Tom Ford의 화장품 브랜드는 슈퍼모델을 앞세운 화려한 광고와 에스티로더Estee Lauder의 지원 등에 힘입어 10년 동안 5억 달러의 매출을 달성했다.[5] 모델 카일리 제너Kylie Jenner는 2020년 3분기에 자신의 화장품 회사의 지분 51%를 글로벌 화장품 기업 코티Coty에게 넘기기로 계약한다. 이 거래로 그녀의 브랜드 가치는 12억 달러로 뛰어올랐다.[6] 이 글을 쓰는 2021년 현재, 출시 5년이 된 그녀의 브랜드는 옥스나드라는 잘 알려지지 않은 캘리포니아 마을에서 제품을 생산하고 있는데, 직원은 처음부터 8~12명 정도가 전부였다. 지금까지 카일리는 그녀의 메이크업 라인 대부분을 소셜 미디어를 통해서만 마케팅해 왔다. 마케팅 예산은 얼마 안 되지만 사회적 연관성을 활용한 그녀의 팔로잉 수는 총 2억 3,200만 명에 이른다 (물론 이들 팔로워 중에는 여러 플랫폼에서 중복으로 팔로잉하는 경우도 있을 것이다). 나중에 카일리는 회사의 실제 가치를 부풀렸다는 구설수에 휘말렸다. 하지만 그런 거래를 할 수 있는 위치에 있었다는 사실 자체가 카일리가 사회적 연관성에서 대단한 힘을 발휘하는 유력 인사라는 반증이다.[7]

가용성 휴리스틱

사회적 연관성이 작용하는 두 번째 방식은 가용성 휴리스틱availability heuristic 이다.[8] 우리는 과거에 들었거나 읽었던 정보에 많은 영향을 받고 또 그 정보를 중요하게 여긴다. 과거의 경험을 통해 형성된 이런 편향은 지금 결정을 내리는 순간의 사고에 영향을 미친다. 상어가 사람을 공격했다는 기사가 자꾸 나오면 사람들은 바다에 들어가기를 꺼리게 되고 따라서 익사로 인한 사망률도 줄어든다. 실제로는 익사 사고가 더 잦지만 그런 사고는 물에 들어가는 것을 막을 만큼 많이 보도되지 않는 반면, 상어의 공격을 다룬 기사는 한 번 접하면 잘 잊히지 않는다. 화제성이 높아서 사람들의 입에 자주 오르내리고 그에 관한 글도 많이 나오게 되어 물에 들어가는 것 자체를 망설이게 만든다.

복권을 발행하는 국가는 당첨자를 발표하는 데 많은 공을 들인다. 당첨 사실을 상기시킬수록 당첨 가능성이 실제보다 더 높다고 인식하기 때문이다. 특정 브랜드를 끊임없는 화젯거리로 만들고 그에 대한 사람들의 관심을 지속시키는 것은 그 브랜드를 더 중요하게 여기거나 '구해야 할 것'처럼 느끼게 만드는 일이다. 가용성 휴리스틱은 심리적 지름길이다. 누구나 지름길을 좋아한다. 크게 의식하지 않고 특정 아이디어나 믿음을 선택하게 되면, 자주 접하기 힘든 다른 아이디어를 생각할 때보다 시간과 에너지가 많이 절약된다.

얌!에도 사회적 연관성이 활성화되는 과정을 보여주는 인상적인 사례들이 몇 가지 있다. KFC는 지난 15년 동안 호주의 대표적 스포츠인 크리켓을 후원해 왔다. 호주인들의 크리켓 사랑은 외지인들이 쉽게 납득하기 어려울 정도다. 해마다 KFC는 팬들에게 특이한 KFC 버킷을 머리에 쓰라고 독려한다. 정말이다. 치킨이 들어있지 않은 빈 치킨 버킷 말이다. 그리고 실제로 많은 사람들이 그렇게 한다. 호주 KFC의 마케팅 공동 책임자이자 이런 별난 문화의 모멘트를 공동 창안한 샐리 스프릭스Sally Spriggs는 이렇게 설명한다. "KFC 버킷 헤드 부대The KFC Buckethead Army는 완전히 뿌리를 내렸습니다. 이제는 브랜드 로고를 거꾸로 인쇄한 버킷을 생산해야 할 판이라니까요. 썼을 때 'KFC' 로고가 똑바로 보이게 말이에요." 호주의 크리켓 시청률 역시 믿어지지 않을 정도다. 머리에 KFC 버킷을 쓰고 있는 수많은 관중의 바다 위를 카메라가 훑고 지나갈 때 나타날 사회적 연관성의 가치가 어느 정도일지 짐작이 가는가?

이런 성공 사례를 비롯하여 전 세계에서 이루어지는 여러 가지 활동은 그 수를 헤아리기 어렵지만 아무리 많아도 그것의 사회적 연관성은 한 가지 단순한 과제로 귀결된다. 사람들이 우리 브랜드를 화제로 삼아야 한다는 것이다. 입소문이 많이 날수록, 브랜드를 사용하는 사람도 많아진다. 말은 쉬워도 실제로는 그렇게 간단한 문제가 아니다. 그래서 효율적인 마케팅을 위해 우리는 간단한 규칙 몇 가지를 만들었다.

사람들이 모인 곳에서 화젯거리가 되도록 만들라.

그리고

브랜드의 특이한 자산을 활용하라.

화젯거리가 된다는 것은 무엇일까? 광고든 마케팅 스턴트이든 라스베이거스의 타코벨 웨딩처럼 완전히 색다른 것이든 예기치 못한 것이거나 사람들의 이목을 집중시키거나 아주 재미있어서 한 번 접하면 참지 못하고 친구나 동료들에게 그 얘기를 하게 되는 것이다. 피자헛은 80년대 복고풍 운동화인 '파이 탑Pie Top'을 한정판으로 내놓았는데, 이 운동화에는 피자 배달을 주문할 수 있는 버튼이 달려있었다. 피자헛은 〈백 투 더 퓨처 2Back to the Future II〉 30주년을 맞아, 주인공 마티의 엄마가 하이드레이터(수분생성기)에 넣는 파이 같은 미니 피자를 선보였다. 이 두 가지 아이템은 모두 정식 메뉴가 아니라, 사람들이 화제로 삼을 수 있도록 만든 품목이었다. 참고로 파이 탑은 요즘 수집가에게 인기가 높아 온라인 리셀 플랫폼 스탁엑스StockX에서 1,000달러에 거래되기도 한다.

'화젯거리가 되어야 하는' 이유는 스마트하거나 멋져 보이거나 특히 요즘 벌어지는 일과 밀접하게 맞물려 있다는 느낌을 줘야 하기 때문이다. 그래야 친구들에게 얘기하게 된다. 함부로 말했다가 뚱딴지 같은 소리라거나 장삿속이 보인다거나 시대에 뒤떨어진 사람이라는 소리를 들을 것 같은 화제라면 아무도 이야기하지 않을 것이다. 따라서 규칙은 간단하다. 당신의 아이디어는 사람들이 모인 장소에서 당당히 얘기하고 그래서 대단하다는 말을 들을 만한 것인가? 아니면 괴짜들이나 호기심을 보이는 것인가?

대만의 피자헛이 버블티 피자, 취두부 피자, 두리안 피자 등 예상치 못한 '반짝 메뉴'를 출시했을 때, 사람들은 친구들에게 그 소식을 알리면서 인사이더가 된 기분을 느꼈다. 소문내기 딱 좋은 소재와 서두르지 않으면 놓치게 될 짧은 기회가 결합되면 듣고 모른 척할 수 없다. 해협 바로 건너 중국 본토의 피자헛에는 '더티 시리즈'라는 디저트 컬렉션이 있다. 지저분하고 흐트러진 디저트 트렌드를 암시하는 이름이다. 손님들은 저마다 즉시 그들의 위챗WeChat에 음식을 올린다. 화젯거리가 되지 못한다는 것은 사회적으로 연관성을 갖지 못한다는 뜻이다.[9] 사람들은 대부분 멍청하기보다는 똑똑해 보이고 가난하기보다는 부유해 보이고 괴짜 같기보다는 트렌디해 보이려 한다.

브랜드의 특이한 자산을 활용하라는 것은 사회적으로 연관성이 있는 콘텐츠를 만들 때는 무조건 브랜드의 핵심적이고 특이한 브랜드 자산을 활용해야 한다는 뜻이다. 그렇지 않으면 '화제성 있는' 멋진 이벤트를 벌여도 엉뚱한 브랜드만 떠올리게 만들어 경쟁사에게 좋은 일을 시켜주고 만다. 홍콩 피자헛은 이케아 스웨디시 미트볼 피자를 출시했고, 동시에 이케아는 피자를 고정하기 위한 작은 피자 프로텍터의 큰 사이즈 버전을 출시했다. 그렇게 해서 만들어진 입소문은 이케아에겐 스웨디시 미트볼, 피자헛에는 피자 프로텍터라는 두 가지 특이한 자산의 특이한 용도를 확실하게 연결시켜 주었다.

이 문제는 잠시 후에 설명하고, 그 전에 대통령 선거가 있던 2016년 봄의 그 회의실로 돌아가 보자.

PIZZA HUT × IKEA Pizza

이케아와 피자헛의 컬래버레이션

　회의실에 모인 사람들이 각자 할 말을 다 마치자 그레그는 잠시 이들 아이디어를 곰곰이 따져보았다. 그리고 마침내 입을 열었다. "그럼, 대통령 선거는 끝난 것이나 다름없네요." 선거운동이 본격적으로 시작된 지 얼마 안 되었기에 켄은 어리둥절했다. 혹시 이 양반이 사회적 연관성의 요점을 잘못 짚은 것은 아닐까? 켄의 속마음을 들여다보기라도 한 듯 그레그가 말했다. "알아요. 알아. 하지만 사회적 연관성이 실재하고 그게 특이하다면, 트럼프가 대통령이 되는 것 외에 결말이 따로 없네." 물론 참석한 사람들은 모두 피식 웃었다. 그런 일이 일어날 리 만무하니까! 그러나 나중에 밝혀진 대로 트럼프의 캠프는 어이가 없을 정도로 도를 넘은 트럼프만의 특이성과 사회적 연관성을 철저히 활용했다. 그의 충격적인 발언 하나하나가 당장 사람들이 모인 곳에서 화제가 될 만한 호재였다. 무례하고 눈살을 찌푸리게 만드는 언행은 그의 특이하고 뻔뻔한 캐릭터와 잘 맞았고, 그가 날리는 조롱조의 트윗은 특이한 기억 구조를 새삼스럽게 만들어 MSNBC에서 폭스Fox에 이르는 온갖 방송사는 물론 멀리 인터넷의 변두리까지 미처 헤아릴 수 없는 무료 방송 시간을 그에게 벌어다 주었다. 그가 터무니없는 주장을 할 때마다 데이터를 동원해 사실 확인이랍시고 줄줄이 반박하던 전문가들을 생각해 보라. 아니면 TV로 중계된 세 차례의 토론에서 극우 사이트에나 올라올 법한 말만 반복적으로 되뇌는 남자와 진지하게 토론을 벌이는 힐러리 클린턴을 떠올려보라(그녀는 정반대로 했어야 했다). 트럼프 지지자에게 그는 친구이자 인플루언서이고 콧대 높은 벼락 스타로, 진실을 논하는 지루하고 낡은 정치판에 신선하고 화젯거리가 될 만한 의견을 제시할 인물이었다. 당시는 아무도 그걸 눈치채지 못했다. 항상 옳은 소리만 하는 클린턴 같은 사람들은 대중들이 믿고 싶은 것을 믿는다고 주장하며 그들만의 더딘 아날로그 타임라인에 맞춘 정보와 아이디어만 나눠주는 따분한 정치가였다. 필리핀의 두테르테Duterte, 베네수엘라의 마두로Maduro, 헝가리의 오르반Orban, 영국의 존슨Johnson 같은, 특이한 캐릭터에 사회적 연관성까지 갖춘 세계의 지도자들도 트럼프 쪽에 가깝다.

미국의 여성 하원의원 알렉산드리아 오카시오-코르테즈Alexandria Ocasio-Cortez는 SNS, 특히 인스타그램 라이브를 활용하여 아메리칸 뮤직어워드AMA 스타일의 소셜 미디어 대화를 개최하고, 의회가 어떻게 움직이는지 쉽게 설명했다. 또한 그녀가 가장 좋아하는 압력솥 요리를 시연하는 등의 활약으로 로라 잉그레이엄Laura Ingraham을 필두로 수백만에 이르는 그녀의 팔로워까지 모든 사람들이 공유하고 토론할 화젯거리를 만들어냈다. 인기 높은 게임 '동물의 숲'을 최근에 시작한 그녀는 지지자들의 섬을 방문해 게시판에 메모나 단상을 남기고 심지어 졸업식 연설도 했다.

오카시오-코르테즈만의 특이한 자산은 그것이 밀레니얼세대의 테크노 감각이든, 남녀 노동자에 대한 열정적인 옹호 발언이든, 대담한 붉은 입술이든 그녀를 전국적인 인물로 만드는 데 큰 몫을 했다. 초선 의원이 아니라면 꿈꾸기 힘든 행보였다.

편집자는 정치 얘기는 삼가기를 바라겠지만, 유감스럽게도 나는 그럴 생각이 없다. 2016년 대선과 2018년의 중간선거는 아무리 작고 초라한 브랜드라도 사회적 연관성만 있으면 규모가 크고 기반이 확실한 것과 경쟁할 때 얼마든지 두각을 나타낼 수 있다는 사실을 보여주는 꽤나 설득력 있는 사례이기 때문이다. 사회적 연관성은 신생 브랜드라는 사실이 오히려 상당한 이점으로 작용하는 몇 안 되는 무기이기 때문에 그런 제품을 갖고 있다면 절대 소홀히 해선 안 되니 집중하길 바란다. 핵심은 이것이다. 특이한 목소리가 있고 그것을 기억에 남을 만한 방법으로 사용할 수 있다면 일단 '신뢰'의 레버를 당길 수 있다는 것. 그렇다. 문화적 연관성, 기능적 연관성, 용이성, 특이성을 갖춰야 한다는 사실은 달라지지 않는다. 하지만 의미 있는 사회적 연관성을 조장하고 확장할 수 있다면, 수많은 잠재 고객이 외면하기 힘든 페르소나를 개발할 확률을 크게 높일 수 있다.

다소 규모가 큰 브랜드라면 생각을 달리하여 홍보비용을 좀 더 창의적으로 쓸 필요가 있다. 제발 부탁인데 보도 자료를 작성하거나 회의장을 전전하며 중대발표를 하는 데 너무 많은 시간과 지면을 낭비하는 일은 이제 그만두기 바란다. 그보다는 열정을 가진 온라인 그룹을 개발하는 데 공을 들여, 그들로 하여금 당신이 하는 일을 얘기하고 친구들과 공유하게 만드는 편이 낫다. 우리는 타코벨 호텔을 통해 그런 문화적 모멘트를 만들어냈다. 우리가 초청한 인플루언서들은 거의 모두가 우리의 '더 벨The Bell' 호텔을 칭찬하는 멋지고 재미있는 리뷰와 사연을 썼고, 덕분에 44억 회의 노출 수를 기록하는 기염을 토했다. 대단치 않은 투자에 돌아온 엄청난 보상이었다. 무척 재미있는 경험은 덤이었고.

사회적 연관성의 핵심을 파헤치기 전에, 사회적 연관성의 기원부터 자세히 설명한 다음 위에서 다루었던 개념을 발전시켜 나가자.

사회적 연관성의 진화

컬라이더랩에서 개발한 전략들은 대부분 진화생물학과 인간 행동 과학을 기반으로 한다. 앞서 설명한 대로 초기 인류는 수를 늘려 세력을 키워야 안전하다고 판단했고 공유할 수 있는 스토리에서 자신들의 정체성을 확인했다. 그 스토리는 우리 조상들이 공동체 내에서 타인의 경험으로부터 학습한 방법론으로 또 다른 실타래를 풀어냈다. 같은 부족원이 특정 물웅덩이를 이용했을 때 사자의 습격이나 수인성 아메바 감염, 호전적인 다른 부족의 괴롭힘에 시달리는 일 없이 매일 저녁 안전하게 돌아오는 모습을 지켜보면서 우리 조상은 그 물웅덩이에 대한 의심을 조금씩 거두기 시작한다. 그의 친구들은 그 물웅덩이가 안전하다고 믿고 그는 친구들을 믿는다. 따라서 그들의 추천을 따르는 편이 안전하다고 생각한다. 그러던 어느 날, 그는 새로운 물웅덩이를 발견한다! 아니, 여기 이런 물웅덩이가 있었네? 하지만 누가 다녀간 흔적이 없다. 당연히 안전하다는 얘기도 들은 적이 없다. 기존 웅덩이보다 이 웅덩이가 더 가까워서 물을 긷는 일에 많은 시간을 들이지 않아도 된다. 그래도 막상 물을 뜨려니 불안하다. 근처에 사자가 있다면? 사자들도 물을 마셔야 하니까⋯ 그동안 이용했던 그 물웅덩이에 사자가 없었으니 혹시 여기 있는 건 아닐까? 개발되지 않은 새로운 자원의 잠재적인 이익에 비해 그것을 이용할 때 발생할 수 있는 위험이 더 커 보인다. 그래서 그는 친숙하고 안전한 웅덩이로 돌아가 믿을 수 있는 친구들 뒤에 서서 차례를 기다린다.

1만 년 후로 장면을 돌려도 우리가 내리는 결정은 대부분 여전히 이런 간단한 기준에서 크게 벗어나지 않는다. "내가 신뢰하는 사람들이 이 제품을 신뢰하는가?" 이런 물음은 충동구매에도 그대로 적용된다. 그 제품에 대한 주변 사람들의 신뢰도가 높을수록, 별다른 추측이나 논쟁을 하지 않고 충동구매할 가능성이 더 크다. 논리는 간단하다. "저들이 가지고 있으니 나도 하나 마련해야겠다."

사회적 연관성은
어떻게 만들어내는가

"나는 기업보다 친구나 인플루언서를 더 신뢰한다"라는 사회적 연관성의 첫 번째 지렛대는 당신과 당신 브랜드에 언드 미디어earned media의 기회를 제공한다. 언드 미디어는 인스타그램이나 틱톡과 같은 SNS를 통해 만들어지는 입소문이다. SNS나 그 밖의 인기 플랫폼에서 브랜드가 차지하는 비중이 SOBShare of Buzz(버즈 점유율)를 결정한다. 그래서 브랜드는 화젯거리가 될 만한 콘텐츠를 만들고 그 콘텐츠를 독자적인 영향력으로 퍼트릴 인플루언서를 지원하는 데 공을 들인다. 어떤 콘텐츠가 바이럴 효과를 만들지 예측할 수 없지만(당신의 콘텐츠를 보고 바이럴 효과를 보장해줄 서비스를 제공하겠다는 사람은 일단 사기꾼이라고 보면 된다) 브랜드로 꾸준히 화제를 만들고 유기적인 방식으로 입소문을 만들 수는 있다. 소비자의 뇌에 특별히 각인된 브랜드는 구매를 유발할 가능성이 크다. 특정 문구와 유료 광고와 버즈 점유율은 서로 연동되어 움직인다. 레스 비네와 피터 필드가 영향력 있는 연구 논문 〈미디어 인 포커스Media in Focus〉에서 말했듯이, "온드 미디어owned media(브랜드가 직접 소유한 미디어-옮긴이)와 페이드 미디어paid media(브랜드가 유료로 사용하는 미디어-옮긴이)가 모두 제 역할을 할 때 브랜드는 온라인에서 의미 있는 수준의 언드 미디어를 확보하게 된다. 다시 말해, 사람들의 입을 열고 이야기를 공유하게 하려면, 온라인에 훌륭한 콘텐츠를 제공하는 한편 일종의 유료 광고로 콘텐츠를 홍보해야 한다."

특출성이 으뜸이라고 하면 분명 반론을 제기하는 사람이 있을 것이다. 그들은 별다른 근거 없이 사람들의 기억에 남는 브랜드를 예로 들 것이다. 그렇다면 물웅덩이로 반박할 수밖에 없다. 당신의 고객이 신뢰하는 사람들이 당신 제품을 신뢰하는 한, 그 고객은 당신의 브랜드를 선택할 가능성이 높고 당신은 계속 선두 자리를 유지할 것이다. 핵심은 네 가지다.

1. 문화적 모멘트를 만들면 브랜드에 큰 영향을 미칠 수 있다.
2. '페이드' 미디어로 관심을 끌기 어려우면 '언드' 미디어에 공을 들여야 한다.
3. 버즈 점유율이 높으면 시장 점유율도 높아질 가능성이 크다.
4. 아무것도 믿을 수 없는 세상에서는 말보다 행동을 중시하는 마케팅을 해야 한다.

사회적 연관성의 다섯 가지 경로

어느 날 우리 광고기획사의 한 기획자가 WWE(세계 레슬링 대회)에 참석했다가 경기 중간에 나오는 광고에 야유를 보내는 관중들의 모습을 본 적이 있다. 그는 샌더스 대령을 앞세워 라이브 경기 중에도

WWE 팬들이 짜증을 내지 않고 광고를 즐기게 할 방법이 없을까 궁리하기 시작했다.

브랜드를 환경의 일부로 만들라

궁리 끝에 만들어낸 광고로 KFC는 2016년 WWE 여름 대회의 팬들을 열광시켰다. WWE 인터콘티넨탈 챔피언이었던 더 미즈The Miz가 출연하는 2분짜리 광고였다. 의인화된 닭(파퍼 클러커스Pupper Cluckers)으로 변신한 더 미즈가 샌더스 대령으로 분장한 프로레슬러 돌프 지글러Dolph Ziggler에게 도전하는 레슬링 시합을 담았다. 두 캐릭터는 가상의 파퍼 클러커스 레스토랑의 '광고'에서 험악한 표정으로 서로를 모욕하고 업신여기고 조롱하다 드라이아이스가 피워내는 안개를 뚫고 현장에서 지켜보는 관객들 앞에서 링에 오른다. 터무니없는 설정이었지만, 두 선수 모두 맡은 캐릭터에 충실했다. 파퍼 클러커스가 날개 깃털을 하나 떼어내 대령의 뺨을 때리는 장면에 눈살을 찌푸리는 사람들도 없지 않았지만, 대부분은 환호성을 질렀다. 찌푸렸든 환호했든 너도나도 모두 그 얘기를 해댔다. 그날 저녁 잠깐의 즐길 거리를 준 광고에서 악당(파퍼 클러커스)을 두둔하는 사람도 있고 영웅(대령)을 응원하는 팬도 있었지만, 진정한 승자는 결국 KFC였다. 당시 KFC 미국의 광고 책임자인 조지 펠릭스(현 피자헛 CMO)는 기억에 남는 광고를 만든 과정을 설명했다. "KFC에 대한 종합적 미디어에 접근할 때 우리는 어떤 '로고 슬랩logo slap(로고를 앞세운 광고)'이나 평범한 후원 광고는 제작하지 않는다는 규칙을 정했습니다. 우리가 KFC를 차별화할 만한 창의적인 아이디어로 WWE 관중의 심리를 꿰뚫고 또 그런 사실을 드러낸다면, 팬들의 경험에 가치를 더할 수 있다고 생각했습니다." 팬의 경험에 가치를 더한다는 발상은 브랜드에 엔터테인먼트를 가미하는 중요한 요소다. 게다가 그 방식이 특이하다면 대형 홈런도 가능하다.

사회적 연관성은 엔터테인먼트가 될 수 있는 예상 밖의 기묘한 방법을 찾는 수단이다. 틴더Tinder는 범퍼카 타기 행사를 벌여 솔로들끼리 '우연히 만날' 기회를 주었다. 2016년에 에어비앤비Airbnb는 시카고 미술관과 협업해 노스쇼어에 반 고흐의 침실을 재현해 대여했다. 고흐가 살았던 프랑스 아를의 '노란 집'을 본뜬 방으로, 디자이너들은 반 고흐의 붓놀림과 비뚤어진 선과 선명한 색들을 꼼꼼하게 재현하여 고흐의 그림에 몰입할 수 있는 경험을 선사했다.

이 세 가지는 모두 엔터테인먼트가 될 수 있는 기상천외의 방법을 모색한 브랜드의 사례다. 이는 최종 제품을 판매하는 구체적인 방법의 문제가 아니다. 브랜드의 DNA를 활용하여 보다 큰 문화적 담론을 조성할 화젯거리를 만들고 문화 속에서 브랜드의 지위를 확보하는 문제다. 이것들이 바로 마그네틱 마케팅, 즉 사람들의 관심을 끌어당길 특이한 작품을 만든 좋은 사례다.

그러니 잡음을 만들라. 물론 말처럼 쉬운 일은 아니다. 다행히 우리에겐 사회적 연관성을 향해 발을 뗄 수 있는 재미있는 여행 지침서가 있다. 각 항목에 대해 이렇게 자문해 보라. "내 브랜드는 어떻게 [ ]할 수 있을까?" 여기서 탁월한 화젯거리와 특이한 문화적 모멘트를 만들어낸 또 다른 멋진 브랜드의 사례를 몇 가지 살펴보자.

좋은 시민이 될 것

의류 브랜드 라코스테Lacoste는 자연보호에 대한 인식을 높이고 기금을 모으기 위해 멸종 위기에 처한 종의 이미지로 악어 아이콘을 내세웠다. 캠핑용품 유통업체 레이REI는 연중 가장 붐비는 쇼핑 축제인 블랙 프라이데이에 모든 매장의 문을 닫았다. 투자회사 스테이트 스트리트 글로벌 어드바이저State Street Global Advisors는 월스트리트에 '겁없는 소녀'라는 소녀상을 설치하여 비즈니스 리더에서 여성이 차지하는 비중을 강조했다. 버거킹은 집단 괴롭힘의 심각성을 알리기 위한 방법으로 손님들에게 상한 햄버거를 주는 이벤트를 벌였다.

유용할 것

고객들이 예상하지 못한 편익을 제공하라. 이케아는 아기 침대와 가구 광고를 만들면서 광고지로 임신 테스트를 할 수 있게 했다. 아디다스Adidas는 지하철 통행권을 겸할 수 있는 운동화를 개발했다.

선동할 것

제품의 문제이든 배송의 문제이든 주변에서 일어나는 더 큰 문화적 순간에 대한 반응이든 브랜드가 고객을 자극하거나 강력한 대응으로 맞서야 할 때가 있다. 2018년 초에 KFC 영국은 배송 계약을 갱신하면서 매장에 치킨을 제대로 공급하지 못한 적이 있었다. 혼란이 극에 달했을 때는 646개의 매장이 문을 닫기도 했다. 보통 문제가 아니었다.[10] KFC 마케팅 팀은 '불편하게 해드려 죄송합니다' 같은 진부한 사과 메시지 대신, 그들의 상징인 브랜드 이름을 고쳐 썼다. 모르는 사람이 없는 버킷에 찍힌 'KFC'를 'FCK'로 고쳐 쓴 인쇄 캠페인이었다. 겁 없는 영국 KFC의 CMO 메그 파렌Meg Farren은 당시 상황을 이렇게 설명한다. "매장에서 치킨이 사라지자 고객들이 무척 화를 냈어요. 런던의 경찰 당국이 999(영국의 119)에 전화를 걸어 항의하는 일을 자제해 달라고 트위터로 호소해야 할 지경이었으니까요. 하지만 우리는 정말 'FCK' 같은 상황이라고 인정함으로써 일부 악평에 선제적으로 대응하고 사회적으로 적절한 모멘트를 만들어 실망한 고객들과 연대감을 과시할 수 있었습니다." 효과 만점이었다. 한바탕 난리를 치른 뒤 4개월 만에 KFC 영국의 총 판매량은 위기 이전 수준으로 회복되었다.

고객의 생각을 두려워 말고 말할 수 있어야 한다. KFC 영국은 2018년에 오리지널 감자튀김 맛이 형편없다는 트윗을 돈까지 들여가며 먼저 선동해 새롭고 통통한 감자튀김을 만들 토대를 마련했다. 고객들이 오리지널 감자튀김을 싫어한다는 사실을 확인한 KFC 영국은 개량된 새 제품을 출시했고 오리지널의 극성팬을 비롯해 모두가 즐거워했다.

대중문화의 크리에이터가 될 것

마지막으로 브랜드는 스마트하고 예상에 없던 협업을 통해 대중

문화의 순간을 만드는 저력을 길러야 한다. 타코벨은 포에버 21과 협력하여 생뚱맞은 '인스타그램에 올릴 만한 옷 컬렉션'을 고안했다. 그러자 치토스도 F21과 손을 잡고 플레이밍 핫Flaming Hot 메이크업 팔레트를 만들었다. 화장품 브랜드 맥Mac과 만화 '심슨 가족The Simpsons'도 함께 카리스마와 미모가 넘치는 유명한 엄마 캐릭터, 마지 심슨에서 착상한 메이크업 라인을 내놓았다. 아디다스와 애리조나 아이스티Arizona Ice Tea도 2019년에 멋진 운동화 라인을 공동 제작하여 눈에 금방 띄는 애리조나 벚꽃 디자인과 애리조나의 상징인 분홍색과 푸른색이 인쇄된 캔을 스니커즈와 묶어 뉴욕 팝업 매장에서 0.99달러에 판매했다. 이케아 영국과 이케아 아일랜드는 디자이너 버질 아블로Virgil Abloh와 손잡고 그만의 해학적 스타일이 녹아든 생활용품 컬렉션을 제작했다. 'wet grass 촉촉한 잔디'라는 로고가 찍힌 인공 잔디 같은 녹색 러그도 그중 하나다. 이 브랜드는 아블로 고유의 스타일인 '로고'를 존중하는 의미에서 매장 간판 로고 주위에 따옴표까지 넣었다. 엉뚱하게 보일까 봐 두려워할 것 없다. 단, 엉뚱하기로 작정했으면 어떤 논리가 있어야 한다. 그 점은 특이한 브랜드 자산도 예외가 아니다. 망설이지 말고 엉뚱함을 받아들여라.

사회적 연관성 결론

2020년 초에 밀레니얼 후반 세대와 Z세대 포커스 그룹을 인터뷰하고 그들과 함께 작업하면서 우리는 흥미로운 점을 발견했다. 자신들의 관심사와 일시적이고 단기적인 문화적 집착을 토론하는 자리에서 그들은 실제로 보지 않은 쇼나 영화를 추천하는 경우가 많았다. 어떤 참가자는 이렇게 말했다. "드라마 〈더 보이The Boys〉 진짜 재밌어요. 꼭 보세요." 하지만 줄거리나 분위기, 주인공 등 자세한 내용을 묻자 솔직하게 털어놓았다. "사실은 아직 안 봤어요. 하지만 재미있다더라고요." 이런 대중문화의 모멘트는 사회적 연관성이 강하고 영향력이 커서 보지 않고도 작품을 보증한다. 게다가 그들은 그 쇼를 보지 않았다고 실토하면서도 전혀 겸연쩍은 기색을 보이지 않았다.[11] 오히려 보지 않고도 보거나 읽었다고 주장하는 태도를 그들은 그들의 문화적 소통 방식의 일부로 받아들이고 있었다. (비디오 스트리밍 기업 훌루Hulu가 2016년에 실시한 연구에 따르면, 보지 않은 쇼를 봤다고 주장하는 경우는 남성이 여성보다 훨씬 더 많은 것으로 나타났다.) 이런 현상의 의미를 새겨보던 우리는 그것이 사회적 연관성과 관련된 우리의 모든 이론을 뒷받침할 뿐 아니라, 우리가 생각했던 것보다 훨씬 더 강력한 근거가 된다고 생각했다. 이 포커스 그룹은 그 쇼가 눈에 띈다거나 마음에 든다고 말하기 위해 그것을 볼 필요도 없다고 생각했다. 오히려 이런 쇼와 영화들은 문화적으로 연관성이 있고 기억에 남고 심적으로도 쉽게 통용되는 것이기에, 그들은 제품의 내용이나 품질을 직접 경험하지 않고도 당당하게 그것들을 증언하고 보증했다. 당신 브랜드가 갖는 사회적 연관성의 중요성에 아직도 확신이 서지 않는다면 이런 역설은 어떤가. 사회적으로 연관성이 있다고 주장할 수 있다면, 친구들이 그 얘기를 입 밖에 내는 모험을 감수할 가치가 있다고. 사실 이는 매우 중요한 문제여서 잘못된 주장이라 해도 전혀 흠이 될 게 없다. 사회적 연관성은 강력한 재화이므로 (그림 10 참조) 최대한 유리하게 사용해야 한다.

연관성 개요

그림 10

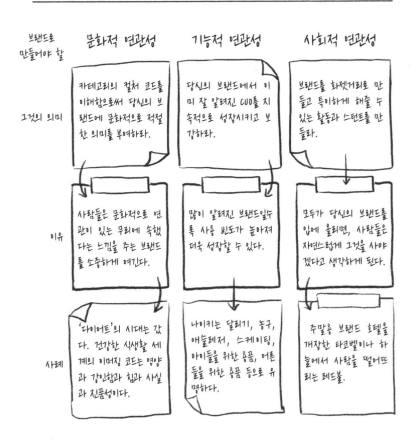

브랜드로 만들어야 할	문화적 연관성	기능적 연관성	사회적 연관성
그것의 의미	카테고리의 컬처 코드를 이해함으로써 당신의 브랜드에 문화적으로 적절한 의미를 부여하라.	당신의 브랜드에서 이미 잘 알려진 CUO를 지속적으로 성장시키고 보강하라.	브랜드를 화젯거리로 만들고 특이하게 해줄 수 있는 활동과 스턴트를 만들라.
이유	사람들은 문화적으로 연관이 있는 무리에 속했다는 느낌을 주는 브랜드를 소중하게 여긴다.	많이 알려진 브랜드일수록 사용 빈도가 높아져 더욱 성장할 수 있다.	모두가 당신의 브랜드를 입에 올리면, 사람들은 자연스럽게 그것을 사야겠다고 생각하게 된다.
사례	'다이어트'의 시대는 갔다. 건강한 식생활 세계의 이머징 코드는 영양과 강인함과 힘과 사실과 진품성이다.	나이키는 달리기, 농구, 애슬레저, 스케이팅, 아이들을 위한 용품, 어른들을 위한 용품 등으로 유명하다.	주말용 브랜드 호텔을 개장한 타코벨이나 하늘에서 사람을 떨어뜨리는 레드불.

접근 용이성

8

용이성이 모든 것을 좌우한다. R.E.D.나 일반적인 마케팅에 포함된 다른 요소도 모두 중요하다. 그런 것들도 제품에 대한 관심을 유발하는 중요한 수단이지만 용이성에 비할 바는 아니다. 용이성은 배로 치면 모든 돛 중에 가장 큰 돛이다. 특이성은 두 번째로 큰 돛이다. 반면에 연관성, 아니 연관성의 결핍은 배의 속도를 완전히 죽이는 닻이다.

비밀번호가 필요 없는 앱을 만들거나 사용자 프로필에 기본 주문을 추가하거나, 차선이 여러 개인 드라이브스루(KFC 호주의 뉴캐슬 매장)를 여는 등 간단한 조치만으로도 용이성을 개선하여 브랜드나 특정 매장의 실적을 단숨에 끌어올릴 수 있다. 틱톡은 사용자 이름이나 비밀번호를 요구하지 않는다. 이런 용이성에 중독성 있는 콘텐츠가 덧붙여지면서 틱톡은 2010년대에 일곱 번째로 가장 많이 다운로드 된 앱에 등극했다. 틱톡은 2010년대 마지막 3년을 남겨둔 시점에서 서비스를 시작했지만, 그 10년을 통틀어 집계한 기록이다![1]

용이성을 떨어뜨려 유해 요인을 줄이는 방법도 있다. 알약을 블리스터 팩blister pack(제품을 투명 플라스틱 칸에 하나씩 담은 포장)에 넣으면 꺼내기가 어려워 자살률을 줄일 수 있다.[2] 유독성 알약을 큰 병에서 쏟아내는 게 아니라 블리스터 팩에서 하나씩 힘주어 빼내다 보면 시간이 걸리기 때문에 그 사이에 마음이 바뀔지도 모른다. 연관성과 특이성도 심리적으로 브랜드의 용도를 높여주고 시의적절하게 만들어주지만, 몇 가지만 살짝 바꿔 고객을 경쟁사로부터 단기간에 뺏어올 수 있는 것은 용이성뿐이다. 다음 두 장에서는 이처럼 파괴력이 대단한 용이성을 최대치로 높이는 방법을 설명하겠다.

R.E.D.의 세 가지 요소 중에 용이성은 그 영향력이 가장 크지만 설명하거나 이해하기는 가장 쉽다. 앞서 이야기한 대로 켄은 보주 초콜릿을 가장 좋아하지만, 평소에는 습관처럼 스니커즈를 먹는다. 켄은 99%의 인간들과 같이 아주 게으르다. 맛, 질감, 유기농 여부, 가격 등 여러 가지 고려사항들을 따져야 할 때 그는 아주 간단한 질문을 던진다. "가장 쉽게 구할 수 있는 게 뭐지?" 몸에 좋아야 한다거나 운동 삼아 1km 정도만 뛰어가면 구할 수 있다는 사실은 중요하지 않다. 달달한 것이 생각날 때는 옥수수 시럽이 들어있고 부분

경화유가 첨가되었어도 당장 손에 넣을 수 있는 초콜릿에 손이 간다.

그래서 중요한 인사이트. 용이성이 으뜸이다.

어떻게 해야 용이성을 실현할까? 경쟁사의 제품보다 심리적·물리적으로 더 가깝게 해주면 된다.

그게 전부다.

그래도 설명은 필요할 것 같다. 그리고 용이성을 재고하려는 기업들이 관심을 가질 만한 기회도 몇 가지 소개하겠다. 컬라이더랩은 용이성을 두 가지 핵심 개념으로 나눈다.

첫째는 접근 용이성이다.

접근 용이성

제품의 구매를 방해하는 요인을 마케팅 용어로 마찰friction 이라고 한다. 접근 용이성은 고객에게 구매 기회를 더 많이 제공하고 고객의 구매 결정과 실제 구매 사이의 장애, 즉 마찰을 줄이는 것이다. 이는 물리적 마찰(가령 제품을 사기 위해 앱을 여러 번 클릭하는 것)일 수도 있고 심리적 마찰(선택지가 너무 많아 결정하기 어려운 경우)일 수도 있다. 이를 위해 이 장 마지막에 '용이성 사파리Ease Safari'라는 간단하지만 효과적인 연습문제를 마련했다. 그러니 소비자들의 행보를 관찰하여 구매 기회가 많지 않거나 마찰로 인해 당신 제품을 사지 못하게 막는 곳이 어디인지 조사해 보라.

두 번째 개념은 인지 용이성이다.

인지 용이성

이 문제는 다음 장에서 자세히 다루겠지만, 우선 브랜드는 소비자의 생활 속에서 인지notice라는 형태로 존재한다는 사실만 기억하자. 고객이 당신의 메시지를 얼마나 쉽게 보거나 듣는가? 그들이 매장을 두리번거릴 때 그 메시지를 기억하는가? 여기서는 소비자로부터 감성적 반응을 불러일으키는 방법을 설명할 것이다. 하지만 뜻대로 안 된다고 애꿎은 컴퓨터를 붙들고 우리에게 이메일로 분통을 터뜨리기 전에 분명히 알아두어야 할 것이 있다. 감성적 반응과 감성적 연결은 같은 개념이 아니라는 사실이다. 여러 차례 언급했지만 우리는 감성적 연결을 하나의 브랜딩 도구로 여기는 발상을 탐탁하게 여기지 않는다. 그러니 이메일은 잠깐 보류하시라. 그보다는 주제를 바꿔 우리와 얘기를 나눌 기회를 만들어보기 바란다. 우리도 당신을 직접 만나 인간 대 인간으로 감성적 연결 고리를 만들고 싶다.

접근 용이성(그림 11 참조)은 제품을 쉽게 구입하도록 만드는 문제다. 이 시대를 사는 마케터라면 누구든 이를 최우선 과제로 삼아야 한다. 세 가지 R.E.D. 중에서도 용이성은 확실한 파괴적 혁신의 기회를 제공하는 요소다. 그러니 제품을 구입할 때 발생하는 마찰만 확실히 이해하면 된다. 제품의 모양을 바꿀 것도 없고 마케팅 전략

그림 11

접근 용이성:
구매 과정에서 발생하는 물리적 또는 감성적 마찰을 없애 절차를 최대한 순조롭고 간단하게 만드는 방법

 DOLLAR SHAVE CLUB

DOLLAR SHAVE CLUB

면도 용품 구독 서비스로 유명한 이 브랜드는 물리적·심리적 마찰을 제거함으로써 카테고리에 돌풍을 일으켰다. 그들은 제품을 고객의 집까지 배달하기 때문에 고객은 따로 기억하고 있지 않아도 된다

... 인간은 늘 쉬운 쪽을 택한다(검증은 그 이후에 한다).

을 수정하거나 경쟁사보다 가격을 낮출 필요도 없다. 핵심 고객의 심리 기반을 파악하겠다고 값비싼 설문조사를 벌일 필요는 더더욱 없다. 그저 제품의 물리적·심리적 가용성을 높일 방법만 찾아내면 된다. 아마존은 어떻게 했기에 미국 온라인 소매 거래를 50% 가까이 장악하고 어디서나 보이는 거인으로 우뚝 설 수 있었을까?[3] 전 세계 거의 모든 사람들이 거의 모든 제품을 물리적으로 구할 수 있게 해주었기 때문이다. 코로나19 위기가 최고조에 달했던 2020년 4월을 기점으로 미국의 오프라인 상점들이 더는 버티지 못하고 하나둘씩 문을 닫기 시작했다. 컨디내스트Conde Nast 같은 출판사들은 오랜 관계를 이어오던 작가들과의 계약을 해지했다. 숙박업 카테고리의 판을 흔들어 크게 성공한 에어비앤비도 직원의 25%를 해고했다. 항공사들은 승무원 수보다 적은 승객을 태운 채 하늘을 날아야 했다. 그런 상황에서 2020년 7월 13일에 아마존 주가는 3,200달러로 최고치를 기록했다.[4]

이렇듯, 용이성이 전부다. 아마존은 자체 개발한 '저스트 워크 아웃Just Walk Out' 기술로 아마존 고Amazon Go 매장에서 계산 절차를 없 앰으로써 물리적 마찰을 계속 제거해 나가는 중이다.[5] 동시에 그들 은 심리적 마찰을 제거하는 혁신으로 매출을 밀어 올린다. 예를 들 어 고객이 특정 제품을 사면 자동으로 그것과 짝을 이루는 다른 연 관 상품들을 불러낸다. 쓰레기통을 사면 그것을 넣을 수 있는 크기 의 봉지를 알려주어 불필요한 마찰을 없앤다. 별점 등급 체계도 마 찬가지다. 제품이 쓸 만한지 몰라 멈칫거리는 고객도 별점 4.5점 이 상이면 안심하기 때문에 심리적 마찰을 겪지 않아도 된다. 연관성이 나 특이성에서는 대대적인 파괴적 혁신의 가능성을 찾기가 쉽지 않 다. 그러나 용이성을 창의적으로 혁신하면 사업의 향방을 하루아침 에 바꿀 수 있다.

제품 구매를 쉽게 해주면 어떤 상황에서도 경쟁사를 수월하게 제 압할 수 있다. 스니커즈가 보주 초콜릿을 가볍게 제치는 것도 그 때문이다. 이 장 끝부분에서 우리는 제품을 물리적으로 쉽게 이용할 수 있게 해주는 몇 가지 연습을 할 것이다. 하지만 그 전에 고객이 제품을 구입할 때 겪는 마찰부터 살펴보자. 어떻게 하면 구매의 첫 단계부터 마지막 단계까지 발생하는 갖가지 종류의 마찰을 최소화하여 좀 더 많은 사람들에게 좀 더 많은 제품을 판매할 수 있을까?

용이성의 위력

가정용 영화 대여 방식의 진화는 용이함이 샌안드레아스 단층 못지 않은 파괴력을 지닐 수 있다는 것을 보여주는 좋은 예다. 금요일 밤에 영화라도 좀 보려면 차에 올라(때로 가족들까지 동원하여) 동네에 있는 비디오 대여점 블록버스터Blockbuster로 가서 최신영화 코너를 찾아 원하는 비디오를 골라야 한다. 그러다 찾는 영화가 없으면 들리지 않게 욕설을 지껄인 다음 대충 하나를 골라 들지만, 가족들이 그다지 좋아할 것 같지 않아 걱정된다. 계산대에 줄을 서서 기다렸다가 차례가 왔는데 점원이 연체료 20달러가 있다며 그 돈을 내야 비디오를 빌려줄 수 있다고 말한다. 눈치 없는 점원이라면 되감기 수수료까지 추가할 것이다. 그렇게 한 시간을 속절없이 버린 뒤에 집에 돌아왔지만, 영화를 볼 기분은 온데간데없이 사라져 버렸다. 이런 영화 대여 사업 형태를 완전히 바꿔야 할 때가 되었다는 사실을 깨우쳐준 것은 파괴를 서슴지 않은 한 작은 회사였다. 영화 대여

과정은 매 단계가 마찰로 가득했는데 그 정도가 너무 심했다. 예를 들어 기껏 회원가입을 해도 매장끼리 호환이 되지 않았고, 매장을 찾아가 인기 있는 최신 영화를 예약하는 절차도 너무 길고 번거로웠다.

이 스토리의 뒷얘기는 말하지 않아도 다들 알 것이다. 1997년에 등장한 넷플릭스Netflix는 연체료 없고 배송료 없고 운전할 일도, 사람을 마주할 일도 없이 풍성한 영화 목록과 박스 세트를 제공했다.[6] 그들은 미국에 '큐queue(대여희망 영화목록)'라는 신조어까지 만들어냈다. 2000년에 넷플릭스는 블록버스터에 매각되길 원했지만, 의심이 많은 이 오프라인 거대기업은 그들의 제안을 퇴짜 놓았다.[7] 그 스토리의 결말은 다들 아는 대로다. (그래도 블록버스터 매장 한 군데가 오리건 주 벤드에 살아남아 버티고 있다니 놀랍지 않은가! 복고풍 마찰에 예상할 수 있는 노출로 이보다 이상적인 수치가 또 어디 있겠는가!) 용이성의 혁신은 R.E.D.의 다른 어떤 분야의 혁신보다 더 빠르게 세상을 바꿔놓는다.

넷플릭스도 대단치 않지만 몇 가지 실수를 했다. DVD와 스트리밍 대여 서비스를 분리하여 DVD를 '퀵스터Qwikster'라는 새로운 이름으로 브랜딩한 것도 그중 하나였다. 이렇게 되면 회원이 DVD와 스트리밍 콘텐츠에 접근할 때 지불하는 비용이 늘어나고 큐도 양쪽에서 작성해야 한다. 홈 엔터테인먼트에서 마찰을 없앤 넷플릭스가 갑자기 경험에 마찰을 도로 갖다 붙인 것이다. 구독자들은 화를 냈고 기술과 엔터테인먼트 분야의 블로거들은 기다렸다는 듯 이런 조치를 두들겼다. 퀵스터는 마찰을 늘리고 구독 용이성을 줄이는 것이 끔찍한 아이디어라는 사실만 입증해 보인 후 빠르게 사라졌다.

2002년에 맥도날드 사업개발팀이 간편 주문 키오스크로 만든 비디오·게임 대여 자판기 레드박스RedBox도 마찰을 없애기 위한 조치였다. 수년간의 부진 끝에 레드박스는 높은 스트리밍 대여료에 부담을 느끼거나 넷플릭스에 없는 새로운 비디오 게임에 관심이 있는 사용자들에게 그들의 저렴한 대여 가격이 승산이 있을 것이라고 판단해 키오스크를 확장하기 시작했다.[8]

이런 사례를 통해 우리는 마찰과 용이성을 다루는 방식에서 어떤 창의적인 발상을 엿볼 수 있다. 경우에 따라서는 편익으로 보이는 것이 실제로 제품을 구입하는 경험을 손상시키기도 한다. 배리 슈워츠Barry Schwartz의 《선택의 심리학The Paradox of Choice》에 나오는 유명한 잼 구매 사례처럼 구매 과정에서 선택지가 너무 많아 마찰이 발생하는 경우가 그렇다. (잼을 살 때도 스물네 가지 선택지보다 여섯 가지 선택지 중에서 고를 때가 실제 구입으로 이어질 가능성이 훨씬 더 크다는 주장이다. 메뉴를 단순화시킬수록 매출이 증가하는 현상은 우리도 실제로 확인한 바 있다.)[9] 구매 빈도가 너무 높거나 제품에 대해 해소되지 않은 의문이 너무 많아도 마찰이 생길 수 있다. 소비자에게 직접 판매하는 DTCDirect to Consumer 브랜드들은 이런 장애, 가령 멤버십(해리 셰이브클럽Harry's Shave Club 등) 같은 마찰을 제거하기 위해 다양한 전략을 시도했다. 스라이브마켓Thrive Market은 가장 많이 팔리는 유기농 브랜드 식품을 도매가로 배달한다. 와비파커Warby Parker는 고객들이 안경을 선택하기 전에 집에서 다섯 개까지 써볼 수 있게 해준다. 서드러브Third Love는 정교한 설문지를 통해 많은 시간을 들여 전문적인 피팅을 받지 않아도 고객이 자신에게 잘 맞는 브래지어 사이즈를 선택할 수 있도록 돕는다(기능적 연관성도 있다). 매트리스를 압축된 상태로 박스에 넣어 배송하는 서비스처럼 혁신적이고 파괴적인 브랜드는 많지만, 이들 중 얼마나 많은 브랜드가 팬데믹에서 살아남을지는 좀 더 기다려봐야 할 것이다. 아무리 대단해도 확장이 불가능한 아이디어가 있기 때문이다. 대부분의 경우 DTC 브랜드는 매장 전경과 바이러스 노출 같은 마찰을 차단함으로써 적당한 가격에 보다 양질의 상품을 접할 수 있는 근사한 기회를 제공한다. 그러나 DTC가 여전히 강세를 유지하는 가장 핵심적인 이유는 결국 퀸이 스니커즈를 먹는 이유와 같다. 바로 물리적 가용성과 어쩔 수 없는 우리의 게으름 때문이다.

하지만 용이성이라고 해서 DTC 외에 선택의 여지가 없는 것은 아니다. 사람들의 일상과 결정 과정을 자세히 살펴보면 간소화하고 단순화할 기회를 얼마든지 찾을 수 있다. 예를 들어 대만의 피자헛은 인기 있는 국립공원에 만남의 장소를 여러 군데 지정해 인터넷으로 '공원 배달' 서비스를 제공한다. 덕분에 소비자들은 야외 피크닉에서 피자헛을 즐긴다. 홍콩 피자헛은 로열티 포인트 제도가 있어 인기 높은 매장에서 줄 서서 기다리지 않아도 되는 편의를 제공한다. 싱가포르 피자헛에선 테이블에 앉은 채 모바일 기기로 주문하고 결제할 수 있다. 이 밖에 용이성 혁신에서 눈여겨볼 만한 사례를 몇 가지 더 살펴보자.

KFC 중국의 '레이니 데이 팝업 메뉴Rainy Day Pop-up Menu'는 매우 창의적이다. 그들은 중국 고유의 골치 아픈 문제를 이런 아이디어로 멋지게 해결했다. 중국에선 비가 오면 배달 주문이 하루 50만 건에서 90만 건으로 급증해 시스템 전체가 느려진다. 이런 적체를 해소하기 위해, 중국 팀은 비가 오면 자동으로 사람들의 스마트폰에 활성화되는 팝업 디지털 스토어를 만들었다. 아울러 그들은 주문에 5초가 채 걸리지 않는 메뉴를 개발했는데, 매장에서 요리하고 주문에 응하는 시간을 단축시키기 위한 선택이었다. 소비자 입장에서는 완벽한 경험이고, 매장도 배달 속도를 높일 수 있기 때문에 매출도 4% 증가했다.

코로나19 락다운이 시행되자 사태의 심각성을 인지한 해빗버거는 며칠 뒤 팝업 드라이브스루를 열어 사람들을 놀라게 했고, 주문 시스템을 혁신하여 고객이 별다른 마찰 없이 음식을 픽업할 수 있게 했다. 그러자 얌! 브랜드의 다른 브랜드들도 해빗버거의 아이디어를 모방했다.

인지부조화

공상과학 장르의 팬이라면 자유의지를 놓고 기싸움을 벌이는 인간과 로봇을 그린 〈웨스트월드Westworld〉 같은 스릴러들을 적지 않게 봤을 것이다. 우리는 운명은 스스로 책임지는 것이고 평생 이어지는 일련의 선택을 통해 운명을 개척해 가는데, 그때 내리는 선택이 우리의 진짜 본성과 욕구를 반영한다고 생각한다. 우리의 행동에 대한 우리의 생각이 엉터리이듯 이것 역시 터무니없는 헛소리다. HBO 드라마 〈웨스트월드〉에서 자신의 내면의 목소리를 찾으려 분투한 돌로레스Dolores와 메이브Maeve처럼, 우리는 사실 우리가 정말로 원하는 것이 무엇이며 왜 그것을 원하는지 알지 못한다. 하지만 대체로 무엇을 원해야 옳은 것인지는 안다. (켄이 원하는 초콜릿은 고급스럽고 세련되고 유기농인 공정 무역 제품으로, 그것을 사면 세상이 좀 더 나아진다는 것을 알기 때문에 그걸 먹을 때 자부심을 느낀다.) 하지만 무엇보다 중요한 점은 용이성이기 때문에, 실제로 우리가 원하는 것을 선택하는 경우는 거의 없다.

그렇다면 평소 소신이나 가치관과 모순되는 선택을 하면 어떻게 되는가? 먼저 우리의 뇌는 상반된 두 가지 생각을 화해시키려 애쓴다. 하지만 불편한 느낌은 차츰 견딜 수 없을 정도가 되어 두 가지 대립되는 생각을 억지로 조율하거나 합리화하기를 거부한다. 이런 느낌을 인지부조화라고 부른다. 하지만 이를 다룰 줄 아는 마케터의 손에 들어갈 때 인지부조화는 강력한 도구가 된다. 켄은 스니커즈를 선택하면서 스스로를 다독인다. "뭐 이 정도면 됐지." 또는 "돈도 좀 아껴야 하지 않겠어?" 그는 이제 스니커즈 초콜릿을 고른 이유를 확보했다. 그렇다면 중요한 문제가 생긴다. 얼마나 많은 돈을 들여 광고를 해야 스니커즈가 맛있다는 걸 납득시킬 수 있는가? 유명 모델을 앞세워 몇 년을 광고하면 아마 켄도 흡족한 마음으로 스니커즈를 즐길 수 있을 것이다.

하지만 스니커즈는 그렇게 하지 않았다. 스니커즈는 물리적으로 구하기 쉽게 만듦으로써 켄을 설득시켰다! 그는 한 가지만 살짝 바꿔 불편한 느낌을 해결하고 스니커즈 정도면 그리 나쁘지 않다고 스스로 달랜 뒤 하루 일과를 계속했다. 유능한 마케터는 용이성의 위력을 믿고 활용하여 고객의 생각을 바꾼다. 그편이 대대적인 광고 공세보다 쉽고 비용도 덜 든다. 그런데도 용이성을 대수롭지 않게 여기는 마케터들이 너무 많다. 사탕 코너를 왜 계산대 옆에 두겠는가? 우리가 좋아하는 마케팅의 거장 파코 언더힐Paco Underhill은《쇼핑의 과학Why We Buy》을 비롯한 여러 저술을 통해 진열대의 위치만 조금 바꾸어도 용이성이 커지거나 작아지기 때문에 매출이 크게 달라진다고 계속 강조해 왔다. 예를 들어 계산대에 있는 사탕은 줄의 맨 앞에 선 사람이 아니라 두 번째나 세 번째에 서 있는 사람이 집어 들도록 배치되어 있다. 첫 번째 사람은 계산하기 바빠 사탕을 보며 고민할 여유가 없기 때문이다.

벤저민 프랭클린 효과

인지부조화를 다룬 애덤 페리어Adam Ferrier의《광고 효과The Advertising Effect》라는 훌륭한 책이 있다. 임상심리학자에서 마케터로 변신한 페리어는 인지부조화 현상을 '벤저민 프랭클린 효과'라는 비유로 설명한다. 프랭클린은 자신을 극도로 싫어하는 정적의 굳게 닫힌 마음의 문을 열기 위해 그에게 책을 빌려달라고 부탁했다. 책을 다 읽고 난 뒤 그는 책을 돌려주며 격조 높은 책의 내용과 그런 책을 소장한 그의 고급스러운 취향을 칭찬하는 편지를 동봉했다. 그의 정적은 아마도 저녁 식사 후 난롯가에 앉아 훈훈한 찬사가 담긴 편지를 읽으면서 분명 팽팽한 인지부조화를 경험했을 것이다. 그는 몇 해 전부터 프랭클린을 가리켜 부패하고 믿을 수 없는 인간이라고 공개적으로 비난해 왔다. 그 책을 빌려주는 바람에 도저히 좋게 봐주기 힘든 라이벌에 대한 악감정에 상대방이 전해온 고마움의 찬사가 겹쳤지만, 이 두 가지 감정은 서로 화해하기 힘든 것이었다. 프랭클린에게 책을 빌려준 호의를 인정하려면 그에 대한 생각을 조정할 수밖에 없었다. 기회가 될 때마다 프랭클린을 비난했던 그는 이후 두 번 다시 공공장소에서 그에 대한 험담을 하지 않았다.

비유의 요지는 간단하다. 행동과 감정은 서로 맞아야 한다. 하지만 누군가의 감정을 바꾸기는 어렵고 설사 용케 바꿨다고 해도 그것을 계기로 행동까지 달라지게 만들기는 더욱 어렵다. 마케터들은 매일 이런 일을 한다. 하지만 '행동'을 바꾸기는 쉽다. 벤저민 프랭클린은 온종일 그 정적을 붙들고 이성적으로 호소해 봐야 자신을 나쁘게 보기로 작정한 그를 설득하기 어렵다는 것을 너무도 잘 알고 있었다. 그래서 그는 상대방이 꼼짝 못 하고 자신을 동지처럼 대할 수밖에 없게끔 만들기로 했다. 상대방의 부탁을 들어주고도 그를 계속 미워하기는 어려울 것이다. 책을 교환하고 아울러 고맙다는 기분 좋은 편지까지 주고받는 것은 친구들끼리 하는 일이 아닌가? 그게 친구가 아니면 뭐란 말인가?

프랭클린이든 요즘의 마케터이든 이 역학은 그림 12의 오른쪽 열처럼 될 것이다(이런 개념을 처음으로 마케팅의 관점에서 확실하게 정리한 페리어에게 경의를 표한다).

그림 12

옛것 (느리고, 비싸고, 어렵다)	새것 (훨씬 더 빠르고 더 쉽다)
태도가 행동을 바꾼다 ↓ 사람의 생각을 바꾸는 메시지 ↓ 생각은 감정을 바꾼다 ↓ 감정이 바뀌면 행동이 달라진다	행동이 태도를 바꾼다 ↓ 사용하기 쉽게 만들거나 브랜드에 접근하기 쉽게 만들라 ↓ 새로운 행동이나 참여는 사람들의 감정을 바꾼다 ↓ 감정이 달라지면 생각도 달라진다

이쯤에서 마케팅의 역할을 생각해 보는 것도 흥미로울 것 같다. 애덤 페리어의 주장은 평범한 마케터들의 생각을 간단히 뒤엎는다. 그가 어떻게 이런 인사이트를 갖게 되었는지 궁금해진 우리는 최근에 애덤에게 연락을 취했다. 그는 현재 호주에서 수상경력이 화려한 유명 광고기획사 싱커벨Thinkerbell을 운영하고 있다. 임상심리학자인

그는 범죄자들과 작업할 기회가 종종 있는데, 자신의 행동을 그렇게 설득력 있고 완벽하게 합리화하는 흉악범들의 모습에 충격을 받았다고 토로했다. 그때의 교훈을 정리한 그는 사람에게는 자신의 행동을 정당화하는 경향이 있다고 보았다. 그런 정당화는 상당한 위력을 발휘하여 소비자들은 이용하거나 접근하기가 쉬운 브랜드일수록 자신이 그것을 좋아한다고 믿게 된다.

용이성을 응용하는 방법

우리의 행동이 우리의 하루를 결정한다. 그리고 그런 행동에 따라 감정도 달라진다. 그 반대가 아니라. 이 원리를 시장에 적용해 보자. 당신의 고객은 어느 쪽의 도로에서 차를 운전하느냐와 같은 간단한 양적 근거에 따라 선택을 하며 하루를 보낸다. 켄은 아침 출근길에 셰브런Chevron 주유소에서 차에 기름을 채운다. 왜 그 주유소냐고? 오른쪽에 있어 출근길에 들르기가 쉽고 기름을 채운 다음 뒤쪽 통로를 통해 붐비는 도로로 다시 나가기가 쉽기 때문이다. 모빌Mobil이나 엑손Exxon이 아무리 솔깃한 제안을 내놓아도 그는 요지부동이다. 이처럼 몇 가지가 쉽다는 단순한 조건에 비하면 갤런 당 몇 페니가 싸다거나 혜택이 많은 보너스 카드도 그와는 별다른 연관성을 갖지 못한다.

　패스트푸드 사업에서 용이성을 다듬고 개선하는 작업은 무서운 파괴력을 가진 핵에너지를 찾아내는 과정이다. 그것은 마찰을 제거하고 고객 경험을 향상시키고 판매를 개선하여 판을 뒤집는 거대한 혁신이다. 피자헛의 비대면, 비접촉으로 이루어지는 커브사이드 픽업curbside pickup도 그런 혁신의 대표적 사례다. 피자헛 미국의 CBO 데이비드 그레이브스David Graves는 이렇게 설명한다. "코로나19에 대한 대응으로 개발한 아이디어입니다. 고객이 매장 앞 도로에 차를 대면 우리가 나와 트렁크에 피자를 싣는 방식이죠. 그렇게 해서 매장에서 줄을 서는 등 여러 겹의 마찰뿐 아니라 마찰로 인한 두려움까지 없앴고, 픽업 과정을 안전하고 예측 가능하게 만들 수 있었습니다." 피자헛과 경쟁하는 도미노Dominos는 호주에서 '제로 클릭Zero Click' 앱을 만들어 히트했다. 앱을 다운받고 프로필을 설정하는 번거로움만 넘기면, 언제든 앱을 여는 것만으로 피자를 주문할 수 있다. 메뉴를 잘못 고르거나 마음이 바뀌어도 걱정할 필요가 없다. 90초가 지나기 전에 취소 버튼만 누르면 되니까.

KFC 호주는 앞서 언급한 다차선 드라이브스루 같은 혁신에 집중했다. 다섯 개 차선으로 실천하는 거침없는 속도의 치킨 사랑! 앱으로 미리 주문한 다음 코끝으로 전해지는 열한 가지 허브와 향신료로 침샘을 자극하는 냄새를 풍기는 부스 중 한 곳으로 차를 돌진하면 그만이다. 그곳 직원들은 F1 경기에서나 볼 수 있는 타이어 교환보다 더 빠른 속도로 주문품을 건넬 것이다. 고무 타는 냄새도 나지 않는다!

경이로운 KFC 중국의 마케팅 팀은 항상 혁신의 선두에 서 있다.

그들의 로열티 프로그램에는 2억 명이라는 믿어지지 않는 수의 회원이 가입되어 있고 몇 번의 클릭만으로 원하는 음식을 주문한다. 그러나 그들은 거기에 만족하지 않고 2018년에 디지털 매장이라는 전혀 새로운 차원의 용이성 혁신을 통해 매장 수를 5,800개에서 58만 개로 늘렸고, 다시 두 달 만에 200만 개를 넘겼다. 중국 KFC는 누구나 중국 최대의 소셜 미디어와 메시지 앱인 위챗에 자기만의 KFC 매장을 만들 수 있게 해주었다. 소비자들은 직접 디지털 매장을 개설하고 거기서 제품을 판매할 수 있다. 친구들이 자신의 매장에서 주문하면 그에 대한 보상으로 그들은 추가 할인과 공짜 KFC 상품을 받는다. 몇 번의 클릭만으로 소비자들은 제품을 주문할 수 있고 지오로케이션geo-location 데이터베이스 덕분에 가장 가까운 매장에서 제품이 만들어진다. 갑자기 사람들의 위챗 피드는 친구의 KFC 온라인 매장으로 채워졌고 주문은 훨씬 더 쉬워졌다.

용이성: 파괴적인 사건에 신속하게 대응할 기회

온라인인 앱으로 주문하거나 키오스크로 비대면 주문을 하는 등 제품에 쉽게 접근하도록 만드는 방식으로의 점진적인 변화는 이제 돌이킬 수 없는 현실이 되었다. 코로나19 위기를 겪으면서 사용자 계정을 만들고 암호를 정하고 그 암호를 잊었을 경우 기억해 낼 방식을 선택하게 하는 등 새로운 습관으로 넘어가기 힘들게 만들었던 수많은 작은 마찰이 사라지는 모습을 우리는 지금 지켜보고 있다. 켄이 타코벨에 몸담고 있는 한 타코벨 앱을 다운받을 일은 절대 없을 것이라고 큰소리쳤던 켄의 아내도 결국 굴복하고 말았다. 앱이 있으면 주문할 때 여러 사람을 상대해야 하는 번거로움을 피할 수 있다는 편의성을 외면하기 힘들었기 때문이다. 그녀는 이제 타코벨뿐 아니라 다른 브랜드의 앱도 사용한다. 그것도 매일. 그녀만 그런 것이 아니다. 팬데믹 기간 동안 식료품 배달 앱은 기록적인 다운로드를 경험하여, 신규 고객과 기존 고객의 주문량이 앱의 배달 능력을 앞지르는 일도 빈번히 발생했다.[10] 세부적인 문제이지만 우리는 여기서도 중요한 기회를 엿보고 있다. 켄의 아내가 능선을 하나 넘은 지금, 우리는 이런 습관의 변화를 영구화할 방법을 모색하는 중이다. 인간은 매우 습관적인 동물이며 한 번 굳어진 습관은 새로운 습관을 강요하는 어떤 파괴적인 사건이 일어나기 전까지 유지된다. 그렇다면 코로나19 이후에도 살아남을 습관으로 어떤 것이 있을까?

답은 간단하다. 가장 쉬운 것이다. 그렇다. 우리가 아는 사람들은 코로나19 위기 동안 대부분 빵을 굽거나 양배추를 치대고 소금을 넣어 사우어크라우트를 만들며 보내는 시간이 많았다. 이런 것은 습관의 영구적인 교체가 아니다. 집에서 요리하는 붐은 코로나19 시대에 나타난 일시적인 유행일 것이다.[11] 왜냐고? 이런 새로운 취미들은 생활 속의 마찰을 늘리기 때문이다. 마찰을 늘리는 행위는 습관으로 정착하기 전에 사라진다. 제2차 세계대전 중에 사람들은 직접 피클을 담그고 빅토리가든victory-garden(식량 자급자족과 사기 진작을 위해 집집마다 텃밭을 만들었던 운동-옮긴이)을 두었지만, 유럽 승전 기념일 이후 그런 것들은 빠르게 사라졌다. 반면에 생활을 더 쉽게 해주는 습관은 지속될 것이고, 디지털 도구로 주문하고 배달하는 방식도 계속될 것이다. 그리고 성장할 것이다.

2020년 봄, 경영 컨설팅 회사 맥킨지McKinsey 중국은 식료잡화 품목의 디지털 배송에 대한 연구를 끝냈다. 우한의 봉쇄 기간 동안 실제로 중국 전역에서 주민들은 온라인으로 식료품을 주문하고 배달받기 시작했다. 맥킨지는 궁금했다. 위기가 지나가면 사람들이 안심하고 시장으로 돌아와 음식을 직접 고를까? 아니면 새로운 앱 배달 시스템이 지속될까? 응답자 중 55%가 넘는 사람들은 망설이지 않고 계속 새로운 시스템으로 장을 보겠다고 답했다. 초기 결정 과정에 사람들을 끌어들일 수만 있다면 어떤 용이성 혁신도 지속시킬 수 있다. 하지만 학습곡선 때문에 속도가 조금 늦춰질 때도 있을 것이다.[12]

그레그와 그의 아내 캐롤린은 여러 해 동안 동네 시장을 이용했지만, 코로나19의 유행으로 식료품 배송 서비스 십트Shipt로 갈아탔다. 용이성으로 개종한 그들은 마트에 가는 대신 앞으로도 계속해서 십트를 이용할 것이다. 이것은 세계적인 현상이어서 인스타그램 같은 앱도 탐닉 수단이 아닌 필수적인 배달 서비스 도구라는 새로운 역할에 적응하려 고투하는 중이다.

민감한 균형

'용이성이 으뜸'이라는 모델을 택할 때 한 가지 조심해야 할 점이 있다. 코로나19가 발생하기 직전에 컬라이더랩은 고객 서비스를 한 단계 진전시킬 방법을 놓고 고심했다. 그렇게 해서 얻은 문구가 '도움이 되는 인간성Helpful Humanity'이었다. 창구에서 고객을 대할 때 따스하고 친절한 인간미는 강조하고 마찰은 줄이는 식으로 가자는, 사람들과의 교류에 대한 욕구와 용이성 사이의 긴장을 상징하는 말이었다.

접근 용이성이라는 아이디어를 구현할 때는 주고받는 인간관계를 균형 있게 유지하려는 노력을 병행해야 한다. 모든 것을 자동화하고 싶은 유혹을 떨치기 힘들 것이다. 또 유발 하라리의 지적대로 자동화는 불가피한 현실일지도 모른다(인간성에서는 심각한 부작용이 있겠지만). 그러나 고객 경험과 관련된 우리의 연구와 조사 결과는 한결같이 인간은 인간을 좋아한다는 사실을 가리킨다. 그렇다고 해서 고객과의 직접 대면이냐 아니면 기계의 힘을 빌린 주문이냐 같은 의미 있는 과제를 놓고 인간의 용도를 재설정할 수 없다는 뜻은 아니다. 오히려 그것은 용이성 하나만을 위해 고객과의 모든 관계에서 인간적인 면을 배제할 수는 없다는 의미다. 고객과의 모든 상호작용에서 인간을 제쳐놓는 조치는 예외 없이 실패로 끝난다.

용이성 사파리

이제 그동안 학습한 내용을 실전에 적용하고 경쟁사와 비교해서 당신의 브랜드를 얼마나 쉽게 전달하고 있는지 평가해 볼 때다. 이를 위해 용이성 사파리를 떠나보자.

먼저 당신의 제품과 경쟁사의 제품을 구입해야 한다. 이유는 두 가지다. 첫째, 당신 제품을 구입할 때와 경쟁사의 제품을 구입할 때 일어나는 마찰을 비교하고, 둘째, 각기 어떤 마찰이 발생하는지 알아보기 위함이다. 마찰을 없애고 경쟁 우위를 점하는 데 필요한 파괴적 혁신을 창출할 기회가 있는가? 이런 실습은 오프라인 매장과 온라인 매장 양쪽에 모두 적용할 수 있다. 소매 유통업체도 할 수 있다. 유통업체를 운영한다면 물리적 마찰(클릭 절차가 너무 많거나 주문 과정에서 결정해야 할 사항이 여럿인 경우)과 심리적 마찰(주문 과정에서 혼란이나 두려움이나 의구심을 느끼는 경우) 두 가지를 모두 조사할 수 있다. "이 정도 사이즈면 네 명이 먹을 수 있나?" 또는 "울트라와 슈퍼와 엑스트라 사이즈 중 어느 쪽이 나을까?" 같은 것들이 심리적 마찰의 사례. 다음 페이지에 실린 용이성 사파리 평가표를 통해 구매 과정의 마찰을 가늠해보라.

- 먼저 실습에서 점검할 메인 채널을 결정하라. 당신의 웹사이트나 오프라인 상점이나 당신의 제품을 판매하는 소매업체나 애그리게이터의 웹사이트, 오픈마켓, 편의점, 식료품점 등이 그런

채널이 될 수 있다.

- 이제 당신 제품과 경쟁사 제품에 대해 동일한 채널을 실험할 것이다. 예를 들어 배송을 조사한다면 당신 브랜드의 배송 경험과 경쟁사의 배송 경험을 검사한다.
- 다음으로 당신의 브랜드와 비교할 경쟁 브랜드를 선택해야 한다. 점수표 위쪽 칸에 당신의 브랜드와 경쟁사의 브랜드를 적는다.
- 여기가 재미있는 부분이다. '진짜' 소비자가 되어 쇼핑 과정을 통해 당신 브랜드를 직접 경험해 보고 그런 다음 경쟁사의 브랜드를 경험해 보라.
- 소비자 의사 결정의 각 부분을 거치는 과정에서, 해당 브랜드의 소비자로서 얼마나 많은 마찰이나 불편을 경험하는지 조사하라.

용이성 사파리 평가표(그림 13)에서 당신의 경험을 가장 잘 나타내는 항목에 (✓)표를 기입하라.

- 좋음: 마찰이 전혀 없거나 거의 없다. 브랜드는 선전하고 있다.
- 주의: 마찰이 어느 정도 있다. 좀 더 분발할 필요가 있다.
- 나쁨: 주문 과정에서 의심이 많이 가거나 화를 내게 만드는 심각한 마찰이 한 곳 이상의 지점에서 발생한다. 적극적인 조치가 필요하다.

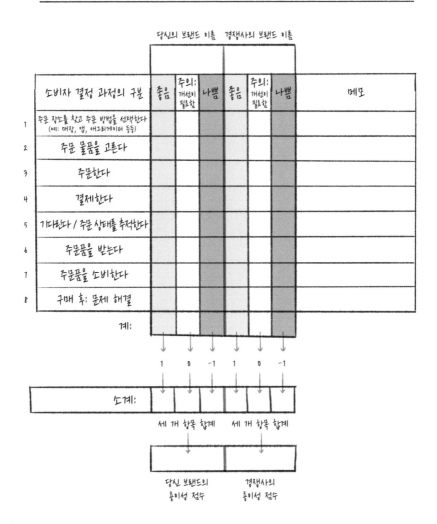

	소비자 결정 과정의 구분	당신의 브랜드 이름			경쟁사의 브랜드 이름			메모
		좋음	주의: 개선이 필요함	나쁨	좋음	주의: 개선이 필요함	나쁨	
1	주문 장소를 찾고 주문 방법을 선택한다 (예: 매장, 앱, 애그리게이터 등등)							
2	주문 물품을 고른다							
3	주문한다							
4	결제한다							
5	기다린다 / 주문 상태를 추적한다							
6	주문품을 받는다							
7	주문품을 소비한다							
8	구매 후: 문제 해결							
	계:							

↓ ↓ ↓ ↓ ↓ ↓
1 0 -1 1 0 -1

소계: ↓
세 개 항목 합계   세 개 항목 합계

↓
당신 브랜드의   경쟁사의
용이성 점수   용이성 점수

심리적 마찰을
한 단계 끌어올리기

위의 실습에서 심리적 마찰이라는 개념을 간략히 소개했다. 심리적 마찰은 구매 과정에서 느끼는 불편한 장애이고 의구심이다. 비슷한 것들을 놓고 선택해야 할 때 느끼는 망설임이나 내 뒤에 서 있는 사람들에게 눈치가 보일 때 야기되는 불안감이다. 우리는 로리 서덜랜드Rory Sutherland에게 연락하여 그의 견해를 물었다. 로리는 영국 오길비Ogilvy의 부회장이자 행동과학부서의 공동설립자다. 그는 심리적 마찰을 해소한 우버의 혁신을 예로 들었다.

"우버를 이용하면 택시를 잡을 때보다 스트레스가 줄어듭니다. 이유가 뭐겠습니까? 의외겠지만 차가 빨리 도착하기 때문이 아닙니다. 우버가 편하다고 느끼는 것은 예측 가능성 때문입니다. 그게 우버의 매력이에요. 일단 부르면 차가 언제쯤 오는지 정확히 알 수 있습니다. 기사가 어디쯤 오고 있는지 지도에서 확인할 수 있어요. 예측 불가능성이 유발하는 불편을 없앤 것이죠."

구매 여정에서 찾아야 할 것이 바로 이런 종류의 심리적 마찰 혁신이다. 로리의 책《잘 팔리는 마법은 어떻게 일어날까Alchemy》로 시작해도 좋지만, 위키피디아의 '인지적 편견 목록List of Cognitive Biases' 항목도 참고할 만하다. 믿거나 말거나 이 출처는 우리가 찾아낸 것들 중 가장 접하기 쉬우면서도 기상천외한 아이디어들을 포괄적으로 취합해 놓은 자료다.

파괴적인 용이성을
실현할 기회를 찾아라

주변을 둘러보면 우리의 눈길을 기다리는 용이성 혁신이 곳곳에 널려있는 것을 알 수 있다. 하지만 그런 혁신은 정작 문제에 정면으로 달려들기보다 약간 비켜서서 사소한 곳에서 기회를 살필 때 더 잘 보인다. 80년대에 QSR 분야의 업체들은 비용은 줄이고 고객 경험은 더 좋게 만들 방법을 찾는 데 많은 노력을 기울이고 있었다. 타코벨도 포장과 조리법과 인사 문제를 두고 고심을 거듭했다. 주문 방식을 조금 바꿀 생각도 해보았다. 그러던 중 어떤 친구가 계산기를 두드려보더니 말했다. "탄산음료 주문을 처리하는 데 너무 많은 시간을 낭비하는 것 같아요. 그럴 필요가 있을까요? 주문 처리 시간만 늦추고 있다고요. 기계를 갖다 놓고 고객이 직접 따라가도록 합시다. 그럼 시간이 엄청나게 절약될 겁니다." 우린 모두 한 대 맞은 것 같은 표정으로 멍하니 서로를 바라보기만 했다. QSR 카테고리에서 급격한 변화를 불러오게 되는 멋진 파괴적 순간이었다. 아니, 순간이 아니라 그것은 영원이었다. 이 아이디어에는 공간의 제약도 없어 전 세계 거의 모든 나라가 그 혁신을 받아들였다. 이런 방식을 처음 본 순간 고객들은 그 자리에서 반가움을 드러냈다. 그들은 신이 나서 자신만의 칵테일 조합을 만들거나 음료를 리필했고, 음료수를 손에 들기까지 거치는 손이 줄어들어 위생적으로도 좋다며 반색했다.

어떻게 해야 당신의 사업이나 카테고리에서도 이런 "아하!" 하고 무릎을 치는 순간을 재현할 수 있을까?

간단하다. 일단 조직 내의 인력을 모아야 한다. 규모가 작은 자영업이라면 당신과 당신의 배우자나 파트너가 전부겠지만, 그 정도로도 훌륭하다! 조직의 규모가 클 경우엔 일선 직원, 제품 개발자, 배송 관리자, 마케팅 및 홍보 팀 직원, IT 전문가 등을 참여시키면 된다. 평소 사람들과 잘 어울리고 인사이트를 자주 주고받는 사람이라면 더욱 좋다(대단한 혁신은 이질적인 그룹이 충돌할 때 더 잘 일어난다). 고객이 "오늘은 뭘 먹지?"라며 갸우뚱하는 순간부터 구매가 완료되는 시점까지 소비자 의사 결정이 이루어지는 전 과정을 살펴보라. 화이트보드나 포스트잇을 사용하여 사소한 마찰도 빠뜨림 없이 매 순간 확인하고 기록하라. 대량 주문한 물품이 제대로 들어 있는지 확인하는 절차나 주문한 음식을 차에 싣고 이동하는 중 좌석에 음식이 떨어질 것을 예상하여 조치하는 것 등의 간단한 마찰도 있을 것이다. 바쁘신 부모님 대신 맞춤 식사의 영양 성분을 계산해드리는 것도 일종의 마찰이다. 마찰의 원인을 파악했으면 경쟁사에 대해서도 동일한 연습을 해보고, 당신 것과 비교해서 우열을 가려보라.

그런 다음 이들 중 생략할 수 있는 마찰이 무엇인지 생각해 보라.

마찰의 순간은 뒤집으면 그 하나하나가 모두 기회로 삼을 수 있는 것들이다. 앞서 설명한 탄산음료의 사례가 그렇다. 돌이켜보면 주문 과정에서 끊임없이 발생하는 마찰의 순간을 해결한 것은 의외로 간단한 혁신이었다. 카운터 뒤에서 탄산음료를 제공하던 이전 방식도 사실은 아무런 문제가 없었다. 고객들은 현실을 있는 그대로 받아들였고, 직원들은 그 방식에 익숙했으며, 주문 처리 과정에서 시간이 잠깐 지연된다는 사실만 아니면 다른 문제는 없었다. 용이성은 '잘 작동하고 있는' 것에서 기회를 찾아야 한다. 그러기 위해서는 일선 직원들과 직접 대화해 보아야 한다. 용이성에서 알아낼 수 있는 또 한 가지는 판매하는 쪽에는 일이 단순해지고 구매하는 쪽에선 상품이 개선되는 등 서로에게 이익이 되는 방식으로 혁신하기가 쉽다는 점이다.

구매를 결정한 고객에게 직원이 할 일의 일부를 넘김으로써 서로의 편익을 증진시키고 서비스에 대한 고객의 만족도를 높일 방법은 이외에도 얼마든지 있다. 신용카드를 직원에게 건네지 않고 고객이 직접 판독기에 넣고 서명하게 하는 것도 그런 사례다.

이것은 좋은 투자인가?

용이성의 기회를 한 가지 찾았다고 하자. 그렇다면 이에 응할지 여부를 스스로 물어야 한다. 답은 간단하다. 해당 카테고리에서 당신 제품을 아주 쉽게 구할 수 있게 해주는 파괴적 요소가 있다면 즉시 투자할 것(블록버스터와 넷플릭스의 사례를 보라). 포스트메이츠Post-Mates, 저스트잇Just Eat, 푸드팬더FoodPanda 같은 음식 애그리게이터들은 논란이 많은 사업이지만, 우리는 이 공식을 적용하면서 이들이 고객 여정을 대폭 쉽게 만들고 있다는 사실을 깨달았다. 바로 그 점 때문에 주문과 배달을 통합하는 아이디어는 현대 생활에 어울리는 혁신이 될 수 있다(물론 그들이 재정 상태를 납득할 수 있는 수준으로 유지하느냐 하는 문제는 남지만). 그러나 개인의 기호에 따라 추천이 달라지는 메뉴나 복잡하게 개인화된 주문이나 맞춤형 주문으로 전환하고 있는 정황이 확인되면 투자를 포기해야 한다. 투자 가치가 있는 것은 근본적으로 더 쉬운 방법이어야 한다.

접근 용이성 질문

- 당신의 고객은 당신의 제품을 살 때 어떤 마찰을 경험하는가?
- 어떻게 하면 마찰을 예측하여 줄일 수 있을까? 구독 모델은 어떨까? 주문 예측은?
- 가격 책정이나 수수료 정산 절차를 단순화하여 가격에 대한 불안이나 혼란을 없앨 방법은 없는가?
- 구매를 단념하게 만드는 마찰을 찾아낼 수 있는가? 그 부분을 다른 매력적인 것으로 채워 구매 과정을 지속시킬 방법은 없는가?
- 다른 카테고리와의 제휴를 통해 용이성에 '편승'할 방법은 없는가? 타코벨은 리프트Lyft와 제휴하여 늦은 밤 목적지까지 가는 도중에 타코벨을 구매할 수 있는 기회를 제공한다.
- 집이나 직장이 아닌 공공장소에 있는 고객에게도 직접 배달할 수 있는가?
- 기본 선택지를 정해 주문 이행 속도를 높일 수 있는가?
- 고객의 선호도를 근거로 제품 선택에 도움을 줄 수 있는가? 에미

레이트Emirates 항공은 음원 스트리밍 서비스 스포티파이Spotify
와 제휴하여 승객의 플레이리스트를 근거로 각 개인에게 가장
적합한 장소를 제시하여 여행지 선택의 어려움을 덜어준다.

■ 고객에게 제품의 가상 체험 기회를 조건 없이 제공할 수 있는가?
가구를 집안에 가상으로 배치해볼 수 있는 앱도 있다. 리멜Rimmel
같은 화장품 회사들은 '구매하기 전에 테스트할 것'을 권한다.

■ 자동차 대시보드에 전자 결제가 가능한 어플 '마켓플레이스'를
내장한 GM처럼 특별한 판매 수단을 만들 수 있는가?

■ 기다리는 시간을 없앨 수 있는가?

접근 용이성 결론

용이성의 위력을 보여주는 마지막 사례. 왓츠앱은 2020년에 뭔가
우려할 만한 조짐을 발견하고 뜨악했다. 사람들이 앱의 '메시지 전
달' 기능을 이용하여 연락처에 있는 모든 사람들에게 가짜 뉴스를
보내고 있었다. 이 가짜 뉴스들은 위기를 해결하려 애쓰는 사람들과
단체를 사악한 집단으로 집중 매도하면서 들불처럼 확산되고 있었
다. 왓츠앱은 이를 앱의 문제라고 판단했다. 그렇다고 콘텐츠를 경
솔하게 검열했다가는 페이스북과는 또 다른 문제에 휘말릴 것이다.
(모기업인 페이스북은 그런 방법을 선택했지만, 이런 종류의 콘텐츠에 음
모론이나 검증되지 않은 뉴스라는 표식을 달기로 했다.) 따라서 왓츠앱은

전달되는 정보를 검열하는 방식을 버리고, '전송 건수가 높은' 링크는 집단이 아닌 개인에게만 전달할 수 있도록 설정을 수정했다. 메시지에 마찰을 덧붙임으로써 음모론의 확산을 늦추고 진실이 거짓을 따라잡을 기회를 마련한 것이다. 시민들이 이런 통제를 얼마나 감수할지는 두고 볼 일이지만, 교훈은 분명하다. 공유하기가 어려우면 공유량이 줄어든다.

이처럼 마찰은 양쪽으로 활용할 수 있다. 속도를 높이려면 마찰을 줄이고, 속도를 늦추려면 마찰을 덧붙이면 된다. 아마존은 코로나19 기간에 왓츠앱과 아주 비슷한 방법을 적용했다. 집에만 틀어박혀 화장실 골프 연습도구부터 베이컨 맛 치실까지 희한한 물품을 주문하는 사회적 은둔자들이 많아지자 아마존은 온도계나 멸균비닐백 같은 우선적으로 처리해야 할 물품을 먼저 처리하기 위해 속도를 늦추기로 했다. 그래서 그들은 누군가에게 중요할 화장실 골프의 배달 기간을 몇 주로 늘렸고, 심지어 '이 상품을 주문한 고객들은 다음 상품도 주문하셨습니다'처럼 마찰은 줄이고 매출은 늘리는 몇 가지 괜찮은 전략마저 없앴다. 팬데믹이라는 희대의 현상이 아니더라도 소비자의 행동에 영향을 미칠 창조적인 혁신으로 용이성을 고려하는 분위기는 이미 오래전부터 무르익고 있었다.

인지 용이성

"사람들은 그때 당신이 했던 말이나 행동을 잊을지 몰라도
그런 당신 때문에 느꼈던 기분은 절대 잊지 않는다."
—마야 안젤루MAYA ANGELOU

9

이 장에서 다룰 내용은 인지 용이성이다(그림 14 참조). 인지 용이성
이라는 개념은 매체의 효율성에 관한 문제다. 라디오나 TV나 온라
인 광고, 옥외 광고, 인쇄물 광고의 혼용은 브랜드를 인지시키는 데
어느 정도 효과가 있는가? 창의적이고 획기적이면 기억에 남을까?
무엇보다 소비자가 다음 구매 결정을 내릴 때 당신의 제품을 염두
에 둘까? 이런 문제를 다루면서 제품의 심리적 가용성을 높이는 방
법을 설명하겠다.

옷을 만든다고 하자. 그중에서도 러닝이 취미인 사람들을 위한
운동복에 초점을 맞추려 한다. 당신의 고객은 당신의 제품을 보통

그림 14

R.D.

쉽게 눈에 띄어야 한다:

1. 대중 매체를 이용하여 ...를 가진 모든 카테고리 유저에게 손을 뻗는다.
2. 감성적 반응을 일으킬 획기적인 크리에이티브를 마련해야 한다.

TIKTOK

TV 광고는 세상에서 가장 큰 디지털 플랫폼 중 하나다.

왜냐하면

1. 광고는 시간의 흐름과 함께 많은 사람들의 두뇌에 기억 구조를 구축해 두었다가 필요할 때 활성화시키는 것이니까.
2. 감성적 반응을 일으키는 메시지일수록 쉽게 기억되니까.

1년에 한두 번 구매한다. 이 경우 러닝용 반바지를 사려는 고객이 당신 제품을 염두에 두고 있는지 확인할 방법이 있는가? 당신 회사에서 SNS를 담당하는 영업사원은 그 시기에 러닝용 반바지를 찾는 사람들로 광고의 타깃을 좁히겠다고 말할 것이다. 그 사원은 패션 감각이 뛰어나고 지금 당장 그것이 필요한 40대 여성 같은 아주 작은 집단을 상대로 메시지를 전달하면 적중할 것이라고 큰소리를 친다.

안타깝지만 타깃의 범위를 좁혀 집중도를 높이는 틈새 마케팅은 대부분 근거가 없는 잘못된 전략이다. 우리는 애그노스틱agnostic 마케팅 어트리뷰션 회사의 도움을 받아 전 세계에 흩어진 우리 사업체들을 심층 분석했다.[1] 그랬더니 대부분 판매 데이터를 모을 수 있는 대로 모아놓고 매우 고급스러운 모델링 기법을 사용하여 미디어에 지출된 모든 내역과 철저하게 연동시키고 있었다. 여러 나라의 사례를 확인해 봤지만, 결과는 모두 같았다. 도달 범위가 넓은 미디어를 사용할 경우 우리는 평균적으로 약 5달러의 CPMCost per Mille을 지불하고 있었다. 1,000명에게 메시지를 전달하는 데 5달러를 들인다는 말이다. 반면 표적 범위를 좁혔을 경우엔 1,000명의 엄선된 그룹에 메시지를 전달하는 비용은 25달러 정도였다. 캐나다의 경우 우리 사업체의 CPM은 118달러였다! 그리고 진짜 어처구니없는 일은 따로 있었다. 그렇게 평균 비용의 다섯 배를 지불했음에도 미디어의 실제 효과는 두 배 정도밖에 되지 않은 것이다. 우리가 수학에 남다른 재주가 있다고 우길 생각은 없다(켄의 수학 실력은 그레그의 철자법만큼이나 형편없다). 하지만 터무니없는 투자인 것만은 분명해 보인다. 사람들에게 도달하는 비용으로 다섯 배를 더 지불해야 한다면, 캠페인 효과도 다섯 배가 나와야 말이 되지 않는가?

전 세계에 흩어져있는 우리 브랜드의 상황을 모두 분석했지만 납득이 가는 ROI(투자수익률)는 한 건도 확인할 수 없었다. 정밀 타기팅을 통해 미디어를 집중적으로 활용했지만 전부 터무니없는 투자였다는 사실만 밝혀진 것이다. 투입된 미디어 비용의 500%를 회수

할 수 있을 만큼 추가 매출을 올릴 수 있는 방법은 어디에도 없다. 25달러라는 CPM이 터무니없이 높아 보이고 더 싼 비용으로 정밀하게 타깃을 설정할 방법이 있다고 말하기 전에 실제로 들어간 비용을 계산해 보라. 거기에 동원된 모든 마테크martech와 에드테크adtech의 가격과 이런 복잡한 캠페인을 만드는 데 들인 추가 노동 시간까지 계산에 넣어보라. 타깃의 범위를 좁힌 미디어는 대부분 엄청나게 비싸기 때문에 수익을 내기 어렵다. 그런데도 광고와 마케팅 업계는 왜 여전히 이런 방식을 선호할까?

이유는 두 가지다.

1. 포모FOMO, fear of missing out 때문이다. 남들이 다 그렇게 한다면 그게 옳다는 이야기다. 이럴 때 하지 않으면 CEO가 뭐라 하겠는가? 시대의 흐름을 따라가지 못하는 퇴물이라고 낙인찍히지 않겠는가? 최신 마케팅 경향을 이해하지 못한다고 나무라지 않겠는가?

2. 마케팅은 단기 판매와 활성화라는 세이렌의 노랫소리에 취해버렸다. 달콤한 목소리에 홀려 서둘러 배를 한 곳으로 몰고 가면 브랜드는 결국 바위에 부딪혀 산산조각이 나고 만다. 무슨 말인지 좀 더 구체적으로 설명하겠다.

광고는 사람들의 머릿속에 기억 구조를 만들어 특정 카테고리에 있는 제품이나 서비스가 필요할 때, 그 기억 구조를 활성화시켜 경쟁사보다 당신의 제품이나 서비스를 먼저 떠올리게 만드는 수단이다. 해당 카테고리를 사용하는 사람들을 표적으로 삼아 일관된 내용의 캠페인을 장기간 노출시킬 때 이런 기억 구조가 만들어진다. 기억하기 쉽고 꾸준한 광고일수록 기억 구조는 더 강해진다. 머릿속에 당신 브랜드의 기억 구조를 간직한 사람들이 많을수록 당신 제품의 판매량은 올라간다.

그러나 타깃의 범위를 좁힌 미디어가 제시하는 약속은 전혀 다르다. 그들은 많은 사람들의 머릿속에 기억 구조를 만드는 대신 정확한 타이밍을 골라 정확한 개인에게 정확한 메시지를 제시해야 구매가 성립된다고 주장한다. 광고 미디어 업계는 이런 신기루 같은 아이디어를 매우 좋아했다! 그래서 엄청나게 비싼 미디어를 파는 사람들이 큰돈을 벌고, 그다음으로 이런 정교한 타깃을 만드는 엄청나게 비싼 도구를 파는 회사들이 한몫 잡았으며, 마지막으로 당신 브랜드의 CFO들은 그 미디어에 들인 돈의 실제 효과를 가늠할 수 있는 확실한 척도를 확보했다는 생각에 발을 뻗고 잘 수 있었다. 단기적으로 보면 CMO도 '현대 마케터'이기 때문에 승자처럼 느껴질 수도 있다! 하지만 몇 달 후 판매가 부진해지기 시작하고 이런 사상누각은 속절없이 무너진다. 어떻게 된 일일까? 우선 당신은 브랜드를 구축하기를 포기했고 그래서 소비자들의 머릿속에 기억 구조를 강화하는 작업도 그만두기로 했다. 대신 수적으로 훨씬 적은 소비자를 상대로 단기적인 활성화에 승부를 걸었다. 이제 그런 방법은 버려야 한다!

왜 타깃의 범위를 좁힌 미디어는 장기적인 판매에 좋지 않은 영향을 미치는가? KFC 호주의 탁월한 미디어 마인드 마케팅 디렉터인 앤절라 리처즈Angela Richards는 망설이지 않고 이렇게 말한다.

핵심만 얘기하자면 타깃의 범위를 좁힌 미디어는 제로 웨이스트만 얘기합니다. 낭비 요소를 없애거나 줄인다는 말이죠. 다시 말해 타기팅은 제품을 팔 시장에 있는 사람에게만 도달할 뿐 다른 사람에게는 손을 뻗지 않습니다. 그러니까 미디어에 돈을 들여도 지금 당신의 제안에 관심이 없는 다른 불특정 다수에게 '낭비되는' 돈은 없다고 말합니다. 그럴지도 모르죠. 하지만 그런 낭비가 실제로 낭비가 아니라는 것을 그들은 모릅니다!

앤절라의 말은 그 앞 단락의 내용과 통한다. 장기적인 판매와 실질적인 브랜드 성장은 많은 사람들의 머릿속에 기억 구조를 만들어 내는 일에서 시작된다. 정밀 타기팅은 어떤 특정 순간에 당신의 제품을 구입하기 위해 시장에 나올 법한 소수에게만 초점을 맞춘다. 다만 집중 타깃의 대상이 아닌 낭비처럼 보이는 사람들(지금 당장 시장에 없는 소비자들)은 전혀 낭비가 아니다! 그들은 3개월 뒤에 당신의 제품을 사게 될 소비자들이다. (아니면 당신이 그들에게 보내는 메시지를 중단하고, 모든 돈을 페이스북에서 그 멋진 타기팅에 투자하기로 결정하기 진에 이미 당신의 제품을 구매하려 했던 소비자였다.) 마케팅 믹스 기여도를 분석할 때는 바로 이 점을 유의해야 한다. 효율성도 지나

치면 좋지 않다.

다섯 배의 비용을 들여서라도 메시지를 타기팅해야 할 이유가 있고 또 그럴 능력도 있다고 하자. 그럴 때도 타깃의 범위를 좁혀 모든 것을 쏟아붓는 것이 잘못되었다고 말할 수 있는가? 물론이다! 5장에서 성공하는 브랜드는 의미로 충만하다는 더글라스 홀트의 지적을 얘기했다. 신발을 만드는 다른 평범한 회사들과 나이키를 가르는 것이 바로 그 의미다. 나이키는 마이클 조던과 '저스트 두 잇Just Do It'을 의미한다. 나이키는 멋진 운동화 마니아 무리에 속한다는 뜻이고 인습을 깨는 진취적 마인드의 운동선수라는 뜻이다. 그런 의미가 나이키를 믿을 수 없을 정도로 가치 있는 브랜드로 만들었다. 그 의미는 문화 속에서 만들어진 것이고, 사회적 순간에서, 넓고 시끄러운 공공장소에서 그리고 도달 범위가 넓은 미디어를 사용하여 문화와 대중이 보게 만드는 광고를 통해 만들어졌다. 평범한 사람의 인스타 피드에서는 평발이고 315mm인 발 사이즈에 신발이 아주 편하게 맞는다는 메시지가 만들어지지 않는다(마이클 조던은 평발에 왼발 사이즈가 315mm라고 한다 – 옮긴이).

그렇다면 무엇이
효과가 있는가?

———

타깃을 좁힌 틈새 마케팅이 매출 증대로 가는 황금 티켓이 아니라면 무엇이 황금 티켓인가? 전 세계에서 수행한 거의 모든 분석에서 우리의 마케팅 어트리뷰션 파트너도 같은 결과를 얻었다. 투자수익률이 형편없는, 타깃을 좁힌 25달러의 CPM을 포기해야 한다. 그 대신 훨씬 저렴하고 표적을 넓게 잡은 미디어에 투자하여 장기적으로 실질적인 브랜드 성장을 꾀해야 한다는 것이 그들의 주장이었다. 그렇다. 비록 그것이 '낭비'를 의미한다고 해도 우리는 카테고리에 있는 모든 소비자를 대상으로 하는 저비용 미디어의 가치를 믿는다.

KFC 호주는 믿어지지 않는 실적을 이룬 브랜드로, 그레그와 캐서린 탠-길레스피가 직접 운영했다. 그들은 그런 성공을 미디어 전략의 공으로 돌린다. KFC 호주의 앤절라 리처즈는 이렇게 말한다.

지난 몇 해 동안 우리는 미디어와 커뮤니케이션 계획의 방향을 의도적으로 바꿔왔습니다. 미디어는 앞으로 2년 뒤에 우리 제품을 살 사람에 대한 브랜드 투자라고 생각합니다. 널리 공유할 수 있는 문화적 의미와 심리적 가용성을 창출하기 위해서는 우리 제품을 당장 구매할 기회를 갖지 못한, 그래서 우리를 잘 모르는 아웃사이더들을 확보해야 합니다. 그래야 그들이 프라이드 치킨의 맛을 알고 빠져들기 시작할 때, 그들이 생각하고 접한 첫 번째 브랜드이자 마지막 브랜드의 자리를 파고들 수 있습니다.

그렇다면 타깃의 범위를 좁힌 미디어를 위해 따로 마련된 역할이 도대체 있기는 한가? 우리는 이 주제로 책을 쓴, 우리가 가장 좋아하는 작가이자 세계 여러 대형 미디어 에이전시에서 전략을 주도해 온 샌 비글리오니Shann Biglione에게 연락을 취했다. 샌은 타깃의 범위를 좁힌 미디어의 역할도 분명 있다고 믿지만, 그런 작업을 할 때는 눈을 크게 뜨고 실험과 학습에 대한 열망으로 레이저처럼 명확한 목표를 가지고 임해야 한다고 경고한다.

개인화는 일반적으로 어떤 브랜드를 확신을 가지고 선택하는 행위와 거리가 멉니다. 구매가 우연히 이루어지고 관여도가 낮은 경우에는 특히 그렇습니다. 대부분의 소비재 브랜드는 이런 현실을 외면하기 어렵죠. 구매 행위가 좀 더 계획적으로 이루어져서 여러 층의 의사 결정 프로세스를 거친다면 개인화도 어느 정도 효과가 있을 수 있습니다. 마찬가지로 획득 비용이 높은 카테고리는 관련 비용을 좀 더 쉽게 정당화할 수 있을지 모릅니다. 예를 들어 자동차의 경우에는 소비자들이 몇 가지 합리적인 요인을 알아보고 행동하는 것이 도움이 될 겁니다. 그러면 높은 CPM도 타당성을 가질 수 있습니다. 핵심은 이런 노력의 실제 비용, 즉 기술이나 창의적 작업이나 이를 실현하는 데 기업이 들인 시간 등을 꼼꼼히 따져봐야 한다는 것입니다. 그래서 항상 이렇게 자문해 봐야 합니다, "그 주스는 짜낼 만한 가치가 있는 것인가?" 아니라는 답이 나오면, 하지 말아야 합니다.

이런 주장을 하는 마케터들이 있다. "좋아요. 45달러의 CPM을 들여 교외에서 골든레트리버를 키우는 38세의 엄마들을 타깃으로 삼지는 않을 겁니다. 하지만 실제로 조사해 보면 내 매출의 80%를 책임지는 건 20%의 소비자라고요! 그러니 생각하고 말게 없는 것 아닙니까? 그런 헤비 유저에게 미디어를 집중시켜야 하지 않겠어요?" 바이런 샤프의 연구는 파레토의 법칙으로 알려진 80/20 법칙에 따른 행동의 타당성과 그 개념에 의문을 제기한다. 이런 철학을 근거로 마케팅 전략을 수립한다면 페이스북에 있는 헤비 유저들을 타깃으로 삼는 것이 타당해 보인다. 당신의 제품을 1년에 한두 번밖에 사지 않는 나머지 80%를 왜 걱정하는가? 대신 매출의 대부분을 차지하는 20%에 모든 에너지를 집중하라. 위에 말한 틈새시장을 타깃으로 삼으라는 주장과 비슷하다. 당신에게 더 이득이 될 법한 작은 분야를 집중적으로 공략하라는 말이다.

유감스럽게도 이런 생각은 겉으로만 논리적일 뿐 실제로는 브랜드를 위험에 빠뜨리는 함정이다. 샤프의 수학의 거침없는 지적처럼, 라이트 유저는 브랜드 성장에 매우 중요한 의미를 가지며 정확하게 측정하면 매출의 최대 50%를 차지할 때도 많다. 따라서 헤비 유저만을 타깃으로 삼는 브랜드는 장기적으로 볼 때 쇠퇴의 길을 밟기 쉽다. 그렇게 생각할 보다 미묘한 이유가 있다.

최근에 우리는 건강 및 웰빙 부문에서 잘 알려진 브랜드와 작업했다. 그들은 수년 동안 제품 대부분을 일부 소수의 소비자에게 팔아왔다. 이들을 '극단적 사용자extreme users'라고 하자. 몇 년 동안은 이런 방법도 잘 통했지만, 건강과 웰빙은 결국 진화하는 주체였다.

이 카테고리는 체육관에서 살다시피 하는 하드코어 팬을 벗어나 좀 더 굽Goop(기네스 펠트로가 만든 웰빙 생활 브랜드) 같은 트렌드나 식물 의학, 문 주스Moon Juice 같은 웰빙을 다루는 비전으로 옮겨갔다. 그런 데도 우리 고객 기업은 요지부동이었다. 그들은 수십 년째 극단적 사용자에게 브랜드와 메시지(문화적 연관성)를 맞추고 움직일 줄 몰랐다. 그들은 다른 모든 잠재 고객 집단을 무시했고 이 카테고리의 모든 새로운 컬처 코드를 외면했으며 급성장하는 건강 커뮤니티가 원하는 상품을 많이 가지고 있음에도 불구하고 그 커뮤니티 전반을 달갑게 여기지 않는 브랜드라는 이미지를 고집해서 반감을 샀다. 우리의 고객은 이른바 파레토의 덫에 빠져 헤비 유저들만을 좇는 위험한 고집을 부렸다. 그러다 트렌드가 바뀌게 되면 극단적인 사용자들도 사라질 것이고 그들의 제품 믹스나 마케팅이나 메시징이나 브랜딩을 극구 거부하는 사람들이 그 자리를 채우게 될 것이다. (링컨Lincoln과 캐딜락Cadillac 같은 전통 자동차 브랜드들이 어려움을 겪고 있는 것도 이런 이유 때문이다.)

핵심은 앞서 언급한 내용에 있다. 잠재 고객의 20%에만 의지하여 80%를 무시하는 것(또는 파레토 법칙의 수학만 믿고 50/50으로 하는 것)은 라이트 유저들을 한사코 피한다는 의미다. 라이트 유저는 헤비 유저들이 구매하는 시간의 극히 일부만 들여 당신의 카테고리를 구입한다. 하지만 이들은 지금 당신의 사업에서 매우 중요한 비중을 차지하고, 그들 중 일부는 헤비 유저로 변신하여 앞으로 훨씬 더 중요한 구매자가 되기도 한다. 대부분의 마케터들은 구매자의 행동에 일관성이 있다고 생각하지만 실제로 유저의 행동 패턴은 해마다 바뀐다.

구매자 조정 법칙Law of Buyer Moderation은 헤비 유저들이 라이트 유저로 바뀌고 라이트 유저가 헤비 유저로 변신하는 경향을 지적하는 용어다.[2] 왜 그럴까? 유저들의 생활 패턴은 상황에 따라 바뀌기 때문이다. 어떤 해에는 독신이어서 항공사나 렌터카를 이용하여 자주 여행을 다니고 테킬라도 즐기다가, 다음 해에 결혼하여 아이가 생기고 나면 1년 내내 비행기 탈 일이 없게 된다. 따라서 극단적 사용자에게 의존하기보다는 잠재적 사용자 모두를 대상으로 브랜드의 특출성을 유지하는 것이 더 바람직하다. 그렇게 생각하면 틈새 마케팅으로 평소보다 다섯 배 많은 비용을 지출해 가며 특정 구매자를 공략하는 작전은 크게 잘못되었다. 그보다는 모든 구매자의 기억에 남을 만한 특이한 메시지를 효율적인 비용으로 전달하는 게 이치에 맞다. 잠재 고객은 필요에 따라 판매를 촉발할 수 있는 제품과 연관된 일련의 기억 구조를 구축한다. 그리고 당신은 카테고리 내에서 가능한 한 적은 비용으로 가능한 한 많은 사용자에게 도달할 궁리를 해야 된다.

하지만 경계해야 할 적은 SNS가 아니다. 실제로 지역에 따라 유료 SNS의 CPM이 TV보다 낮은 경우도 있다. 오히려 잠재적인 적은 당신에게 과도하게 타기팅된 마케팅을 팔려는 사람들이다. 대부분의 경우 이들은 디지털 디스플레이 미디어나 그럴싸한 애드테크나 마테크 기즈모를 들먹이며 터무니없는 장밋빛 수익을 약속한다. 그러

나 오랜 기간에 걸쳐 검증된 사실이지만 실제로 높은 ROI를 가져다
주는 것은 일반 청중이다. 장기적으로 볼 때는 특히 그렇다. 상황이
많이 바뀌었어도 TV가 여전히 왕좌를 유지하는 것도 그 때문이다.
아메리칸 익스프레스American Express의 마케팅 담당 수석 부사장은
2016년 〈애드 에이지Ad Age〉와의 인터뷰에서 TV는 여전히 마케팅
에서 소홀히 할 수 없는 매체이며, TV의 하루 방송 시간은 디지털의
2주와 맞먹는다고 강조했다.[3] 2020년 세계에서 가장 인기 있는 디
지털 자산 중 하나인 틱톡도 현재 TV에 60초짜리 광고를 내보낸다.
　그렇다면 일대일 마케팅은 언제 어떻게 활용해야 할까? 광고와
미디어에는 두 가지 주요 기능이 있다. 하나는 많은 사람들의 두뇌
에 기억 구조를 구축하는 일이다. 다른 하나는 전환conversion, 즉 즉
각적인 판매를 촉발하는 기능이다. 일대일 마케팅은 소수의 소비자
집단에서 전환을 잘 해내기 때문에 예산의 일부를 그 쪽에 투자할
수 있다. 타코벨의 미디어 담당 이사인 사샤 울프Sasha Wolfe는 식기
세척기 판매를 예로 든다.

　우리 제품을 가장 먼저 떠올리게 만들었다 해도 어떤 고객이
정작 식기세척기를 필요로 할 때 팔지 못하는 경우가 있습니다.
그 시기에 사람들이 중요하게 여기는 특징이나 성능에 관한 정보
를 갖추지 못할 때 그런 일이 발생합니다. 전환에만 초점을 맞추
면 고객을 놓치기 십상입니다. 하지만 그 두 가지를 모두 적절한
균형을 맞춰 해낸다면, 흥미로운 실마리를 찾아낼지도 모릅니다.

적절한 균형이 무엇인가? 그것은 어떤 카테고리에 속하는지 그리고 보유하고 있는 나머지 미디어가 수행하는 역할이 무엇인지에 따라 다르다. 그러나 특별한 경우가 아니면 보유한 미디어의 절대다수를 동원하여 모든 카테고리 구매자들의 두뇌에 이런 기억 구조를 구축하는 것이 맞다.

틈새 마케팅이라는 허상을 버리고 대중 매체를 중심축으로 삼는다면 당신의 메시지를 잠재고객에게 노출시킬 기회는 더 많아진다.

하지만 그것 역시 방정식의 반쪽 얘기일 뿐이다. 잠재고객이 당신의 TV 광고나 온라인 캠페인을 봤다고 해서 만사가 해결되는 것은 아니다. 기억에 남을 정도로 그들에게 깊은 인상을 주어야 한다. 그래야 운동화 밑창이 닳거나 식기세척기가 이상한 소리를 내며 멈췄을 때 당신의 제품을 가장 먼저 떠올릴 것이다.

쉽게 떠올릴 수
있어야 한다
———

이 책에서 우리는 특출성을 반복해서 언급했다. 특출성salience이란 말은 라틴어 동사 'salire'가 그 기원으로 '껑충 뛰고, 도약하고, 춤춘다'라는 뜻이다. 눈에 띄는 아이디어나 기억이나 이미지는 말 그대로 껑충껑충 우리 앞으로 뛰어온다. 느닷없이 저 혼자 툭 튀어나온 것 같다. 물론 실제로는 그렇지 않다. 이제부터 뇌가 무엇을 기억하고 무엇은 기억하지 못하는지 그 원리와 이유를 알아보자. 어떤 아이디어나 이미지의 심리적 가용성이 높아지면 그것이 머릿속에서 차지하는 중요도가 높아진다. 그런 기억은 접근하기 쉽기 때문에(또는 특출성이 높기 때문에) 중요하다고 인식하게 된다. 그래서 식기세척기가 고장 나고 친절한 서비스 기사의 이미지가 떠오를 때, 고객은 자신이 가장 연관성 있는 제품에 더 많은 관심을 기울일 것이라고 확신한다. 그리고 그 브랜드가 다른 모든 식기세척기보다 더 좋다고 생각한다.[4]

마케팅 마법으로서 감성적 반응

특출성을 알게 되면 당연히 묻게 된다. "어떻게 하면 튀는 캠페인을 만들 수 있을까?" 그 답은 기억이 무엇이며 왜 사람들이 어떤 순간을 다른 순간들보다 더 쉽게 기억하는지 등을 다루는 과학에서 찾아야 한다. 앞서 설명한 대로 R.E.D.가 감정을 대하는 방식은 대부분의 마케팅 전략과 다르다. 우리는 감성적 연결 고리를 만드는 일에 관심이 없다. 우리는 오로지 '감성적인 반응'을 만드는 것에만 관심이 있다.

기억의 작동 방식을 이해하려는 우리의 노력은 지금도 진화하는 중이다.[5] 일반적으로 두려움이나 불안 등 고통스러운 감정을 경험할 줄 아는 인간의 능력은 진화론적인 면에서 하나의 이점이어서, 위험을 경고하고 좀 더 신중하게 행동하도록 만든다. 사랑이나 기쁨 같은 따뜻한 감정은 사람들의 유대감을 형성하고 사회 구조를 탄탄하게 만들어 위험한 세상으로부터 우리를 안전하게 지켜준다. 한 연구에 따르면 마음의 상처도 하나의 진화적 이점이어서 감성적으로 황폐해졌을 때 회복할 힘과 용기를 가르쳐준다고 한다.[6] R.E.D.의 관점에서 볼 때, 어떤 감정이 우리에게 영향을 미치는가보다 더 중요한 것은 우리가 그런 감정에 의해 영향을 받는다는 사실이다.

이유나 방법이야 어떻든 우리의 삶은 우리의 감정과 외부 사건에 대한 감성적 반응에 의해 형성된다. 이런 감정들은 또한 우리가 삶을 기억하는 방식에도 영향을 미친다. 왜냐하면 감성적 반응과 엮인 기억은 정신적으로 접근하기 쉽고 기억하기도 쉽기 때문이다.

두려움에 휩싸였던 때가 언제인가? 지켜보고 있던 아이가 갑자기 시야에서 사라졌던 몇 분간은 어땠는가? 그 순간 여름날의 소리와 냄새 등 주변 환경이 함께 떠오르지 않는가? 그와 동시에 심장이 두근거리고 손에 땀이 나고 두뇌가 과도하게 경계 태세로 들어갔던 당시의 상황이 되살아날지 모른다. 심리학자들은 이런 현상을 섬광기억flashbulb memory이라고 부른다. 어떤 구체적인 내용들이 충격이나 놀람 등 감성적으로 중요한 사건들과 연결될 때 우리는 그때 무엇을 하고 있었는지, 무엇을 먹었는지, 무엇을 입고 있었는지 같은 세부 사항들을 섬광 속의 한 장면처럼 명확하게 기억한다. 2001년 9월 11일 비행기 충돌 뉴스를 처음 들었을 때 자신이 어디에 있었는지는 대부분 기억하고 있을 것이다. 하지만 2001년 9월 10일 아침에는 무엇을 하고 있었는가? 또렷하게 기억하는가?[7]

어떤 기억들, 가령 아이의 탄생이나 부모의 죽음, 월드컵 우승 혹은 기쁨에 북받쳤던 청혼의 순간은 기억 속에 영원히 새겨진다. 지루한 통근 시간, 저녁 식사 때 남긴 음식, 칼로 물 베기 같은 부부싸움의 순간순간들은 세월과 함께 사라진다. 좀처럼 떨어지지 않는 것은 평범한 행복감이나 슬픔을 넘어 명확한 감성적 반응과 연결되는 순간들이다. 마케터들은 이런 심리적 현상을 이용하여 고객의 두뇌 속에 영구히 지속되는 기억을 만들어낸다. 광고와 감성적 반응을 연결하는 것에 성공하면, 그런 마케팅이 유발한 인상에 대한 기억의 특출성을 유지할 수 있다. 낡은 키친에이드Kitchenaid가 처음으로 기분 나쁘게 덜컹거리는 소리를 내는 바람에 두뇌가 어떤 자극을 받은 순간이 특정 광고와 감성적으로 연결되면 그 제품을 더 쉽게 기억하게 된다. 광고 문구에 난데없이 웃음을 터뜨리거나 가슴이 아파지거나 달콤쌉싸름한 줄거리에 갑자기 어두웠던 기억이 떠오를지도 모른다. 어떤 느낌이었는지는 중요하지 않다. 어쩌면 한심한 취향이라고 생각되는 농담에 대한 혐오감이었을 수도 있다. 아니면 광고에 나오는 모델 때문에 전 남편 얼굴이 떠올라 순간적으로 뭐가 치밀어 올랐을지도 모른다. 아무래도 좋다. 중요한 것은 그녀가 그 광고를 기억하고 있고, 식기세척기가 말을 안 듣게 된 바로 그 순간에 검색창에 당신 브랜드 이름을 입력하고 있다는 사실이다.

감성적 반응을 촉발시키는 법

쉽게 눈에 띄게 만든다는 것은 인간이 매우 게으르기 때문에 물리적으로 가장 접근하기 쉬우면서도 가장 뚜렷하게 기억되는 제품을 산다는 사실을 이해하는 문제다.

이제 올바른 미디어 전략을 세우고 크리에이티브로 감성적 반응을 일으켜 돌파구를 마련했으면 좀 더 까다로운 부분으로 들어가 보자. 다름 아니라 특이하게 만드는 방법이다. 특이성은 특출성의 두 번째 요소다. 특이성Distinctiveness은 매우 중요한 개념이어서 따로 'D'라는 이니셜로 몇 장을 할애했다. 현대 마케팅 이론가들 중에는 용이성을 심리적, 물리적 가용성 두 가지 개념으로 나눠 놓고 할 일을 다했다며 손을 터는 사람들이 있다. 하지만 여기엔 문제가 있다. 마케터들이 그렇게 하는 이유는 특이성을 그다지 중요하게 여기지 않기 때문이다. 그들은 미디어 계획을 잘 세우고 감성적인 반응을 일으킬 돌파구만 마련하면 효과적인 메시지를 만들 수 있다고 생각한다. 그렇게 멋지고 기발하고 재미있는 TV 광고가 만들어지면 전 세계 광고 축제의 대상은 떼어 놓은 당상이다. 하지만 상업적으로 볼 때 이런 광고는 대부분 실패할 수밖에 없다. 가장 중요한 요소인 특이성이 빠졌기 때문이다.

특이성은 고유하고 특정 CUO를 소유할 수 있으며 무엇보다 차별적인 브랜드 자산을 꾸준히 사용하는 것이라고 정의할 수 있다. 특이성에 소홀하면 스마트 미디어와 혁신적인 크리에이티브를 모두 동원해도 대단한 결과는 나오지 않는다. 사람들이 광고를 보고 웃을지는 몰라도, 그것이 무엇을 광고한 것인지는 기억하지 못한다. 사실 어느 나라 할 것 없이 정확히 브랜드를 인식하는 광고는 극히 드물다. 차별화에 실패했기 때문이다. 우리가 D를 별도의 파트로 분리해 다루는 것도 그 때문이다. 그만큼 중요하다.

특이성의
통념을 깨라

10

제품이 단순한 선택의 대상이던 시절이 있었다. 그저 선반에서 고르는 것, 그것이 제품이었다. 소비자의 선택의 폭은 정해져 있었고, 시리얼이든 무엇이든 선택의 여지가 많지 않았다. 제품에 몇 가지 편익을 추가해도 향상된 기능만큼 더 팔리지는 않았다. 1800년대부터 1940년대까지, 곡물과 주요 식품과 그 밖의 부패하기 쉬운 품목들은 글씨가 인쇄된 면 자루에 담겨 농장 부인들에게 판매되었다. 여성들이 그 천으로 옷이나 이불을 만들어 사용할 수 있게 하기 위해서였다. 그렇게 제조업자와 마케터들은 다른 모든 경쟁사들과 조금 다른 자신들만의 편익으로 제품을 차별화할 수 있다고 판단했고, 그

점을 홍보하여 자신의 시리얼이나 상품을 사도록 소비자를 부추겼다. 일리가 있어 보인다. 하지만 이미 터득한 대로(당신도 터득했기를 바라지만) 소비자가 제품을 구입하도록 만드는 것은 그런 합리적인 근거가 아니다.

바이런 샤프는 아마도 이런 차별화 개념을 비판적으로 본 가장 유명한 마케팅 전문가일 것이다. 차별화에 치중하는 브랜드는 소비자들이 차별성보다 특이성에 더 많이 좌우된다는 사실을 놓친다. 이제 눈치챘겠지만, 우리는 바이런 샤프를 높이 평가한다. 샤프의 메시지는 이미 많은 공감을 얻기 시작했고, 마케터들도 제품의 다양한 특성을 합리적으로 어필해 봐야 매출 수치를 크게 바꾸지 못한다는 사실을 인정하는 추세다. 우리는 샤프의 이론을 한 단계 더 발전시켜 컬라이더랩다운 특징을 추가하여 이를 좀 더 실용화했다. 그런데도 시장에서 브랜드를 돋보이게 만드는 특출성의 문제와 관련하여 마케터들은 여전히 엉뚱한 데 에너지를 쏟고 있다. '어떻게'보다 '무엇'에 초점을 맞추는 것, 그것이 바로 그들의 패착이다.

그 '무엇'은 감성적으로 접근하든 문화적이나 합리적으로 접근하든 당신이 던지는 메시지이고 당신의 제품을 사라는 주장이다.

'어떻게'는 특이성이다. 당신은 특출성을 형성하는 방식으로 메시지를 전달하는가?

앞으로 몇 장에 걸쳐 우리는 독특하고 특정 CUO를 소유할 수 있고 일관적인 특이성의 요소들을 분석할 것이다. 하지만 일단 소위 특이한 브랜드 세계를 창조하여 성공한 브랜드에 초점을 맞추겠다. 그리고 반대로 아직도 마케터들이 메시지를 고치고 다듬고 포커스 그룹을 만들면서도 메시지에서 정말로 중요한 요소인 전달 방법, 즉 '어떻게'를 무시하는 이유를 알아보겠다. 이런 문제는 절대 가볍게 다룰 일이 아니다. 우리는 지난 60년 동안 마케팅 분야에서 수십 개의 대형 브랜드들과 함께 일했다. 대부분의 경우 마케터들은 한결같이 메시지를 정확히 전달하는 데 집착하며, '어떻게'는 광고기획사에게 떠넘긴 다음 행운이 따르기를 빌고 최선의 결과가 나오기를 초조히 기다린다.

앞서 언급한 대로 우리는 포틀랜드의 와이든＋케네디와 긴밀한 협력을 유지하고 있다. 와이든＋케네디는 세계 유수의 상을 휩쓰는 대형 광고기획사다. 그들이 만든 캠페인 중에는 올드 스파이스, KFC 커널 캠페인, 나이키, 버드라이트의 '딜리 딜리Dilly Dilly' 등 광고 역사에 길이 남을 유명 작품들이 적지 않다. 그런 걸작의 행렬은 지금도 계속 이어진다. 그들은 또한 2018년, 2019년, 2020년에 〈애드에이지〉[1] 선정 올해의 광고대행사로 선정되었다. 이 모두가 특이성에 끈질기게 집중한 덕분이다. 그들의 성공 요인을 묻는 우리에게, 와이든＋케네디의 뛰어난 전략책임자인 브리턴 테일러Britton Taylor는 이렇게 설명했다.

광고를 만들 때 몇 가지 출발점을 상정할 수 있습니다. 우선 소비자 인사이트로 시작하는 방법이 있습니다. 아니면 카테고리 인사이트로 시작할 수도 있고요. 하지만 우리는 예외 없이 브랜드로 시작합니다. 그것이 W+K를 특별하게 만들어주는 부분입니다. 이 브랜드의 진실은 무엇인가? 무엇이 이들을 특별하게 만드는가? 최고였을 때는 언제인가? 새로운 프로젝트를 시작하기 전에 우리는 다른 일은 다 제쳐두고 아카이브로 뛰어듭니다. 우리는 진리와 마법을 찾습니다. 그것을 찾아내면 새롭고 흥미롭고 도발적인 방법으로 그것을 되살립니다. 이것이 특이성이라는 요리를 만드는 우리의 비밀 소스죠.

솔직히 말해 특이성은 광고의 기본 지렛대이지만 의아하게도 그 점을 이해하는 광고회사들은 많지 않다. 시도 때도 없이 잦은 미팅을 통해 그들은 '완전히 새롭고 흥미로운 방향의 브랜드'를 제시하지만 사실 그들이 제시하는 것은 브랜드의 성공과는 애초부터 아무런 관계가 없는 것들이다. KFC 호주의 CMO인 크리스티 울리치Kristi Woolrych는 이렇게 지적한다. "일관성은 더 어렵습니다. 소비자들보다 우리가 먼저 싫증이 난다니까요. 하지만 장기적으로 봤을 때 일관성이 있어야 성과가 나옵니다." 그런데도 이런 방식의 중요성을 이해하는 광고 전문가들은 많지 않다. 더구나 이제 막 이 분야에 발을 들여놓은 CMO가 어떤 브랜드를 맡았을 때 특이성을 외면하는 모습을 보면 안타까운 마음을 금할 수 없다. 그들이 눈앞의 이익에 사로잡혀 고집을 피우기 때문이다. 하지만 장기적으로 볼 때 그런 사고방식으로는 브랜드에 도움을 줄 수 없다.

이 책 첫 부분에서 우리 컬라이더랩의 일 처리 방식은 조금 다르다는 이야기를 했다. 우리는 적당히 괜찮은 쪽보다는 확실하게 이탈하는 편이 낫다는 입장이다. 몇 주, 몇 달 동안 이런저런 방법을 시도해 보고, 메시지를 완벽하게 다듬고, 깊이 묻혀있어 확실하게 드러나지 않는 소비자 인사이트를 찾으려 애를 쓴다고 해서 특이해지는 것은 아니다. 몇 달 동안 메시지를 다듬어 대행사에 넘긴 다음 몇 가지 옵션을 받지만, 그 모든 과정이 끝날 때쯤엔 너무 어설퍼서 아무짝에도 쓸모없는 것이 되고 마는 경우를 우리는 수없이 지켜보았다. 그렇게 김빠진 결과물에 안주하는 것보다는 약간의 결함이 있더라도 특이한 한 가지 콘셉트에 전념하는 편이 낫다.

그래서 앞서 얘기했던 Y자 갈림길을 다시 꺼내야겠다. 소비자가 합리적으로 움직인다면 몇 달을 걸려 메시지를 다듬는 것도 의미가 있다. 하지만 소비자들이 합리적이지 않고 일련의 편견과 휴리스틱('머릿속에 가장 뚜렷하게 떠올리는 브랜드' 같은 무의식적인 정신적 지름길)에 의해 움직인다면, 몇 달간에 걸친 고심도 허무한 에너지 낭비일 뿐이다. 그보다는 특이성에 더 많은 에너지와 노력을 쏟는 것이 성공에 닿는 지름길이다.

당신의 브랜드 세계에 초점을 맞춰 특이성과 매력을 다지는 것도 한 가지 방법이다. 어웨이Away 가방을 보라. 그렇다. 슬랙Slack과 관련된 CEO의 드라마가 있긴 하지만, 그들은 샘소나이트Samsonite 같은 경쟁사들과 본질적으로 다를 바 없는 제품을 가지고 매우 특이한 브랜드 세계를 창조했다. 어웨이는 매력적이고 글로벌한 마인드에 젊고 유행을 한발 앞서가는 브랜드다. 그들의 제품 설명을 들어봐도 레거시 캐리어 브랜드와 기능 면에서 별다른 차이점이 없다는 점에 주목할 필요가 있다. 그들은 상품이 갖추고 있는 기능을 설명하는 쪽에는 별 관심을 기울이지 않는다. 대신 그들은 비교적 특이한 글로벌 여행자의 라이프스타일을 탐구하는 데 더 많은 노력을 기울인다. 바로 그 점이 그들을 특이한 느낌의 브랜드로 만들었다.

타코벨은 반항아, 탐험가, 엔터테이너 등 매우 확실한 브랜드 세계를 가지고 있다. 또한 그 덕분에 그들의 제품은 멕시코에서 영감을 받은 독특한 패스트푸드가 될 수 있었다. 디즈니 월드의 매직 킹덤Magic Kingdom은 그들이 판매하는 어떤 개별 제품보다 더 중요한 브랜드다. 그 이름만 말해도 소비자들은 디즈니가 무엇이고 어떤 경험을 제공하며 그곳으로 갈지 말지 결정하는 것과 관련된 기억 구조에 다가설 수 있다.

특이성이 중요한 이유는 마케터의 80%가 사람들이 어웨이보다는 다른 레거시 캐리어 브랜드를, 디즈니가 아닌 또 다른 테마파크를 선택하는 이유를 알아내어 그에 걸맞는 차별화된 메시지를 만드는 일에 대부분의 시간을 허비하기 때문이다. 하지만 그런 수고보다는 이 두 브랜드가 잘 하는 분야에 초점을 맞춰 특이한 브랜드 세계의 정체성을 만들어내는 일에 치중해야 한다. 그래야 빠른 시간에 소비자의 기억에 남는 제품으로 만들 수 있기 때문이다. 다시 Y자 갈림길로 돌아가 감성적 반응을 만들어내고 특출성을 구축할 수 있게 해주는 Y의 한쪽 팔을 알아보고 그에 응답할 또 다른 기회를 찾아보자.

R.E.D.의 각 요소가 다 그렇지만 특이성도 그 하나만으로는 충분하지 않다. 특이성에는 연관성과 용이성이 함께 담겨야 한다. 몇 해전에 그레그의 타코벨은 볼케이노 타코Volcano Taco라는 유달리 매운 소스를 곁들인 밝은 오렌지색 타코를 내세워 크게 히트했다. 그들은 내친김에 색깔 있는 음식이라는 개념을 한 단계 더 밀고 나가, 후추를 가미한 잭 치즈로 마감하여 매운맛을 높인 블랙 잭 타코Black Jack Taco를 출시하기로 했다. 그들은 흑과 백의 근사한 색채 배합으로 세련된 스폿 광고를 촬영하여 출시했다. 블랙 잭 타코는 선전했지만, 판매량은 늘지 않았다. 다시 말해 이 프로모션은 기존 타코벨 소비자들의 호응을 유도하는 데는 성공했지만 새로운 소비자들을 불러들이지 못했고 기존의 소비자들을 부추겨 더 자주 이용하도록 만들지도 못했다.

문제는 단순했다. 매우 특이했지만 문화적 연관성이 없었던 것이다. 평소 타코벨을 찾던 고객은 블랙 잭 타코를 맛보고 흡족해했지만, 그렇다고 어떤 특정한 무리에 속했다는 느낌은 받지 못했다. 그 콘셉트는 사회적으로 연관성을 가질 만큼 흥미롭지 않았다. 게다가 프랜차이즈 업체들도 블랙 잭 타코에 불만을 터뜨렸다. 주방에서 주문품을 만드는 데 따로 몇 단계가 더 추가되었기 때문이었다. 하지만 우리에게 블랙 잭 타코는 중요한 사실을 배우게 해준 소중한 경험이었다. 타코벨은 1년에 열 개 남짓한 프로모션을 내놓는다. 그리고 프로모션이 종결되고 나면 성공한 것은 성공한 대로 실패한 것은 실패한 대로 그 원인을 찾아내어 분석한다. 블랙 잭 타코의 문제도 금방 나왔다. 매우 독특했지만 연관성이 없었다. 문제를 보강한 우리는 결국 색깔이 다채롭고 맛있는 타코 껍데기라는 핵심 개념을 기반으로 도리토스와 제휴하여 도리토스 로코스 타코를 만들어냈다. 도리토스 로코스 타코는 크게 히트했다. (R, E, D 중 어느 것에 더 비중을 둘지 헷갈린다면, 마지막 장에서 간단한 요령을 알려주겠다.)

그러니 특이성을 확실히 확보하되 연관성도 만들어내고 각 단계마다 용이성을 추가해야 한다.

특이성

11

지금까지 R.E.D.의 작동 방식을 살펴봤다. 연관성은 제품이 고객의 니즈와 그들의 삶에 적합한지 확인하고 고객 자신의 모습을 가장 잘 대변할 수 있도록 만드는 문제다. 용이성은 제품을 쉽게 찾아 사용할 수 있게 해주는 동시에 고객이 제품을 가장 먼저 떠올릴 수 있게 해주는 개념이다. 그리고 퍼즐의 마지막 조각은 특이성이다(그림 15 참조). 특이하다는 것은 제품이 돋보이고, 해당 카테고리에 있는 경쟁 브랜드와 혼동되지 않으며, 시각적으로나 감성적으로 착각의 여지가 없도록 일관된 목소리를 유지하는 것이다.

특이성의 세 가지 요소는 이렇다.

그림 15

R.E.D.

특이성:

모든 접점에서 독특하고 고유하고 일관된 자산을 사용하는 브랜드는 특이하여 소비자의 마음에서 확실하게 두드러진다.

KFC 미국

KFC 미국은 그동안 꾸준히 샌더스 대령을 앞세워 특출성을 높이고 매출을 증가시켰다.

...사람들은 머릿속에 가장 쉽게 떠오르는 브랜드를 산다. 아주 간단하다.

1. 독특함(특히 자신의 카테고리에서 두드러져야 한다)

2. 고유성(현실에서 고유성을 장기 소유할 수 있어야 한다)

3. 일관성(어느 시기 어느 접점에서든 시각적으로나 감성적으로 일관성을 유지해야 한다)

이런 요소들은 두드러지고 기억하기 쉬우며 감성적인 반응과 보

11장 특이성

조를 같이하는 특이한 세계를 창조해 낸다. 특이한 자산은 기억 구조를 구축하는 데 도움이 되고, 또 기억 구조는 성공적인 마케팅에 중요하다. 그렇지만 안타깝게도 그 진가를 제대로 평가받지 못하고 있다.

마케팅에서 말하는 기억 구조는 오랜 세월에 걸쳐 형성된 브랜드에 대한 소비자의 인식과 친숙함으로, 이를 유발하는 것은 특이하고 구체적 자산이다. 전통과 격조를 뽐내는 코카콜라 병, 바비 인형, 또는 미니 쿠퍼나 포르쉐 같은 자동차의 실루엣 등 제품의 물리적 외관이 그런 사례다. 그것은 또한 광고 음악(CM 송)이나 태그라인일 수 있고 캐스팅이 중간에 바뀌어도 일관성을 유지하는 캐릭터일 수 있다. 그것은 스내플Snapple 병을 딸 때 나는 '펑' 소리일 수도 있고 제품의 촉감일 수도 있다. 오랑지나Orangina 유리병을 집어들 때 느끼는 호소력 있는 거친 '껍질'의 질감을 생각해 보라.[1]

학계는 소위 감성 마케팅sensory marketing 연구에 막대한 돈을 쏟아붓는다. 마케팅 연구자들은 포테이토칩처럼 먹을 때 소리 나는 제품을 똑같이 소리 나는 포장에 넣어서 감각적 성질을 강조하거나 콜라 캔을 딸 때 탄산가스가 빠져나가는 '치익' 소리만 가지고 코카콜라와 펩시콜라를 구분할 수 있는지 등을 따진다. 그냥 시원한 맥주를 따를 때보다 얼음에서 꺼낸 맥주를 따를 때 더 상쾌한 소리가 나는지를 조사하는 것은 당연히 해야 할 일이다. 하지만 R.E.D.로 접근하면 더 간단하다. 무엇보다 중요한 것은 이런 자산이 독특하고 특정 CUO를 소유하며 일관성을 유지할 수 있는지다. 그리고 이런 요소들은 소비자의 머릿속에 기억 구조를 형성하는 데 사용된다. 독특하고 특정 CUO를 소유할 수 있고 일관성을 유지하여 오래 가는 기억 구조를 만들어내는 데 성공한 아이콘 브랜드나 제품에는 어떤 것이 있을까?

버진 애틀랜틱Virgin Atlantic. 항공사 버진 애틀랜틱은 우리가 가장 좋아하는 사례여서 다음 장에서 좀 더 자세히 다룰 생각이다. 초창기에 그들은 리처드 브랜슨Richard Branson의 우스꽝스러운 매력에 의존하여 브랜드를 홍보했다(그래서 이국적이고 처음 보는 지역 공항의 항공기 승강 계단에서 승무원들을 능숙하게 다루는 모습을 담은 사진을 많이 촬영했다). 연관성을 높이기 위해 그들은 안전과 보안을 암시하는 관례적인 연회색과 감청색의 구도와 세련되고 호사스럽고 진중한 감각을 포기함으로써 항공사의 기존 브랜딩 어법을 뒤엎었다. 대신 그들은 진홍색 유니폼으로 성적 매력을 물씬 풍기는 세계를 창조했고 이코노미석까지 스튜디오 54Studio 54(뉴욕의 유명 클럽) 같은 퇴폐적인 느낌을 주는 자주색과 빨간색으로 꾸몄다. 그렇게 버진 애틀랜틱은 비록 여행객들의 머릿속에 과도할 정도로 특출성을 확보했지만 그래도 그들은 규모가 작은 항공사다. 그들의 고객은 많아 봐야 1년에 한두 번 비행기를 타는 레저 여행객들이다. 하지만 바로 그런 점 때문에 그들은 독특함과 특출성을 더욱 중시한다. 이런 여행객은 마일리지나 회원 등급 같은 단골 고객을 위한 특전에 관심을 두지 않을 테니까.[2]

KFC. 잠시 뒤에 샌더스 대령은 물론 그가 브랜드 자산으로 다시 젊어지게 된 사연을 소개하겠지만 우선 간단한 예만 하나 들자. 인도의 KFC가 만드는 광고는 미스어트리뷰션 비율이 40% 정도였다. 그러니까 광고를 본 사람들 중 그것을 KFC 광고라고 정확하게 기억하는 사람이 60%밖에 안 됐다는 말이다! 미디어에 들인 공의 절반 정도가 물거품이 되는 셈이다. 더 큰 문제는 그렇게 되면 경쟁자들만 좋아진다는 것이다.

KFC의 특이한 자산, 샌더스 대령

KFC 인도의 뛰어난 CMO인 모크시 초프라Moksh Chopra는 이렇게 설명한다. "인도의 브랜드 광고는 특이성이 없었고 일행이 넷인 친구, 농담, 음식이라는 QSR 카테고리 코드를 판박이처럼 우려내고 있었죠." 하지만 R.E.D.를 적용한 후 그들은 특이성이 결핍되었다는 점을 금방 깨닫고 전혀 새로운 방향에서 문제에 접근했다. 그들은 인도판 커널을 앞세웠다. 아이콘인 KFC 버킷을 두 배로 키우고 브랜드의 색깔에 초점을 맞추자 어트리뷰션이 88%까지 치솟았다. 그 결과는 즉시 나타났다. KFC 인도의 최초상기도 점수는 그동안의 기록 중 최고치를 찍었다.[3]

기억 구조

브랜드 컨설턴트로서 우리는 마케팅 과정의 시작부터 최종 캠페인이 완료되는 순간까지 모든 과정을 회사와 함께하며 호흡을 맞춘다. 우리는 사내 팀과 협력하여 판매 제품을 다듬고, 광고기획사가 개입해 최종 작품이 나올 때까지 도움을 준다. 고객과 크리에이티브를 검토하여 눈에 잘 띄지 않는 미묘한 수정 사항과 뉘앙스에 대해 조언한다.

그렇게 최선을 다해도 제품이 아니라 감성적 연결에 여전히 적지 않은 시간이 낭비되고 있다고 생각하면 마음이 불편하다. 마찬가지로 특이성에 충분한 시간을 할애하지 못하는 것도 여전히 불만이다. 이해 못 하는 것은 아니다. 요즘 젊은 마케터들은 특이성을 배워야 할 대상으로 여기지 않는다. 그들은 그것이 크리에이티브나 걱정해야 할 문제라고 생각한다. 그리고 크리에이티브는 색의 구도나 모델을 바꾸거나 새로운 태그라인을 만들어냄으로써 작년 캠페인과 차별화된 어떤 새로운 것을 만들어내는 데 더 집중한다. 2010년에 갭GAP은 전형적인 파란색 네모 박스와 헬베티카Helvetica 폰트 콤보를 좀 더 '현대적인' 로고로 바꾸려고 했다. 그러자 팬들로부터 즉각 거센 반발이 일었다. 결국 갭은 새로운 로고를 일주일 만에 백지화하고 원래 특이했던 그들만의 자산을 계속 유지할 것이라고 발표했다. 코카콜라의 코크Coke와 뉴코크New Coke도 같은 경험을 했다.

마케팅 세계는 구조적으로 특이성의 중요성을 이해하지도 체질화하지도 못하게 되어 있다. 특이성이 마케팅의 가장 중요한 요소인데도 조사하는 과정에서 특이성을 아예 빠뜨릴 때가 많다. 트로피카나Tropicana는 2009년에 로고 디자인을 바꾸면서 그들만의 특이한 '빨대 꽂힌 오렌지' 디자인을 없앴다가 곤욕을 치렀다. 잘못된 리브랜딩으로 분노와 조롱에 시달리던 트로피카나는 결국 몇 달 못 가 원래의 아이콘 디자인으로 돌아갔다. 트로피카나의 당시 사장은 그 브랜드에서 빨대와 오렌지가 극성 유저들에게 중요한 의미를 지닌다는 사실을 과소평가했으며, 도상학을 아무리 연구해 봐야 그런 열정은 '조사를 통해 드러나지' 않는다는 사실을 뒤늦게 인정했다.[4] 특이성을 건드릴 때는 위험을 각오해야 한다!

이런 시도는 대개 변화를 위한 변화여서 브랜드의 특이성을 희석시킬 뿐이다. 마케터들이야 이런 변화로 브랜드의 연관성을 높일 수 있다고 주장하겠지만, 전혀 근거 없는 얘기다. 조화를 위해서는 특이성과 연관성이 모두 필요하지만 그래도 더 중요한 것은 특이성이다. 따라서 뭔가를 바꿀 때는 신중해야 한다. 고객을 즐겁게 하고 브랜드의 니즈를 가장 효과적으로 충족시키는 것이 대부분의 크리에이티브들이 추구하는 목표일 것이다. 하지만 포트폴리오에 그럴듯한 무언가를 추가하기를 바라면서 칸 국제광고제와 황금사자상을 향한 영광스러운 여름 여행의 아득한 꿈에 젖다 보면 그런 목표도 흔들리고 만다. 어쩌다 광고 캠페인으로 황금사자상을 받는다 해도 그 캠페인은 과거와의 연결고리를 끊고 새롭고 불필요한 것을 만들어 오히려 브랜드에 손해를 끼칠 가능성이 높다. 특이한 브랜드 자산을 고수하면서 칸에서 상을 받을 수 있다면 칸으로 갈 자격이 있다. 특이하면서도 동시에 획기적인 뭔가를 만들어냈다면 말이다(칸이 주는 상은 획기적인 것에 대한 보상일 뿐이지만, 판매 증가는 특이성에 대한 보상이다!). 고객, 즉 브랜드는 톤이나 콘텐츠에서 좀처럼 일관성을 우선시하지 않지만, 그래도 브랜드를 두드러지게 만드는 건 일관성이다.

감성적 연결고리를 많이 만들겠다는 희망으로 고객이 갖고 있는 기존의 기억 구조를 무시하고 전혀 다른 브랜드 정체성을 창조하는 것은 터무니없는 짓이다. 잠시 마음을 비우고 생각해 보라. "오늘 밤 우리 가족은 다들 저녁으로 프라이드 치킨을 먹고 싶어 하는군." 그랬을 때 무엇이 떠오르는가? 장담하지만 아마도 흰색 정장을 입은 대령이나 버킷이나 특정 색깔의 조합이나 숫자 11 등 다른 몇 가지 특이한 자산이 스쳐 갔을 것이다. 당신이 가장 좋아하는 치킨 브랜드가 KFC인지는 중요하지 않다. 얼얼하게 매운 양념으로 기가 막히게 맛있는 치킨을 만드는 동네의 작은 치킨 집이 가장 마음에 든다 해도 상관없다. 치킨을 떠올릴 때 당신의 두뇌는 가장 접근하기 쉬운 기억을 끄집어낸다. 그것은 가장 강력한 감성적 반응을 보이는 기억이다. 감성적 반응은 사슬과 같다. 그 사슬이 잠재의식 깊은 곳에서 기억을 끌어올린다. 샌더스 대령이 끌려올 때까지. 개인적인 선호도나 믿음이 어떻든 말이다.

특이성 = 올바른 어트리뷰션

이제까지 간단하게만 언급했던 특이성의 또 다른 핵심 이점을 살펴보자. 특이한 캠페인이야말로 소비자들이 당신의 작품을 보고 정확하게 당신 브랜드를 떠올리게 만들 수 있는 가장 좋은 방법이다. 잘못된 어트리뷰션은 우리 산업이 안고 있는 고질적 숙제다. 정보분석 기업 닐슨Nielson이 2016년에 조사한 자료에 따르면, 광고를 본 다음 날 광고와 브랜드를 정확하게 일치시키지 못한 소비자가 75%에 달한다고 했다. 하지만 컬라이더랩이 2019년에 실시한 연구에 의하면 매우 특이한 캠페인은 95%까지 정확하게 브랜드를 짚어냈다. (샌더스 대령을 맥도날드라고 답한 5%의 응답자가 누구인지는 묻지 말라. 장담하건대 조사 당시 약에 취해 있었을 것이다.)[5]

이런 장기 기억 구조를 구축하는 일이 중요한 것은 바로 그 때문이다. 잠재 고객이 당신의 카테고리 제품을 구매하기 전날 당신의 스폿 광고를 보았다면 다행스러운 일이다. 하지만 그 고객이 당신의 작품을 엉뚱한 브랜드로 착각했다면 고객의 머릿속에는 당신과 당신의 경쟁사 중 더 두드러진 브랜드가 떠오를 확률이 높다. 당신이 델타 항공Delta Airlines이나 아메리칸 항공American Airlines의 CMO라 하자. 어젯밤 당신의 고객은 당신이 새로 내놓은 광고를 봤다. 깨끗하고 위생적이며 효율적인 보잉 777을 타고 런던을 방문할 때의 즐거움을 강조하는 광고였다. 와이파이가 연결되고 항바이러스 세척 제품이나 다리를 뻗을 수 있는 레그룸 옵션이 추가되었음을 알리는 광고였을 수도 있다. 그 광고를 본 직후 그 고객은 버진 애틀랜틱의 광고를 봤다. 제임스 본드의 오프닝 크레딧을 닮은 장면으로 시작하여 승객들이 대형 마티니 잔을 기울이며 말 그대로 구름 같은 침대 속으로 몸을 묻는 광고다. 정시에 출발하고 강력한 살균제와 기내에서 페이스북을 사용할 수 있다는 이점을 강조하려는 당신의 진지한 시도가 두 번째 광고에 타격을 줄 것이라고 정말 생각하는가? 사실 2017년에 호주에서 실시한 조사에서 가장 기억에 남는 TV 광고를 꼽아보라고 했을 때 가장 많이 나온 답은 '그런 브랜드/광고 없음'이었다. 조사 대상자의 57%가 딱히 좋아하는 광고를 기억하지 못한 것이다. 더구나 마음에 들지 않았던 광고를 말해달라는 요구에도 응답자의 66%는 기억나지 않는다고 답했다. 시청자들을 몰입하게 만드는 광고가 거의 없었다는 뜻이다.[6] 그러니 새로운 캠페인에 연결고리가 없다면 과거에 했던 캠페인을 다시 살펴보는 것은 어떨까?

브랜드 자산이 특이하면 상당한 위력을 가진 기억 구조를 만들어낼 수 있다. 영국의 주방세제 페어리Fairy는 2010년에 50주년을 맞아 자신들의 빈티지 패키지를 되살렸다. 빨간 마개가 달린 불투명한 구식 흰색 병은 어린이 TV 프로그램인 〈블루 피터Blue Peter〉에서 로켓이나 자동차나 다른 프로젝트의 소재로 꾸준히 사용되었다. 한 조사에 따르면 그 복고풍 병을 보고 어린 시절을 떠올렸다고 답한 성인이 40%에 달했다. 더욱 인상적인 것은 그들이 페어리 병으로 무엇을 만들었는지도 기억하고 있었다는 점이다. 53%는 장난감 로켓을 만들고, 40%는 연필꽂이를 만들고, 22%는 화분을 만들었다고 답했다. 이처럼 수십 년간 지속되는 기억 구조의 가치는 돈으로 헤아릴 수 있는 것이 아니다.[7] '뭔가 새로운 것'을 만들어보겠다고 아늑한 주방에서 엄마가 다정하게 지켜보는 가운데 형성된 어린 시절의 추억이나 상상력, 모험심을 자극했던 특이한 기억들을 평가절하해서는 안 된다.

이 문제를 좀 더 자세히 다루기 전에 특이한 브랜드 자산을 만드는 것의 중요성을 다시 한번 강조하고 싶다. 이제 다시 Y자 갈림길에 서서 선택해야 한다. 사람들이 면밀히 고심한 끝에 당신의 제품을 산다는 낡은 사고를 기반으로 전략을 세울 것인가, 아니면 제품을 선택하는 이유가 물리적·심리적 가용성 때문이라는 엄연한 현실에서 출발할 것인가.

문제

에두를 것 없이 본론부터 말하자. 간혹 상부에서 특이성을 희생시키거나 특이한 브랜드 자산을 무시하는 경우가 있다. 보통은 실적이 나빠진 브랜드를 되살린답시고 처음 보는 CMO를 영입하기 때문이다. 이 경우 새로 온 CMO는 뭔가 새롭고 획기적인 것을 서둘러 내놓아야 한다는 엄청난 압박감을 느끼게 된다. 그레그는 CMO들도 다른 집단과 마찬가지로 소속된 무리의 규칙을 따라야 한다는 강박관념에 시달린다고 지적한다. 압박감을 느끼는 것은 CEO도 마찬가지다. 그들은 경쟁사들의 마케팅을 지켜보며 자신도 뭔가 해야 한다는 강박관념에 쫓긴다. 그래서 CEO가 CMO에게 특정 목적을 고객에게 효율적으로 전달하라고 지시하면 CMO는 시키는 대로 할 수밖에 없다. 조직의 최고위층까지 특정 사고에 물들어 버리면 그런 집단적 사고에서 벗어나기가 쉽지 않다.

우리는 그런 새로운 CMO에게 무엇보다 먼저 아카이브를 꼼꼼히 뒤져 특이한 자료를 찾아보라고 조언하고 싶다. (이 장은 꼭 끝까지 읽기 바란다. 뒷부분에서 특이한 자산을 골라내는 방법을 실습을 통해 알아볼 것이다.) 수십 년 역사를 가진 브랜드라면 오래전에 썼던 캠페인, 이제는 쓰지 않는 로고, 폐기해버린 채색 구도나 폰트 등, 뒤질 만한 자원이 많을 것이다. 한 발 더 깊이 파보면 브랜드에 얽힌 설화나 에피소드도 찾아낼 수도 있다. 운이 좋으면 연구해 볼 가치가 있는 캐릭터를 만날지도 모른다. 아마 설립자는 요즘의 청중들에게도 흥미로운 뜻밖의 비화를 들려줄 수 있는 고집불통의 노인네였을 수도 있다. 뒤에서 실습을 해보면 알겠지만, 브랜드에 대한 기억 구조를 강화하거나 되살릴 수 있는 자산을 가려낼 때 고려해야 할 다양한 지표들이 있다. 하지만 당장 고려해야 할 부분은 그런 자산들이 독특하고 특정 CUO를 소유할 수 있고 일관성이 있냐는 점이다.

기존 자산을 되살리는 것이 무슨 의미가 있는지 의아하다는 사람도 있을지 모르겠다. 어쩌면 과거 어려웠던 시절의 유물이 부담스러울 수도 있겠다. 문화적으로나 사회적으로 이미 연관성이 사라진 것이어서 되살릴 이유를 못 느낄지도 모른다. 하지만 비전과 용기를 가지고 아카이브를 뒤지다 보면 해묵은 아이디어도 새로운 안목으로 바라볼 수 있게 된다.

케빈 하크맨은 2014년 1월 KFC의 CMO로 부임했을 때 아카이브부터 찾았다. 케빈은 화려한 경력을 가진 노련한 마케터였다. 그는 조지 펠릭스와 와이든＋케네디와 함께 올드 스파이스를 되살리는 책임을 맡아 그들만의 특이한 자산인 남성성, 해양 테마, 스웨터를 어깨에 둘러메는 멋스러움 등을 활용하여 저조한 실적에 허덕이던 브랜드에 다시 활기를 불어넣었다. KFC에 왔을 때 케빈이 본 것은 칙필레Chick-fil-A에 뒤처져 그들만의 특이한 자산은 제쳐두고 엉뚱한 것들만 내세우는, 특이한 점이라고는 하나 없이 마케팅의 바다에서 표류하는 브랜드였다.

이전의 CMO들은 감성적 연결을 중시하는 기존의 틀에서 벗어나지 못한 채 뭔가 새로운 방법으로 문제에 접근해야 한다고 생각했기 때문에 궤도를 크게 벗어나 있었다. 그 결과 그들은 기억하기도 힘들고 특출한 점도 없어 매출에 아무런 영향을 미치지 못하는 광고만 만들어내고 있었다. 뼈 없는 새로운 치킨을 선보이면서 만든 '나는 뼈를 삼켰어!I Ate the Bones!' 캠페인은 그중에서도 최악이어서 소름 끼치고 기괴한 쪽으로 특이했다. 당시 마케팅 책임자는 〈USA 투데이USA Today〉와의 인터뷰에서 "우리의 시그니처 제품을 너무 심하게 비틀었다"라고 인정했다.[8] 당시 KFC는 온 가족이 즐기는 식사를 가볍게 여기고 아이콘 버킷의 의미를 격하시켰을 뿐 아니라(심지어 그래픽 디자인을 현대화한다며 색 배합까지 바꿔버렸다) 여러 개의 새로운 제품군으로 확장을 모색하면서 핵심 제품을 크게 이탈하고 있었다. 당시 CMO는 뼈 없는 치킨이 앞으로 갈 길이며 가까운 미래에 거의 모든 KFC의 제품에서 뼈는 영원히 빠지게 될 것이라고 자신 있게 예측했다.

한 가지 의문이 고개를 든다. 왜 그래야 하는가? 브랜드가 고전하고 있는 것은 분명했다. 그렇다고 KFC만의 특이한 자산이나 기존 고객들이 잘 알고 좋아하는 것들을 외면하는 계책은 분명 사태의 본질을 잘못 짚은 처사였다. 10년도 채 되지 않은 광고를 보며 샌더스 대령이든 열한 가지 허브와 향신료이든 버킷이든 빨간색과 흰색의 채색 구도이든 '손가락도 맛있다!Finger Lickin' Good' 같은 태그라인이든 고전적인 드럼 스틱이든 특이한 자산에 아무런 방점이 찍히지 않았다는 사실을 확인하는 것이 케빈으로서는 무척 낯설었다. 인터뷰에 응한 고객들은 뼈를 씹지 않아 좋다면서 뼈 없는 치킨이라면 돈을 조금 더 내도 상관없다고 답했다. 하지만 그것은 특출성을 구축하거나 브랜드를 잠재 고객들의 최우선 관심사로 만드는 그런 종류의 반응이 아니다.

KFC는 독특하고 특정 CUO를 소유할 수 있고 일관성을 유지하는 것에는 관심이 없고, 대신 무난하기는 해도 실제 브랜드와는 아무런 관계가 없는 연관성을 개선하는 문제에만 모든 자원을 투입했다. 그러나 실제로는 그들만의 특징적인 자산을 KFC로부터 떼어내고 있었다. (연관성도 중요하지만, 브랜드의 연관성이 향상되었다는 사실을 사람들이 기억하게 만들려면 무엇보다 브랜드가 특이해야 한다.) 지금까지 우리는 R.E.D.를 세계적 차원에서 시행해 왔기 때문에 요즘이라면 일어날 수 없는 이런 KFC 리부팅과 관련하여 몇 가지를 지적해야겠다. 당시의 변화들은 모두 똑똑한 사람들이 좋은 의도를 가지고 시도했던 노력이었다. 하지만 최신의 새로운 마케팅을 알면 그들의 그런 노력이 얼마나 무의미했는지 금방 깨닫게 될 것이다.

케빈과 조지는 당시엔 모르는 척했지만, 얌!은 어떤 광고에도 더는 샌더스 대령이 들어가면 안 된다는 원칙을 세워두고 있었다. 고위직에 있는 인사들 몇몇은 그런 광고가 대령의 명예를 반감시킨다고 생각하거나 아니면 대령의 존재가 브랜드를 구태의연하게 만든다고 생각했다. 어느 쪽이 됐든 케빈은 KFC의 역사를 좀 더 알고 싶었다. 그래서 CMO로서 그가 처음 한 일은 아카이브 방문이었다. 대령의 아카이브가 있는 동굴로 안내된 그는 놀라 입을 다물지 못했다. 그 후 몇 주 동안 케빈과 와이든＋케네디의 크리에이티브들은 상자를 열고 대령의 오래된 마케팅 자료들을 샅샅이 뒤졌다. 그들은 만돌린 곡이 담긴 낡은 레코드 앨범과 드럼스틱 외에 대령의 특이한 취미나 강박관념이나 그의 이전 직업들을 짐작하게 만드는 유품들을 찾아냈다. 대령은 돈키호테 유형이었다. 보험 상품을 판매하는가 하면 갈비를 팔고 주유소에서 일하는 등 60세의 나이로 켄터키프라이드 치킨을 발명하기 전까지 다양한 직업을 전전했다. 그렇게 파란만장한 이력을 가진 실존 인물이었지만 고객들은 대부분 그를 가상의 인물로 여기고 있었다.

케빈은 대령에게서 보물창고 같은 자산을 발견했다. 그는 엉뚱하고 쾌활한 성격에 괴짜였으며 매우 특이한 캐릭터였다. 무엇보다도 대령은 타고난 마케터였다. 그는 돋보이는 것의 중요성을 이해했다. 새하얀 정장을 입고 그에 맞춰 머리와 콧수염까지 하얗게 염색했다. 그리고 밴드를 불러 크리스마스 앨범을 녹음했다. 왜냐고? 그걸 어찌 알겠는가? 상자를 뒤지던 케빈과 그의 팀은 대령에게서 마케팅 캠페인의 효과를 극대화할 수 있는 특징을 무궁무진하게 꺼내 쓸 수 있다고 판단했다. 그는 특이한 브랜드 자산을 넘치도록 간직하고 있기에 그의 다양한 도상iconography들을 이용하면 KFC 제품군의 다양한 상품들을 상징적으로 드러낼 수 있을 것이라 생각했다.

무서운 속도로 질주하던 KFC의 전성기에는 매장의 모든 품목에 대령의 얼굴이 있었다. 무엇 때문에 이런 캐릭터를 포기하는가? 이정도의 위력을 발휘하는 브랜드를 또 어디서 찾는다는 말인가? 행복한 어린 시절의 기억을 떠올리게 해주던 빨간색과 흰색의 익숙한 줄무늬도 언제부턴가 현대적인 감각이라며 짙은 적색으로 바뀌었고, 그 탓에 디자인이 표현할 수 있는 재미와 생동감도 사라지고 말았다. 왜? 무슨 근거로? 마지막으로 당시 마케터들은 버킷을 치워버렸다. 치킨을 그런 것에 담아 먹는 방식은 구식이라고 여겼기 때문이었다. 하지만 케빈은 KFC를 리부팅하는 데 필요한 것은 모두 코앞에 놓여 있다고 판단했다. 그것은 특이한 자산이었고 재구성하기만 하면 새로운 청중을 끌어들일 수 있는 호재였다.

샌더스 대령의 귀환

케빈과 조지, 와이든＋케네디의 천재들은 대령을 멋쟁이 이야기꾼이자 다재다능한 기인으로 현대에 맞게 재해석한 광고 캠페인을 고안했다. 처음에는 대령 역으로 노엄 맥도널드Norm McDonald를 캐스팅했다. 하지만 와이든＋케네디는 대령을 주기적으로 바꾸자고 제안했다. 고객에게 다음 인물을 추측하는 재미를 주고 특정 제품과 마케팅 전략, 제품 개발을 특정 배우를 통해 반영할 수 있도록 하기 위해서였다. 예를 들어 '엑스트라 크리스피' 치킨 광고에는 조지 해밀턴George Hamilton이 캐스팅되었고, 나중에 90년대 시트콤을 되살리는 스폿 광고에선 제이슨 알렉산더Jason Alexander가 대령 역을 맡았다. 그러나 캐스팅이 바뀔 뿐 캐릭터는 바뀌지 않았다. 그렇게 그들은 캠페인과 브랜드에서 가장 중요한 특이성을 유지했다.

성공은 시간문제인 것 같았다. 그러나 한 가지 문제가 있었다. 케빈은 얌!이 신성불가침으로 못 박은 유일한 규칙을 어겼다. 대령을 이용하지 말라. 지하실에 내려가 보자는 공포 영화 속 아이처럼 케빈은 수백만 달러를 쏟아부으며 경력에 치명타가 될지 모르는 난감한 세계로 걸어 들어갔다. 얌! 내에서도 그의 새로운 접근법은 분열을 조장했고 얌!의 규칙을 정면으로 거스르는 케빈에 대한 반발이 있었다. 고위층 인사들은 생각했다. "이 원칙만은 포기할 수 없다. 대령이 다시 나오면 브랜드는 회복 불가능한 상태가 될 것이다." 첫번째 스폿 광고의 방영을 앞두고 그레그는 우리에게 의견을 물어왔다. 우리는 그저 의견을 묻는 것이라고 생각하여 매우 긍정적으로 본다고 말해주었다. 우리의 대답이 캠페인의 방송 여부를 결정한다는 사실을 몰랐다. 어쨌든 멋진 아이디어라고 생각했고, 실제로 무척 좋은 광고였다. 이상하고 아주 독특했으며 전혀 색다른 방식의 획기적인 캠페인이었다. 그 광고들은 문화적으로나 사회적으로도 연관이 있었다. 시간의 흐름과 함께 대령은 인지도가 높은 스타들과 당시의 분위기를 반영하는 새로운 캐릭터들로 끊임없이 캐스팅을 바꿔갔다. 그리고 당연히 아주 쉽게 눈에 띄었다. 하지만 그때 우리가 그 작품들을 전적으로 지지했던 이유는 단순했다. '오직 KFC만' 가능한 광고였기 때문이었다. 대령은 확실한 아이콘이어서 처음부터 그의 메시지는 분명했다. 게다가 케빈과 와이든＋케네디는 태그라인 '손가락도 맛있다!'를 다시 붙였고 그 밖의 시각적 청각적 단서들을 사용해 이 고전적인 미국 캐릭터를 현대적으로 재해석했다.

사실 얌!의 창의적인 용기에 힘입어 캠페인을 론칭한 순간부터 우리는 극소수이지만 달갑지 않은 목소리를 들어야 했다. 그들 눈에 대령은 힘없는 늙은이에 지나지 않았다. 그들은 그 스폿 광고들을 싫어했다. 그 광고를 좋아한 사람들도 브랜드 홍보에는 도움이 되지 않았다. KFC와 깊은 연결고리를 유지하고 있는 고객이 너무 적었기 때문이었다. 하지만 그레그는 조금도 위축되지 않고 오히려 전략을 강화했다. 그는 연례 총회에서 일어나 유명한 발언을 했다. "미움이든 사랑이든 무엇이라도 받는 편이 무시당하는 것보다는 낫습니다." 그의 판단은 옳았다. 얼마 안 가 매출이 급증했다. 10년 동안 내리

막길을 걷던 KFC의 수치가 상승세로 돌아선 것이다. 얌!은 결국 새로운 캠페인을 지지했고 케빈의 등을 떠밀어 대령의 별스러운 배경을 더 깊이 조사하여 스폿 광고를 더 재미있고 더 괴팍하며 훨씬 더 특이하게 만들게 했다.

그레그의 소신은 이후 세계 곳곳의 얌! 브랜드로 확산되었다. 열심히만 한다면 어느 정도 싫어하는 사람들이 나와도 상관없다. 당신의 작품을 싫어하는 사람이 있다면 그것은 당신이 뭔가 대담하고 주목할 만한 일을 벌이고 있다는 뜻이다. 기껏 만들어 배경에 머물고 만다면 시간과 돈을 낭비하는 일이다. 자기만의 특이한 자산을 고수하고 그것을 문화적으로 적절하게 활용하며 쉽게 알아보고, 그로 인해 제품에 쉽게 접근하도록 만들면 그것이 곧 성공으로 통하는 길이다.

특이해지는 법

12

이 이야기에는 베낄 수도 마음대로 할 수도 없는 요소가 몇 가지 있다. 얌!은 크리에이티브와 마케팅 팀을 적극 지원한다. 케빈은 본능적 감각이 탁월한데다 매우 용감한 마케터다. 그리고 일단 멋지고 대담한 아이디어라는 확신이 서면 거기에 올인한다. 개인적인 신뢰나 기업 차원의 지원이 없다면 마케팅 전략을 근본부터 바꾸기 어렵지만, 못할 것도 없다. 그렇다면 우선 브랜드가 보유하고 있는 자산의 성격부터 확인해야 한다.

독특하고 특정 CUO를 소유할 수 있고 일관성이 있어야 한다.

독특하고 특정 CUO를 소유할 수 있고 일관성이 있어야 한다.

그리고

독특하고 특정 CUO를 소유할 수 있고 일관성이 있어야 한다.

왜 같은 말을 세 번이나 반복했냐고? 그만큼 중요하기 때문이다.

앞장에서 다룬 버진 애틀랜틱의 사례를 통해 내 전략이 이에 부합하는지 분석해 보자. 그에 앞서 버진의 브랜딩을 그들보다 더 크고 오래된 라이벌인 아메리칸과 델타Delta, 브리티시 에어웨이즈British Airways와 비교해 보자.

아래의 이미지는 아메리칸 에어라인과 델타, 브리티시 에어웨이즈 세 곳의 인쇄물 광고를 모은 것이다. 다른 점이 무엇인지 눈에 잘 들어오지 않는다! 모두 똑같이 은색/회색과 파란색, 빨간색 테마를

일반적인 항공사들의 광고 이미지

사용한다. 스타일도 비슷하다. 은빛 날개 아래 보이는 눈 덮인 하얀 산이나 이상적인 여행지를 암시하는 이미지 등, 이들 광고가 던지는 메시지는 모두 똑같다. 이용할 수 있는 노선, 여행의 즐거움, 신뢰성, 안전, 서비스 등등이다. 부정적인 특징은 하나도 없지만 너무 포괄적이고 특이한 구석도 없어 별다른 의미도 담지 못한다.

이제 이들 이미지를 다음의 버진 애틀랜틱 콜라주와 비교해 보라. 책에 옮기다 보니 흑백으로 되고 말았지만, 사실 이런 색조는 아니다! 그 압도적인 인상은 자극적이고 강렬하며 선명하다. 이들은 하나같이 전면을 보라와 주홍의 배색으로 채우고 거기에 그들 특유의 가느다란 폰트를 겹친 다음 과감하게 빨간색 유니폼을 화려하게 내세운다. 신뢰성이나 안전 같은 일반적인 특성을 설명하는 데 낭비하는 공간은 한 치도 없다. 하긴 '너무 스타일리시한' 변환이 낯설지

버진 애틀랜틱의 광고 이미지

않은 것은 아니지만.

어쨌든 이들 광고는 독특하다. 다들 파란색을 넣는 자리에 보라색이라니. 다른 항공사 광고가 기업성을 강조하는 데 반해, 그들은 섹시하다. 다들 진지할 때 재치 있다. 그들은 특정 CUO를 소유할 수 있다. 그들이 창조한 세상은 오직 버진만의 것이다. 그리고 시각적으로나 감성적으로 일관성을 유지한다. 그들의 광고는 색상과 색조와 감성에서 같은 자산을 사용한다.

그러니 눈에 쉽게 띄고 특출성이 높아질 수밖에 없다.

물론 모든 것은 진화하며 코로나19의 재앙으로 항공사의 산업 지형은 지금도 크게 바뀌고 있다. 이 글을 쓰는 이 순간에도 리차드 브랜슨은 버진 오스트레일리아Virgin Australia의 매각을 알아보는 한편, 영국 정부로부터 대출을 받아 버진 에어웨이즈를 살리기 위한 담보로 그의 개인 별장인 네커 아일랜드를 내놓았다.

거울 vs 자석

앞서 다룬 미러 마케팅과 마그넷 마케팅은 특이성의 문제를 따질 때도 중요한 개념으로 등장한다. 버진은 마그넷 마케팅이다. 이런 사례를 좀 더 살펴보자. 위쪽에는 무작위로 모아놓은 맥주 광고가 있다. 일행과 즐거운 밤을 보장해주는 미러 마케팅이다. 아래쪽은 도스 에키스Dos Equis의 '세상에서 가장 흥미로운 남자Most Interesting Man

(위)일반적인 맥주 광고 이미지, (아래)도스 에키스의 광고 이미지

in the World' 시리즈로, 진정한 모험이 무엇인지 알려주겠다고 말한다. 마그넷이다. 파랑, 초록, 노란색이 다채롭게 섞인 갖가지 버터와 마가린 인쇄물 광고들을 상상해 보라. 미러다. 루어팍Lurpak 버터 캠페인의 극단적인 클로즈업과 짙은 배경색은? 마그넷이다.

미러 광고는 소비자들의 기대를 반영한다. 그것은 주로 소비자의 생활에 초점을 맞춰 그들 자신의 일상적인 경험을 되비춰 준다. 마케터는 고객과의 감성적 고리를 만들어낸다는 명분으로 이런 전략을 구사한다. 가까운 친구들과 둘러앉아 맥주 마시는 것, 좋지 않은가? 하지만 맥주 이름을 기억하지 못하면? 어떤 맥주를 사야하지?

마그넷 광고는 브랜드에 초점을 맞춘다. 그것은 독특하고 특정 CUO를 소유할 수 있고 일관된 세계를 창조하여 소비자들을 자석처럼 끌어당긴다. 도스 에키스 광고는 그들 세계에나 있을 법한 환경을 조성했다. 당당한 이야기꾼이 아름다운 여성들로부터 선망의 시선을 받으며 매력을 뿜어낸다. 가만히 있어도 카리스마가 뿜어 나오고 아무래도 상관없다는 잘생긴 베스트드레서. 당신이 어느 쪽인지는 잘 모르겠지만, 도시의 밤과 맥주를 즐기는 우리의 모습은 미러 광고에 비친 장면과 크게 다르지 않을 것이다. 하지만 누가 그런 데를 못 가 안달이겠는가? 도스 에키스를 아무리 많이 마셔도 세상은커녕 '방 안에서 가장 재미있는 사람'도 되지 못한다는 것을 알고 있다. 하지만 중요한 것은 맥주를 주문할 때 그 광고를 떠올린다는 사실이다. (그런 임기응변의 번득임이 조금이라도 영향을 준다면 시도해볼 만하지 않은가.)

획기적인 것으로
충분하지 않을 때

한 가지 주의해야 할 점이 있다. 좋은 아이디어가 떠오르지 않을 때는 독특함을 강조하고 싶은 유혹에 빠져 거기에 매달리게 된다. 이 책의 첫머리에서 언급했듯이 컬라이더랩은 유별나게 엉뚱한 아이디어라 해도 진지하게 다뤄볼 필요가 있다고 생각한다. 특히 그 아이디어가 그저 심심하게 '맞는' 것과 상반된 것이라면 더욱 그렇다. 하지만 특이하게 파격적인 것과 그냥 평범하게 파격적인 것은 전혀 다르다. 마운틴듀Mountain Dew의 에너지 드링크 킥스타트Kickstart의 퍼피 멍키 베이비Puppy Monkey Baby 스폿 광고는 분명 획기적이었지만 브랜드에는 아무런 도움도 주지 못했다. 그 광고는 반려동물과 원숭이와 아기를 뒤섞어 놓은 주인공을 등장시키는 등 독특했지만 마운틴듀와의 접점이 느껴지지 않았다. 그리고 그들이 그때까지 해왔던 모든 광고와도 크게 어긋났다. 난데없이 튀어나온 듯한, 기존의 다른 마케팅과 어떤 논리적 연관성도 찾을 수 없는 그저 평범한 광고, 그뿐이었다.

마찬가지로 기아 자동차 옵티마의 광고인 '월켄 클로젯(Walken Closet)'은 아이디어가 재미있고 획기적이었지만 브랜드와의 연결고리가 없었다. 두 가지 스폿 광고 모두 독특했지만 좀 더 미묘한 고유성과 일관성에서 고전을 면치 못했다. 획기적인 것은 중요하고 관심을 끄는 데 필요한 첫 번째 단계지만 그 획기적인 것을 브랜드에 연결해 주는 것은 바로 독특함이다. 이런 아이디어의 미묘한 차이는 파악하기도, 실행하기도 어렵다. 그 점은 우리도 이해한다. 하지만 팀에서 너무 이상한 방향으로 부추긴다면 독특하고 특정 CUO를 소유할 수 있고 일관성이 있는 똑같이 특이한 척도를 통해 확인해 봐야 한다. 그래서 모든 네모 칸에 확실히 체크 표시가 되었을 경우에만 앞으로 나가야 한다.

그레그와 그의 팀은 타코벨의 특이성을 찾기 위해 아커 모델Aaker Model(브랜드 아이덴티티 모델Brand Identity Model이라고도 한다)을 사용했다. 이 모델은 데이비드 아커David Aaker가 그의 저서 《브랜드 리더십 Brand Leadership》에서 개발한 아이디어로, 유용하게 활용할 수 있는 매우 소중한 모델이다. 내용이 복잡하고 지면이 한정되어 있어 여기서 그 내용을 다 설명할 수는 없지만, 특이성을 제대로 개발하는 문제로 고심하고 있다면 꼭 읽어보고 실천해 볼 것을 권한다.

우리는 아커 모델을 사용하여 타코벨이 구현해야 할 핵심 어트리뷰션 세트를 찾아낼 수 있었다. 바로 이런 것들이다.

1. 멕시코풍
2. 중도좌파
3. 혁신하고 고양하라
4. 몰입하게 만드는 음식

우리는 신제품 아이디어가 나올 때마다 이 목록과 대조한다. 네 가지 항목 중 어느 하나라도 충족시키지 못하면 삭제하는 방식으로 타코벨에 그런대로 잘 어울릴 듯한 아이디어들을 과감하게 걸러낼 수 있었다. 아커 모델은 또한 그런대로 괜찮은 아이디어를 훌륭한 아이디어로 발전시키는 도구 역할을 해왔다. 그러던 중 모든 패스트푸드 브랜드가 랜치 드레싱을 제공하자 타코벨도 랜치 드레싱을 제공해야 한다는 압력을 받았다. 그레그는 아커 모델의 첫 번째 어트리뷰션을 가리키며 말했다. "그렇게 되면 멕시코 풍 메뉴가 아니죠." 그러자 그 아이디어를 제안했던 마케팅 인턴(그렇다, 인턴이었다)은 잠시 자리를 뜨더니 이번에는 아보카도 랜치 드레싱을 들고 돌아왔다. 그렇게 해서 아보카도 랜치는 문화적으로 가장 인기 있는 타코벨의 완벽한 변종이 되어 아예 정식 메뉴로 자리 잡았다.

당신만의 특이한
자산을 찾아라

위에 열거한 마그네틱 캠페인은 모두가 특이한 자산을 발판으로 독특하고 특정 CUO를 소유할 수 있으며 일관된 전략을 수립한 사례들이다. 이외에 버드와이저의 '딜리 딜리' 스폿 광고, 아비스Arby's의 '우리에겐 고기가 있습니다We Have the Meats' 전략 그리고 제약회사 뮤시넥스Mucinex의 전염성이 강한 녹색 점액질 캐릭터도 성공적인 마그네틱 캠페인의 사례로 꼽힌다. 이들 브랜드는 예외 없이 LTOLimited Time Offers (특별 할인 프로모션)에서도 그들만의 특이성을 계속 유지할 만큼 치밀한 구석이 있다. 그리고 그들은 모양이나 느낌이나 아이디어에서 스스로를 전혀 다른 브랜드로 소개함으로써 충격을 주려는 시도를 삼간다. 아비스는 특히 이런 면에서 능숙하

일괄된 브랜딩이 돋보이는 아비스의 광고 이미지

다. 그들의 인쇄물 광고들을 살펴보면 LTO조차 브랜드 하우스brand house(브랜딩에 필요한 요소를 집 모양으로 구성해 놓은 도표 – 옮긴이) 내에서 얼마나 확고한 위치를 차지하는지 알 수 있다.

하지만 중요한 것은 이들 팀 모두가 브랜드의 핵심 캐릭터의 요소를 따로 분리하여 고객에게 자석 같은 호소력을 발휘할 수 있었다는 사실이다. 당신이라면 어떻게 하겠는가?

앞장에서 우리는 KFC가 샌더스 대령이라는 기존의 자산을 새로운 시각으로 볼 수 있도록 해주는 물리적인 실체를 찾기 위해 자료보관소를 샅샅이 뒤지는 과정을 보았다. 물론 '아카이브를 뒤지라'라고 말하는 것은 구체적인 조언이 아니다. 그러니 정확히 무엇을 찾아야 하는지 분석해 보자.

특이한 브랜드 자산 구축:
옛것 vs 새것

특이한 브랜드 자산을 만들어내는 방법에는 두 가지가 있다. 첫 번째는 케빈과 그의 팀이 했던 방법이다. 그들은 80년대 중반쯤에 창고로 들어갔던 먼지투성이의 상자들을 열고 브랜드의 역사를 훑어보면서 브랜드의 오랜 기억 구조를 촉발시킬 수 있는 것이 없는지 찾아봤다.

누구나 이런 방법을 적용할 수 있는 것은 아니다. 이유야 많을 것이다. 브랜드나 제품의 역사가 상대적으로 짧고 또 검토할 자산이 한정되어 있을 수도 있다. 어느 정도 역사가 있어도 그동안 어느 팀도 자산을 만들어낸 적도 없고, 있다 해도 지속적으로 사용하지도 않았을지 모른다. 또는 당시에는 어떤 이유가 있어 특정 자산을 의도적으로 만들었지만, 그런 자산이 더는 해당 카테고리나 요즘 사회와 연관성이 없게 되었을 수도 있다. 예를 들어 체중 감량 브랜드인 '웨이트워처스Weight Watchers'는 몇 해 전부터 그들의 가장 특이한 브랜드 자산인 '브랜드 이름' 때문에 고심하고 있었다. 연관성을 다룬 장에서 언급했듯이 계속 칼로리 섭취를 자제할 것을 암시하는 브랜드 이름과 자산은 별 도움이 되지 않았다. 결국 그들은 브랜드 이름을 'WW'로 바꾸고 로고와 그들의 무기고에 있던 그 밖의 다른 자산을 대부분 내다 버렸다.

다른 선택지도 있다. 독특하고 특정 CUO를 소유할 수 있으며 일관련 특이한 자산을 만드는 것이다. 방법은 여러 가지다. 카리스마 넘치는 창업자의 일화도 그중 하나다. 테슬라는 카일리 제너와 마찬가지로 전통적인 방식의 마케팅 예산이 0%다(하긴 자동차를 우주에 띄우는 데 얼마가 들어갔는지는 아무도 모르지만). 그들이 내세울 수 있는 가장 특이한 자산은 설립자인 일론 머스크 자신과 그가 만들어내는 입소문이다.

카리스마 넘치는 브랜드 창업자가 없다면 자신만의 특이한 자산을 직접 만들어내야 한다. 베벌리 디크루즈Beverley D'Cruz는 피자헛 영국에서 놀라운 수완을 보여주었다. 그녀가 부임했을 때 영국의 피자헛은 5년째 부진을 면치 못하고 있었다. 그녀는 컬라이더랩과 작업하면서 특이성에 문제가 있다는 사실을 파악했다. 가치를 내세우는 일반적인 느낌의 광고는 브랜드나 판매에 별 도움이 되지 않았다. 그녀는 재빨리 '지금 가는 중입니다Now That's Delivering'라는 캠페인을 벌여 상황을 반전시켰다. 베벌리는 이렇게 설명한다. "핵심은 일관성이었습니다. 우리는 우리의 특이한 브랜드 자산을 두고 결정을 내렸어요. 캐릭터, 장난스럽고 도발적인 말투, 넘치는 자신감, '지금 가는 중입니다'라는 태그라인 등이죠. 우리의 어트리뷰션 점수는 크게 올라갔고 매출도 그 뒤를 바짝 따랐습니다. 매출성장률이 −1%에서 코로나19가 닥치기 전의 15%로 크게 상승한 거죠. 그 뒤에는 더욱 높아졌습니다."

여기서 기존의 특이한 자산을 되살리는 법과 새로운 자산을 창출하는 법 등 두 가지 방법론을 살펴보자(그림 16 참조).

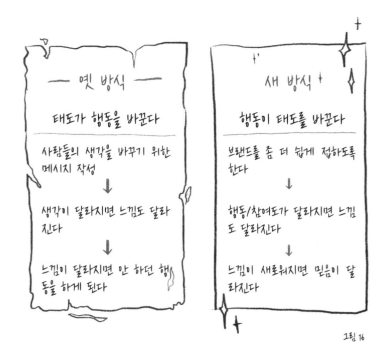

옛 방식

태도가 행동을 바꾼다

사람들의 생각을 바꾸기 위한
메시지 작성

↓

생각이 달라지면 느낌도 달라
진다

↓

느낌이 달라지면 안 하던 행
동을 하게 된다

새 방식

행동이 태도를 바꾼다

브랜드를 좀 더 쉽게 접하도록
한다

↓

행동/참여도가 달라지면 느낌
도 달라진다

↓

느낌이 새로워지면 믿음이 달
라진다

그림 16

기존의 특이한 자산을 되살리기

기존 자산을 다시 활용하려면 기존의 모든 자료와 기억할 만한 것
들을 샅샅이 뒤져 찾아내는 물리적 노동을 마다하지 않아야 한다.
이 부분을 소홀히 하면 절대 안 된다. 요즘 CMO들은 다 걷어치우
고 새로운 마음으로 시작하거나 새로운 수단을 만들어내려는 충동
을 자제하지 못한다. 이런 충동은 광고 그 자체만큼이나 오래된 본
능이다. 50년 정도의 역사를 가진 브랜드라면 요즘 직원들이 구경
해본 적도 없고 아무도 기억하지 못하는 캠페인이나 마케팅 자료가

아카이브 어딘가에 있을 것이다. 물론 대부분은 별 쓸모가 없는 잡동사니일 확률이 크다. 브랜드를 전혀 고려하지 않고 CMO의 개인적인 명예욕 때문에 섣불리 시도했다 단명한 것들이 많을 것이다. 하지만 그중에 보석이 숨어있을지 누가 알겠는가? 초창기 작품이라 해도 어떤 영감을 주거나 요즘 시대에도 통할 아이디어가 몇 가지 있을 수도 있다.

샌더스 대령을 내세운 초창기 작품은 확실히 그랬다.

바비Barbi도 또 하나의 좋은 사례다. 1959년에 태어난 이 아이콘 인형은 여자아이들이라면 누구나 갖고 싶어 했던 인형이라는 역사와 함께 많은 일화를 만들어냈다. 하지만 2014년 들어 매출은 크게 위축되어 16%나 감소했다. 그해 크리스마스에는 소녀들의 장난감 1위 자리를 내주기까지 했다. 그 자리를 차지한 건 〈겨울왕국Frozen〉의 엘사였다. 처음 있는 일이었다. 여자아이들이 더는 바비를 원하지 않는 게 아니라 그렇게 터무니없이 날씬한 몸매를 엄마들이 불편하게 여겼기 때문이다. 표적 소비자가 제품을 좋아하는지 아닌지는 중요하지 않다. 아무리 특이한 자산을 가졌어도 그것이 실제로 지갑을 여는 사람의 눈에 거슬린다면 제품을 팔기 어렵다.

바비의 하락세를 일부 되돌릴 수 있었던 것은 결국 브랜드 전담 팀이 바비의 창시자인 루스 핸들러Ruth Handler의 말을 재발견하고 나서였다. 바비는 "여성들에게 선택권이 있다는 사실"을 알려주는 존재라고 그녀는 말했다. 팀원들은 창시자의 말에 담긴 바비 인형의 진보적이고 호소력 있는 비전을 중심으로 캠페인을 재구성했다.

광고기획사는 바비라는 브랜드의 역사를 인정하고 받아들였으며 그 인형이 오랜 세월에 걸쳐 가꿔온 다양한 경력을 통해 이룩한 면면을 강조했다. 그리고 색다른 모습의 바비, 키가 큰 바비, 곡선미가 있는 바비, 작은 바비 등이 라인업에 추가되었다. #TBT Throwback Thursday 인스타그램 캠페인은 수십 년의 세월 동안 직업과 관련된 생활에 영향을 끼친 인형의 힘을 강조했다. 밀레니얼세대 엄마들을 겨냥한 TV 스폿 광고는 이 인형을 통해 그들의 딸이 미래에 맡게 될 역할과 직업에 대한 도전 정신과 창의적인 포부를 펼칠 수 있다고 주장했다. 2015년 말부터 바비의 판매 실적은 개선되었고 그 이후로 꾸준히 증가세를 유지하고 있다. 바비 인형을 만든 장난감 제조회사 마텔Mattel이 바비를 걸파워girlpower 같은 '목적Purpose'으로 묶지 않았다는 점에 우리는 주목해야 한다. 오히려 이 캠페인은 바비의 문화적 연관성을 다시 시도하여 여자아이들과 인형을 사주는 어른들에게 바비만의 특징을 다시 한번 호소하는 방법을 택했다.

따라서 자산을 발굴할 때는 브랜드가 한 번도 제대로 활용한 적이 없거나 최근에 제대로 활용하지 못한 것이 없는지 다시 찾아볼 필요가 있다. 1950년대에 처음 사용되었다가 광고기획사 BBDO가 90년대에 재등장시킨 엠앤엠즈M&M's의 말하는 캔디 같은 캐릭터가 바로 그런 사례다.[1] 이 에이전시는 사탕 진열대에서 좀처럼 기를 펴지 못하고 있던 엠앤엠즈를 부활시키는 임무를 맡았다.[2] 그들의 해법은 각각의 색깔에 개성을 부여하는 것이었다. 그래서 그들은 고혹적인 '녹색'에 흰색 고고 부츠를 신겨 발목이 없다는 약점을 감춰주는 등 몇 가지 손을 썼다. BBDO는 애니메이션을 거부하고 CGI로 살아있는 캐릭터를 만들어 슈퍼볼에서 캔디 6종 세트를 선보였다. 이 스폿 광고와 캐릭터들은 즉시 히트를 쳤다. 이들 캐릭터를 '당연하게 여기는' 분위기가 마음에 들지 않았던 엠앤엠즈의 제조회사인 마즈Mars가 몇 번이고 TV 광고에서 그들을 빼내려 했지만, 고객들이 캐릭터가 어디로 갔느냐며 항의하는 바람에 손을 들고 말았다. 20년이 지난 지금까지 엠앤엠즈 캔디는 여전히 엠앤엠즈의 얼굴이자 심장이다. 독특하고 특정 CUO를 소유할 수 있고 일관성이 있으면 어김없이 성과를 낸다는 증거로 이보다 확실한 사례가 어디 그리 흔하겠는가.

잠재 자산을 깊이 파고드는 것도 방법이다. 싱가포르가 원산지인 타이거 맥주Tiger Beer는 호주의 길거리 음식 축제를 후원함으로써 길거리 음식에 완벽한 맥주라는 이미지를 강조하는 등 싱가포르의 전통을 십분 활용했다. 최근에 그들은 또 다른 특이한 자산인 호랑이를 소비자의 뇌리에 확실히 심어주기 위해 전 세계 호랑이 수를 두 배로 늘리는 대형 프로젝트를 후원했다.[3]

항공사들도 화려했던 항공 여행 전성시대의 특이한 자산을 다시 가져와 여행의 재미를 되살리려 했다. 그런 시도는 대부분 기체의 색깔을 복고풍으로 되돌리는 수준에 머물렀다. (가장 최근의 사례로는 보잉 747기 세 대를 50~80년대를 상징했던 색으로 다시 칠한 브리티시 에어웨이즈가 있다.) 제트블루JetBlue는 JFK 공항의 TWA 호텔에 많지 않은 지분을 갖고 있지만 그들의 야심은 결코 호락호락하지 않았다.

그들은 2억 6,000만 달러를 들여 JFK의 상징적 건물이었던 사리넨 터미널Saarinen Terminal을 미국 드라마 〈매드 맨Mad Men〉의 주인공들이 이용했을 법한 호텔로 탈바꿈했다. 제트블루 승객들은 이제 탑승하기 전에 묵직한 TWA 브랜드가 붙은 로비에서 대기 시간을 보낸다. 그곳은 칵테일 바로 개조한 TWA 컨스텔레이션 스타라이너TWA Con-stellation Starliner 등 특색 있는 자산으로 가득하다. 아카이브에 가도 별로 뒤질 만한 것이 없다면, 영감을 준 선임자들의 멋진 전력에서 쓸 만한 자료를 건질 수도 있을 것이다.[4]

기존 자산의 평가

자산을 모았으면 고려해볼 만한 것과 버릴 것을 가려내야 한다. 우선 특이한 브랜드 자산부터 추려 검토하는 것이 좋다. 우리의 경우는 로고나 채색 구도, 캐릭터, 징글, 태그라인 같은 브랜드 자산을 소비자에게 먼저 보여준다. 이런 유형의 연구는 브랜드 이름을 쓰지 않기 때문에 실험대상자는 자산 자체의 자극 정도에만 의존해 판단한다. 'Pizza Hut'이라는 간판이 없는 피자헛의 지붕이나, 'Wendy's' 로고가 없는 웬디의 주근깨 얼굴을 상상하면 된다. 그런 다음 세 가지 A에 대한 답을 채점한다(그림 17 참조). 첫 번째 A는 자산의 인지 강도Awareness Strength를 측정한다. 동그라미가 클수록 자산을 알아보는 사람이 많은 것이다. 두 번째 A는 어트리뷰션 강도Attribution

특이한 자산을 측정하라

그림 17

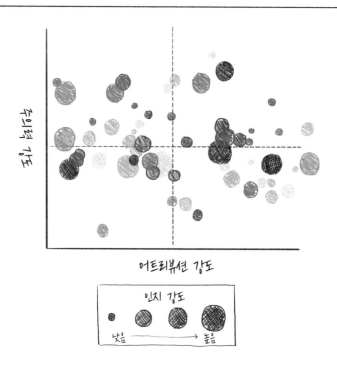

Strength를 측정하는 것으로 사람들이 대상을 다른 브랜드로 혼동하지 않고 정확히 브랜드를 알아맞히는지 확인하는 것이다. 마지막 세 번째 A는 자산이 어느 정도의 파괴력으로 이목을 집중시키는지를 측정하는 주의력 강도Attention Strength 다. 시선 집중력이 뛰어나고 특정 CUO의 소유 가능성이 높은 자산은 오른쪽 상단 사분면으로 간다. 동그라미가 클수록 널리 알려진 자산이어서 브랜드의 편익을 높이는 데 즉시 활용할 수 있다. 동그라미가 작으면 획기적이고 독특

해도 아는 사람은 거의 없다. 하지만 이런 자산은 투자 가치가 높아 시간이 지날수록 진가를 발휘하기도 한다.

특이한 자산의 창조

아카이브를 살펴봤는데도 보물을 발견하지 못했다고 하자. 우리도 그런 경우가 몇 차례 있었다. 막상 위탁을 받고 보니 아무것도 없는 신생 브랜드인 경우나 브랜드의 역사를 검토해도 눈에 띄는 어떤 특징을 찾기 힘들 때도 있다. 그럴 때는 특이한 자산을 새로 만들어야 한다. 우리 주위를 둘러보면 이런 작업을 성공적으로 해낸 브랜드들을 적지 않게 찾을 수 있다. 마스터카드Mastercard는 '돈으로 따질 수 없는Priceless' 아이콘 캠페인으로 수십 년을 끌고 가는 전략을 수립했다. '무지개를 맛보세요Taste the Rainbow'로 자신들만의 세계를 창조해 낸 스키틀즈Skittles도 그중 하나다. 스키틀즈의 스폿 광고에는 매혹적이고 예상을 뒤엎는 걸작이 많다. 스키틀즈에 한계가 있다면 사탕 자체의 색깔뿐이다.

새롭고 특이한 브랜드 자산을 창출하는 방법은 최소 열 가지 정도로 추릴 수 있다.

1. 캐릭터를 만들라.

우리가 가장 좋아하는 캐릭터는 말하지 않아도 알 것이다. 대령이다. 앞서 설명한 대로 샌더스 대령은 활기 넘치고 시간이 가도 특이함을 잃지 않는 브랜드 캐릭터의 완벽한 현현이다. R.E.D.의 틀 안에서 기량을 뽐내는 또 다른 캐릭터들을 꼽아보자. 콘프로스트의 호랑이 토니, 가이코의 게코Geico Gecko, 올드 스파이스 맨, 미슐랭 맨Michelin Man 그리고 우리가 가장 좋아하는 또 다른 캐릭터인 판다 치즈Panda Cheese 등, 손가락이 모자랄 정도다. 아무리 바빠도 판다 치즈는 지금 당장 유튜브에서 찾아보기 바란다.

2. 특이한 브랜드 세계를 구축하라.

브랜드 세계를 특이하게 만들면 브랜드에 생기를 불어넣고 특별한 외관과 느낌과 미학을 구현할 수 있다. 브랜드와 마찬가지로 그 세계도 독특하고 특정 CUO를 소유할 수 있고 일관성을 유지하는 등 특이성의 세 요소를 모두 구현해 내야 한다. 글로시에와 애플은 호소력이 강한 브랜드 세계를 구축했다. 스키틀즈는 일관된 감성을 이어가는 스폿 광고로 그들만의 세계를 만들어간다. 스키틀즈라면 사족을 못 쓰는 애꿎은 희생자에게 인내심을 잃고 벌컥 화를 내는 마녀이든 스키틀즈 수두를 서로에게 옮기는 십 대들이든 광고에 등장하는 캐릭터는 도저히 일어나지 않을 것 같은 비현실적인 상황에서도 표정 하나 변하지 않고 제 할 일을 한다.

3. 일관된 광고 뼈대(프레임워크framework)를 만들라.

특이한 자산을 만드는 가장 확실한 방법은 상업광고에 맞는 표준화된 뼈대나 이야기 구조를 창안하는 것이다. 이들 프레임워크에는 특정 스폿 광고를 본 적이 없는 사람도 예상할 수 있는 특이한 리듬이 있다. 마스터카드는 4부로 된 '돈으로 따질 수 없다' 프레임워크로 이 방면에 통달했다. 먼저 특정 활동이나 사건이나 순간에 필요한 항목을 나열하고 값을 매긴 다음, 그 순간을 즐기는 캐릭터를 보여주고, 가격표로 따질 수 없는 감성적인 순간을 묘사한 뒤에, 늘 써오던 'Priceless' 문구로 마무리한다. 스니커즈의 공식도 이와 비슷하여 같이 어울리는 젊은이들의 격렬한 활동을 감당하지 못해 쩔쩔매는 노인이 등장한다. 그런 무력한 모습을 보다 못한 친구가 스니커즈를 건넨다. 그것을 먹자마자 마법처럼 본래의 젊은 모습을 되찾고 때맞춰 성우의 목소리가 끼어든다. '허기지면 실력이 안 나오지.' 유튜브에 올라온 베티 화이트Betty White의 스니커즈 스폿 광고에서 확인할 수 있다. 브래디 번치Brady Bunch의 광고를 봐도 좋다. 일관된 광고 프레임워크는 반드시 그 구조가 한결같아야 한다(우리 두뇌는 반복에서 위안을 찾는다. 특이성을 구축하는 것도 일관성이다). 다른 광고와 차별화하기 위해 다른 요소를 사용하더라도 활용하는 스토리와 긴장과 아이디어는 매번 동일해야 한다. 마지막으로 이들 구조물을 매번 명백하고 분명한 방식으로 사용해야 한다. 프레임워크를 숨기려 해선 안 된다. 그러면 특이성을 잃는다. 창의력이 왕성하면 몇 해 뒤에 이런 방식이 지겨워질지 모른다. 하지만 정해진 프레임워크를 포기하는 것은 제품 라인 하나를 버리는 것과 같다.

4. 귀에 찰싹 붙는 징글이나 캐치프레이즈나 태그라인을 만든다.

가이코의 '15분이면 자동차 보험료를 15% 이상 절약할 수 있습니다Fifteen Minutes Could Save You 15 Percent or More on Car Insurance'나 KFC의 '핑거 릭킹 굿'이나 콘프로스트의 '꽹장해! They're Great!'는 특이한 태그라인의 고전적 사례들이다. 그리고 징글은 세월이 가도 독특함을 잃지 않고 특정 CUO를 소유할 수 있고 일정해야 한다. 보험회사 스테이트 팜State Farm은 '다정한 이웃처럼Like a good neighbor'의 곡조를 현대적인 감각에 맞게 고치고 싶은 충동을 누르고 수년간 같은 모습을 유지하고 있다. 이런 징글과 캐치프레이즈, 태그라인은 뇌리에 선명하게 남아, 들을 때마다 기억 구조를 새롭게 해준다. 태그라인만 그런 것이 아니다. 호주의 KFC는 가치 캠페인 하나가 크게 성공하자 그것을 몇 년째 계속 사용하고 있다. 이 캠페인을 처음 만들 당시 마케팅 디렉터였던 애너벨 프리번스Annabel Fribence는 이렇게 설명한다.

"TV 광고는 모두가 반복을 통해 기억 구조를 연결하는 똑같은 스토리 전개 방식을 가지고 있습니다. 구조는 다 똑같아요. 주인공은 오늘따라 되는 일이 없습니다. 그때 KFC가 거부하기 힘든 가치 제안을 합니다. 그러자 사회적 기대를 가볍게 충족시킬 수 있다는 자신감이 생겨 "닥치고 내 돈이나 받아Shut up and take my money!"라고 외칩니다. 그 순간 일진이 바뀌죠. 그래요. 물론 호주에 사는 사람만 이런 분위기를 이해할지는 모르겠습니다. 하지만 이 문구

는 귀가 닳도록 들어 마치 속담처럼 되어버렸어요. 덩달아 우리의
가치 작업도 훨씬 더 기억에 남는 것이 되었고요."

5. 고유의 핵심 사운드가 있어야 한다.

타코벨의 '뎅'하는 종소리나 인텔Intel 전자합성음이나 영화가
시작되기 전에 로고와 함께 연주되는 20세기폭스20th Century Fox의
오케스트라 팡파르를 떠올려 보라. 할리-데이비슨은 V-트윈V-twin
엔진의 소리를 지켜내기 위해 오랜 세월 공을 들였다. 이런 소리
는 특정 브랜드만이 소유할 수 있어서 듣는 즉시 해당 제품을 연상
시킨다. 소리는 환기 기능이 무척 강해 한 번 기억 구조가 형성되면
수년간 지속되기도 한다. 법률 드라마 〈로 앤 오더Law&Order〉의 '둥
둥' 소리는 누구나 금방 알아볼 수 있어 〈SNL〉에서 패러디하기도
했다. 주제곡이나 반복되는 악구도 좋지만, 제품이 내는 실제 사
운드, 그러니까 지글거리거나 찰싹거리는 등 특이한 오디오 신호
도 얼마든지 활용할 수 있다.

6. 제품 또는 서비스를 내 것으로 만들라.

이 부분은 조금 까다롭지만 해당 카테고리에서 특정 영역을
'소유할' 수 있다면 특이해질 수 있다. 예를 들어 타코벨은 미국에
있는 멕시코(풍의) 음식이다. 그래서 우리가 찰루파나 타코나 케
셀루파를 광고하면 매우 특이하게 보인다. KFC 버킷도 매우 특이
해서 혹시 다른 브랜드가 이런 버킷을 제공해도 치킨 버킷이라는

콘셉트는 우리 브랜드하고만 연결된다. 제품이나 서비스가 거의 완벽하게 하나의 상표로 귀속된다면 그 효과는 실로 어마어마하다. 사실 이렇게 특이한 제품을 갖는 경우는 흔하지 않다. 시장에 치킨 체인점이나 피자 브랜드가 아무리 많아도 마음만 먹으면 포장이나 비법, 매장의 외관이나 디자인을 통해 어떤 식으로든 특이성을 드러낼 수 있다. 이렇게 각자 자기만의 공간을 아주 철저하게 자신의 것으로 소유하여 제품명 자체가 카테고리의 일반명사가 된 브랜드가 있다. 크리넥스Kleenex, 크로락스Clorox, 대일밴드, 영국의 진공청소기 후버Hoover 등이 그런 사례다. 이들 중 하나가 아니라면, 여기서 말한 다른 방법 중 하나를 통해 특이성을 직접 만들어야 한다.

7. 특이한 분위기의 스턴트를 시도하라.

레드불Red Bull하면 어떤 이미지가 떠오르는가? 부표가 세워진 장애물 코스 사이로 경비행기를 타고 통과하는 곡예이든 높은 창공에서 뛰어내리는 패러슈티스트의 스폰서가 되든, 그들은 극한의 스턴트 영역에서 고유의 권리를 주장해 왔다. 브랜드는 스턴트 같은 물리적 활동이나 디지털 활동에서 특이한 자산을 찾아 이를 문화와 연계시켜 입소문을 내고 연관성을 만들고 선풍을 일으킬 수 있다. 다시 한번 말하지만 가장 중요한 것은 일관성과 영역 표시다. 스턴트는 분위기를 일정하게 유지하고 직접적인 연결고리를 확보할 수 있을 때에만 효과를 발휘한다. 레드불은 '당신에게 날개를 달아드립니다! It gives you wings!' 같은 일관된 슬로건으로 극한 비행이나 비행과 연관된 모험에 초점을 맞춤으로써 이런 과제를 확실하게 해냈다. 그 외에 옛날 영화를 조롱하는 〈데드풀Dead-pool〉 포스터나 자동차를 우주로 보내는 테슬라 같은 콘셉트도 스턴트로 효과를 본 사례다.

8. 자신만의 명분이 있어야 한다.

눈치챘겠지만 우리는 '목적'을 좋아하지 않는다. 하지만 예외도 있다. 브랜드가 특별한 자기만의 명분을 구축하여 특이한 방식으로 사업에 주입하면 대중의 관심을 끌고 표적 고객과 연결고리를 구축할 수 있어 특이한 자산이 된다. 하지만 그 명분이 특정 CUO를 소유할 수 있을 만큼 독특하고 CSRcorporate social responsibility(기업의 사회적 책임)뿐 아니라 거의 모든 광고와의 접점에서 사용될 경우에만 효과를 기대할 수 있다. 이 방면에서 뛰어난 브랜드로 파타고니아, 탐스, 도브, 블랙 프라이데이에 문을 닫는 레이 등을 들 수 있다. 흔한 명분에 맞출 것이 아니라 특이한 방식으로 자신의 브랜드에게 어울리는 것을 찾아야 한다.

9. **고유의 형태가 있어야 한다.**

브랜드와 그 제품의 형태를 보라. 하나의 아이콘이 된 코카콜라 병, 폭스바겐 버그VW Bug, 컨버스 올스타Converse All-Star 스니커즈는 독특하고 일관되며 CUO를 소유한다. 키코만Kikkoman 간장병과 맥도날드의 골든 아치Golden Arches도 마찬가지다. 독창적인 패턴과 활자를 생각해 보라. 버버리Burberry의 시그니처인 버버리 체크무늬는 어떤 제품이 진품이고 어떤 것이 모조품인지 금방 식별하게 해준다. 우리의 크런치랩은 얌! 내에서 강력한 힘을 발휘하는 '형태'의 자산이다. 육각형 타코를 다른 곳에서 본 적이 있는가? 우리는 또한 독특한 폰트와 채색 구도와 ID 등을 카테고리에 보유하고 있다.

10. 고유한 의례가 있어야 한다.

'비틀고 핥고 담가서Twist, Lick, and Dunk' 먹어보라는 오레오 쿠키나 팀탐 슬램Tim Tam Slam(팀탐 초콜릿을 빨대로 삼아 코코아를 먹는 법)이 그런 좋은 예다. 이런 특이한 작은 의식儀式은 세대에서 세대로 전해져 먹는 사람은 의식하지 못한 채 본능처럼 그런 행동을 하게 된다.

스타버스트 핑크 프리즈 음료

마지막으로 한 가지 더 있다. 가끔 바보 같은 질문이 특이한 아이디어의 단서가 될 때가 있다. 그레그는 팀원들에게 정상적인 대답이 나오기 힘든 엉뚱한 질문을 던져 획기적인 아이디어를 얻어내곤 한다. 왜 그런 터무니없는 질문을 할까? 사람들, 특히 참신한 아이디어가 필요해 몇 날 며칠을 끙끙거리는 사람에게 새로운 각도에서 접근할 기회를 주기 위해서다.

2014년에 그레그는 팀원들과 대화하다가 불쑥 물었다. "우리가 즐겨 먹는 것 중에 마시게 할 수 있는 게 뭐 없을까?" 조금 뒤에 누가 답했다. "다들 사탕 좋아하잖아요. 그걸 마시게 하는 건 어떨까요?" 흥미롭기는 해도 실현하기엔 실용성이 없어 보였다. 사탕 맛이 나는 음료는 구체적으로 어떻게 만드는가? 그다음 주에 그레그는 어떤 회의에 참석했다가 제과 기업 마즈의 사람들을 만났다. 자기소개를 하고 잠깐 이런저런 얘기를 나누다 그레그는 불쑥 물었다. "그런데 말이죠, 스타버스트Starburst 음료 같은 것 어때요. 생각 없으세요?" 그들의 답은 아주 논리적이고 합리적이었다. "우린 음료는 만들지 않습니다. 우린 사탕을 만들어요. 음료는 생각해 본 적이 없는데요." 하지만 말은 그렇게 하면서도 그레그가 툭 던진 한마디에 무언가 반짝 아이디어가 떠오른 것 같았다. 그곳에 있던 사람들은 모두 그런 발상을 토대로 양쪽 브랜드에 이익이 될 획기적이고 특이한 것을 만들 수도 있겠다고 생각하기 시작했다.

얼마 지나지 않아 마즈는 이 콘셉트를 승인했고 그레그에게 스타버스트 중에 염두에 둔 맛이 있느냐고 물었다. 그럴 때는 제품이 가진 여러 측면을 특이하게 만들 방법을 알아내야 한다. 물론 마즈는 스타버스트 제품군의 인기를 바탕으로 가장 좋은 색을 우리에게 알려주었다. 우선 딥 체리 레드와 핑크 스트로베리가 있었다. 마즈는 얌!에게 체리 레드를 권했다. 계절과 관계없이 가장 인기 있는 맛이었기 때문이다. 마즈는 음료를 만들지 않았기 때문에 우리는 펩시에 연락하여 캔디의 맛과 색깔을 음료의 맛과 색깔에 맞춰달라고 요청했다. 펩시는 그 과제를 훌륭하게 해냈다. 맛과 색깔이 실제 캔디와 똑같았다. 스튜디오에서 촬영한 사진을 받은 그레그 팀은 사진이 가장 잘 받는 맛이 무엇인지 살펴봤다. 그리고 타코벨은 이를 TV를 거치지 않고 출시한 최초의 제품으로 만들기로 했다. 고객들이 SNS를 통해 이 음료를 처음 접하게 한 것이다. 따라서 인스타그램이나 스냅에서 드러나는 색감이 중요했다. 어떤 맛이 스튜디오에서 그럴듯하게 보이는가는 중요하지 않았다. 야외에서 사진을 잘 받는 맛이 무엇이냐가 더 중요했다. 고객은 그 음료를 주로 야외에서 마실 테니까.

그레그와 그의 팀은 캘리포니아의 태양과 파도를 배경으로 여러 가지 음료수를 백사장에 찔러 넣고 촬영했다. 체리 레드도 좋았지만 가장 돋보인 것은 스트로베리 핑크였다. 스트로베리 핑크는 매우 독특한 색감을 드러냈고 꾸준히 사용하면 특이해질 가능성이 충분했다. 마즈와 타코벨의 마케팅 지원으로 결국 스트로베리 핑크가 최종 승자로 결정되었다. 2014년에 스타버스트 핑크 프리즈Starburst Pink Freeze가 출시되었을 때 매출은 예상보다 300% 높게 나왔다. 스트로베리 핑크의 성공에 힘입어 타코벨은 스키틀즈 스트로베리 프리즈Skittles Strawberry Freeze 음료수도 출시했다. 당연한 얘기지만 스키틀즈 역시 마즈 소유였다. 두 제품 모두 단순히 얼린 음료가 아니기 때문에 매우 특이하다. 두 제품은 브랜드가 같고 그래서 독특하고 특정 CUO를 소유할 수 있으며 일관성이 있는 제품으로 눈에 띈다. 타코벨은 "음료수가 필요할 때 무엇을 드세요?"라는 질문으로 두 가지 좋은 아이디어를 얻었다. 스타버스트와 스키틀즈의 콜라보 덕분에 음료는 좀 더 연관성을 가지면서(익히 아는 맛에 대한 기대감이 있으니까) 동시에 마실 수 있는 형태의 캔디 때문에 더 특이해질 수 있었다.

특이한 캠페인

13

브랜드의 특이성을 찾는 과제는 유별나다고 할 정도로 복잡하다. 이유는 간단하다. 특이하려면 두드러져야 하는데 그러다 보면 때로 방법이 매우 엉뚱해지기 때문이다. 그런 일을 혼자 하기도 까다로울 텐데 여러 단계의 위계를 거치고 승인을 받아야 하는 조직이라면 더 말해 무엇 하겠는가? 그러나 하기 어려울 것 같아도 해야만 한다. 특이성이 없으면 그 브랜드의 운명은 끝이 정해진 것이나 다름없다. 아무리 구상을 잘해도 R.E.D. 혁신만으로는 소비자를 끌어들이기 어렵다. 편하고 쉽게 접근할 수 있게 해준다고 장담한 브랜드가 무엇이었는지, 또 관심을 가지고 살펴봤을 때 그것의 사회적, 문화적, 기능적 연관성을 알아차릴 수 있는 브랜드나 제품이 어떤 것이었는지 최종 소비자end user가 정확히 떠올려야 한다.

어떻게 해야 특이성을 확보할 구조와 문화를 만들 수 있을까? 컬라이더랩은 그에 대한 고유 전략을 세워놓고 있다. 그리고 이를 좀더 확실히 하기 위해 몇몇 대기업의 주요 인사들을 인터뷰했다. 우리는 특이성을 뒷받침하는 데 어떤 전략이 필요한지, 그리고 검증을 거친 신뢰할 만한 방법이라도 창의성을 억누르고 아무런 특징도 없는 덤덤한 작품이나 만들도록 부추기는 요소는 없는지 알고 싶었다. 아울러 우리는 특이한 아이디어를 개발하는 데 필요한 '문화 가이드'를 작성했다. 그레그는 CMO도 때로는 (그레그 자신의 경우처럼) 리서치 그룹에 직접 참여해야 한다는 입장이다. 그러면 직원들이 말할 것이다. "보고서에 다 나와 있는데요?" 하지만 리서치 그룹이 제품을 놓고 논의하는 현장을 직접 지켜보지 않으면 표정의 의미, 몸짓, 포커스 그룹의 피실험자가 마음속 열망을 투사할 때 드러내는 분노나 지루한 한숨 등 중요한 단서를 놓치기 쉽다. 결국 우리는 타코벨 내부에 연구 시설을 만들고, 실험용 주방에서 피실험자들에게 직접 음식을 제공하여 마케팅 팀의 다른 팀원들도 찾아와 수시로 관찰할 수 있도록 조치했다.

이 중에는 최고 경영진의 승인이 필요한 것도 있지만, 무엇이 됐든 작업을 수행하는 팀에 대한 신뢰가 선행되어야 한다. 따라서 먼저 조직에서 가장 명민하고 다양한 마인드를 가진 인재들을 하나로 모으는 절차가 필요하다. 결코 간단한 문제가 아니다. 그러나 앞서 언급한 대로 컬라이더랩이 박사 코스 중퇴자를 선호한다는 사실을 다시 한번 상기시키고 싶다. 특정한 자격, 특히 학문적인 자격을 요구해선 안 된다. 세상에는 MBA를 밟을 시간도 돈도 연줄도 관심도 없지만, 예리한 지성을 갖춘 인재들이 수두룩하다.

- 회의실에는 노선이 다른 사람들이 앉을 자리도 마련해 두어야 한다. 출신배경이 맞지 않는다는 이유로 그들의 아이디어를 무시해서는 안 된다.
- 컬라이더라는 말의 의미를 생각해 보라. 대담하고 혁신적인 아이디어는 서로 다른 세계와 배경이 충돌할 때 나온다. MIT의 유서 깊은 '빌딩 20 Building Twenty'은 지을 때부터 임시 시설로 분류되어 사무실 공간을 특별히 구획하지 않은 채 무작위로 할당했다. 덕분에 분야가 서로 다른 다양한 사람들이 의도치 않게 서로 만나고 떨어지고 다시 모이면서 공동 협업 프로그램을 진전시켰다. 특이함을 찾으면서 독특한 이탈이 필요한 프로젝트를 진행할 때는 이런 조건이 특히 중요하다.
- 회의 중에는 다양한 관점을 제시하고 자신의 문화적 외연이나 인생 경험을 공유할 수 있는 목소리가 나와야 한다. 그래서 가끔 깜짝 놀랄 말을 하거나 다른 사람이 쉽게 하지 않는 발언을 하는 동료나 직원이 없다면, 혹시 어설픈 동질감을 조성하여 팀의 잠재력을 억제하고 있는 것은 아닌지 자문해 봐야 한다.
- '좋은' 학교가 베푸는 전통적 개념의 교육을 받을 수 있다면 더

할 나위 없겠지만 세상 모든 사람들이 그런 부러운 혜택을 다 누릴 수 있는 것은 아니다. 배움의 길에서 좌절한 사람에게도 아이비리그에 들어갈 특전을 받은 인재에 못지않은 (또는 그 이상의) 두뇌와 추진력, 야망이 있을 수 있다. 그들을 우습게 여기지 말고 정규 경로에서 벗어난 경력을 가진 신입사원을 적극 환영한다는 사실을 인사 팀에 확실히 알려야 한다. (그리고 그들을 인턴 프로그램에 투입할 때는 제발 어느 정도 생활할 수 있는 임금을 지급하라.)

■ 이렇게 말하면 켄과 그레그의 여린 마음이 흔들릴 수도 있다. 그런 점도 전혀 없지는 않지만, 이는 실용적이고 창의적인 조언이다. 누가 지적하기 전까지는 무엇을 놓치고 있는지 모르는 법이니까. 획기적이고 특이한 혁신을 브레인스토밍할 때 이는 매우 중요하다. 지적한 사람에게 기회를 주라.

특이한 조직: 특이성의 문화와 구조

조직에서 차지하고 있는 지위에 따라 직장 내 문화를 통제할 수 있는 능력이 다르고 상사와 자신 있게 공유할 수 있는 창의성의 크기도 다를 것이다. 특이성을 우선시하는 기업에게 이는 숨길 수 없는 특성이어서, 창의적이고 집행 권한이 있는 직급에서 활약할수록 더 유리하다. 늘 그렇듯이 할 수 있는 일을 하라. 비록 일을 처리하는 방식에서 아주 작은 부분 외에 바꿀 능력이 없다고 해도 아주 안 하는 것보다는 낫다.

이제 특이성을 지원하고 육성하는 조직을 만드는 정석을 소개하겠다. 우리는 전 세계에 흩어진 우리의 마케팅 부서 중, 지속적으로 특이한 캠페인을 만들어내고 있는 부서는 물론 뚜렷한 성과를 내지 못한 마케팅 팀까지 인터뷰하여 이런 공식을 만들어냈다.

목표와 브랜드에 대한 이해를 조율하라

"우리가 달성하려는 목표를 사람들은 저마다 다르게 생각한다."

"당신이 생각하는 목표는 연관성에 관한 것이 아니라 독특한 외관과 느낌, 톤과 세계와 이미지에 관한 것이다. 모두가 그것을 이해하는 것은 아니다. 목표를 감성적 연결이나 메시지와 관련된 것으로 생각하는 사람들이 많다."

"공통의 언어가 있어야 하고 특이성에 대한 이해도 필요하다."

이 세 인용문은 성공하지 못한 마케팅 부서 세 곳에서 가져온 것이다. 이들의 공통된 첫 번째 문제는 팀원들의 생각이 서로 달랐다는 점이다. 결국 무엇보다 '특이성'을 최우선으로 여기고 그 점을 장려하는 분위기를 조성할 필요가 있다. CEO에서 말단에 이르기까지 모든 사람들이 특이성의 중요성을 인식해야 한다. 그걸 모르면 알도록 깨우쳐야 한다.

지나치게 복잡하고 관례적인 브리핑은 피하라

"우리는 먼저 캠페인부터 만들었다. 그런 다음 광고할 개별 제품에 대해 고민했다."

핵심은 이것이다. 제품에 대한 브리핑을 일일이 작성하거나 그것이 고유의 제품이나 브랜드인 것처럼 제시해서는 결코 특이한 캠페인을 만들 수 없다. 이것은 특이성에서도 아주 기본적인 사항이어서 오히려 간과하기 쉽다. 어떤 제품이나 제안, 어떤 TV 광고 등 무엇이 됐든 모두 고유의 아이디어가 있기 때문에 각기 다르게 보이고 다른 느낌을 준다. 그보다 먼저 장기적인 캠페인부터 찾고 난 뒤에 개별 문제에 접근한다면 성공할 확률이 더 높다. 제품이 아니라 캠페인 브리핑부터 작성하라.

주방에 셰프를 두 명 이상 두지 말라

"우리 CMO는 광고기획사의 크리에이티브 디렉터와 마음이 통한다."

마케팅과 광고 분야의 미팅 시간에는 '반대를 위한 반대'가 많이 나오기로 악명이 높다. 그것을 꼭 나쁘다고 말할 수는 없지만 그래도 마케팅의 중요한 문제를 한 가지 지적하지 않을 수 없다. 인간은 본능적으로 당면한 문제에 대해 저마다 의견을 가지고 있으며, 각자 그것을 개진하려 한다는 사실이다. 평소 생활에서는 그런 본능이 매우 유익할지 몰라도 창의적인 문제를 다룰 때는 치명적일 수 있다. 모두가 저마다의 의견이 있으면 좋은 것 아니냐고? 솔직히 특이성에 도움이 되지 않는다. 흠이 있어도 흥미로운 것에 전념하고 거기에 올인하는 편이 더 낫다는 컬라이더랩의 규칙을 상기하길 바란다. 창의적인 문제에 관한 한 민주주의적 분위기에서는 그런 일을 기대할 수 없다.

논란의 여지가 없는 것은 아니지만 이는 오래전부터 입증된 사실이다. 훌륭한 마케팅 캠페인은 위원회에서 만들어지지 않는다. 서로 다른 의제를 가진 그룹에 있는 사람들이 모두의 지지를 받을 만한 뭔가를 만들려 애쓴다면 결국 아무런 특징도 없는 어정쩡한 결과물만 나올 것이다. CMO(또는 마케팅 이사 또는 광고 책임자)와 계정을 다루는 기관의 크리에이티브 디렉터가 같은 비전에 따라 의견을 조율할 때 비로소 진정한 특이성이 있는 캠페인이 만들어진다.

두 명의 셰프를 왕좌에 앉히고 싶으면 그렇게 하라. 브랜드 쪽의 마케팅 리더와 광고사 쪽의 크리에이티브 디렉터에게 왕관을 씌우라. 하지만 이 특별한 프로젝트에 대해서는 민주주의를 사양한다는 사실을 분명히 통보하라.

확실한 창의적 비전을 가져라

"확실하게 창의적인 캠페인이 없으면 말단이나 중간층 누구도 무엇을 해야 할지 모른다."

"아이디어는 엄청나게 많지만, 우리에겐 우선순위가 없다. 우리의 목표가 무엇인가? 거기에만 집중해야 한다. 모든 아이디어를 동시에 진행시킬 수는 없다. 광고기획사는 우리에게 열두 개의 아이디어를 내놓겠지만 우리는 그들에게 그중 하나만 하라고 말할 것이다."

일단 두 셰프가 매진하는 방향이 하나로 정해지면 그것을 조직의 나머지 사람들에게 효과적으로 전달해야 한다. 그런 다음 그들이 조율한 과제를 두고 모든 사람들이 맡은 바 임무를 자신 있게 수행하도록 권한을 부여해야 한다. 바로 이 부분에서 다른 사람들이 끼어들어 저마다의 창의력으로 도움을 주게 된다. CMO와 크리에이티브 디렉터 두 사람만 작품을 만드는 것은 아니다. 아이디어와 중요하고 특이한 자산에 대해 크리에이티브 디렉터와 CMO의 생각이 모이면 다른 팀들도 보조를 맞출 수 있도록 방망이를 조금 느슨하게 잡을 필요가 있다. 가이드라인과 브랜드 아이디어에 대한 정의와 '가/불가'에 대한 목록을 명확하게 설정해 두어야 결과에 충격을 받는 일이 없을 것이다.

데이터에 매몰되지 않도록 조심하라

"그래프나 차트, 프레임워크, 전략이나 복잡한 감성적 연결고리
가 너무 많을 때가 있다. 아이디어를 떠올리는 일은 잊어버리라.
정작 문제는 이 모든 것의 의미를 이해하는 것이다."

"그래프와 차트를 한 번 보라! 도대체 이게 다 뭔가? 뭐 하자는
것인가?"

파워포인트를 동원하여 진지하게 프레젠테이션하지만, 회의실에
있는 사람들 절반은 애당초 우뇌형 인간이다. 비록 그들이 이런 시
각적 요소를 지적으로 이해한다고 해도 그것을 대단히 권위 있는
자료로 받아들일 가능성은 낮다. 어마어마한 분량의 데이터로 팀을
압박하기보다는 좀 더 설명조로 정보를 공유해 보라. 평소에도 아이
디어와 인사이트와 스토리를 공유하라. 특이성은 결코 데이터의 문
제가 아니기 때문에 데이터를 쌓아놓고 시작하는 것은 의미가 없다.
스토리를 전달하고 경험을 공유하라. 그 과정에서 약간의 직관과 감
성과 뜻밖의 발견이 따른다면 더 바랄 것이 없을 것이다.

승인 절차를 간소화하라

"캠페인은 훌륭했지만, 내부에 승인을 받아야 할 사람이 너무

많아 엉뚱한 곳에 힘을 빼앗기다 보니 결국 평범한 작품이 되고 말았다."

"결정은 다 위원회가 한다… 광고기획사가 회의실에서 열다섯 명의 고객으로부터 피드백을 받는 것은 드문 일이 아니다. 정말 못 할 노릇이다."

"회의에 참석하는 인원이 적었으면 좋겠다. 직급이 낮은 직원들이 회의에서 당당하게 목소리를 내는 것도 필요하고 그들에게 경험을 쌓을 기회를 주어야 한다는 주장도 일리는 있다. 하지만 모든 사람의 의견을 듣고 그를 전부 공유하려 하다 보면… 엉뚱한 사람의 의견 하나 때문에 일을 그르치는 경우도 없지 않을 것이다."

의사 결정권을 가진 사람의 수를 제한해야 한다. CMO나 마케팅 리더를 믿고 승인 절차를 간소화하라. CEO가 크리에이티브를 일일이 결재하면 조직의 어디선가 문제가 생길 때 빠르고 대담하고 창의적인 방식으로 해결할 수 없다.

앞서 언급한 오틀리 사례를 상기하기 바란다. 우리는 오틀리의 CCO인 존에게 그런 과감한 작업을 원활히 수행할 수 있었던 경위를 물어봤다.

우리는 마케팅 부서가 없습니다. 대신 오틀리 마인드 컨트롤

부Oatly Department of Mind Control라는 창의적 부서가 있죠. 우리는 자체 브리핑을 하고 작업을 진행한 다음 어느 정도 됐다고 생각되면 승인합니다. CEO 토니를 제외한 회사 내 누구도 우리가 하는 일에 제동을 걸 수 없습니다. 토니와 약정을 맺었거든요. 우리는 세계 최고들이니 마음에 들지 않더라도 막지 말라고 말입니다. 그런 책임감과 기회가 주어졌기 때문에 독특하고 우리만의 뭔가를 창조할 수 있는 겁니다. 마케팅 부서에서 정치를 걷어내면 아주 놀라운 결과를 기대할 수 있습니다.

정확한 KPI로 성공을 측정하라

"우리는 잘못된 KPI(핵심성과지표)를 사용하기 때문에 브랜드 평판 같은 질문에 정확한 수치로 답하지 못한다. KPI에 의하면 소비자들은 여전히 우리를 이 카테고리의 선두주자로 보고 있다. 하지만 그것이 특이성은 아니지 않은가?"

어떤 핵심성과지표로 성공을 측정하는가? 측정기준이 정확하지 않으면 목표에서 벗어나기 쉽다. 기존의 카피 테스팅copy testing(TV에 광고를 내보내기 전에 그 효력을 알아보는 실험 – 옮긴이)은 소비자들의 두뇌가 합리적으로 작동한다는 믿음을 전제로 한다. 이런 자료는 획기적이고 특이한 캠페인을 만드는 데 방해만 될 뿐이다. 소비자들에게 캠페인에 대한 판단을 요구하는 카피 테스트는 대부분 자연스럽지 못한 방법론을 쓴다. 이 경우 응답자들은 논리적이고 합리적인 시각으로 캠페인을 본다. 그들은 브랜드의 눈치를 보기 때문에 신중하게 생각하고 대답한다. 하지만 막상 실제 상황에서 그 캠페인이나 매장 디자인이나 제품의 혁신적인 특징을 접할 때 그들은 그런 식으로 보고 판단하고 반응하지 않는다.

특이성을 측정할 때는 정확한 KPI를 사용해야 한다. KPI의 궁극적 용도는 매출을 늘리기 위한 것이다. 이 경우엔 주관적인 최초상기도가 아주 쓸모 있다. 이 외에도 우리는 로고나 브랜드 이름을 모두 없앤 상태로 광고를 내보낸 뒤에 응답자에게 세 가지 질문을 하는 방식을 택한다. 1) 이 광고를 보셨습니까? (획기적인 면) 2) 어떤 브랜드의 광고인지 아시겠습니까? (어트리뷰션/특이성) 3) 메시지에 호소력이 있습니까? 그 이유는 무엇입니까? (연관성) 점수가 낮고 매출이 늘지 않으면 마케팅 팀은 광고를 내린다. 고통스럽지만 그렇게 해서 중요한 교훈을 하나 얻는다.

스마트한 모험이라면 피하지 말라

조직의 규모가 크면 현상을 유지하기도 어렵다. 그러니 위험을 감수하고 새로운 방향으로 조직을 이끌라고 마케팅 리더들을 다그치기가 쉽지 않다. 화합을 도모하고 어느 사람의 심중도 거스르지 않고 실패를 피하는 쪽이 안전하다. 이미 평판이 좋은 브랜드일 경우엔 특히 그렇다. 현 상태를 유지하면서 위험을 피하고 싶은 유혹은 늘 있게 마련이다. 하지만 훌륭한 마케터가 되려면 무엇보다 실패를 두려워 말아야 한다.

—데이비드 깁스David Gibbs, 얌! CEO

두려움이야말로 특이성을 죽이는 첫 번째 요소다. 수백만 달러를 날리는 대실패를 승인한 당사자로 낙인찍히는 것이 두렵지 않은 사람은 아무도 없다. 그렇다고 '허접하다'라는 혹평조차 듣지 못하는 평범한 작품을 승인해준 사람이 되는 것도 싫기는 마찬가지일 것이다. 우리 세계에서 가장 대담하고 눈에 띄었던 캠페인도 처음 공개되었을 때는 많은 물의를 일으켰다. 올드 스파이스 맨을 생각해 보라. 복잡한 구석이라고는 전혀 없는 캐릭터였다. 하지만 그는 터무니없었고 과장이 심했고 독특했다. 그가 대신한 캠페인은 어떤 이미지였을까. 웃통을 벗어젖힌 근육질의 남자가 산악자전거를 들고 요란한 소리를 내며 흐르는 계곡물을 통과한다. 태그라인과 제품 이미지만 바꾸면 저탄수화물 맥주부터 생명보험에 이르기까지 무엇이든 갖다 붙일 수 있는 광고다. 그런데 올드 스파이스의 그 남자를 보라. 그리고 나를 보라. 그리고 다시 그를 보라. 잠깐 이런 걸… 우습게 볼 일이 아니다. 말을 탄 아이제이아 무스타파를 보라. 사실 만들 때부터 논란이 많았다. P&G가 이 콘셉트를 승인한 것은 무스타파의 명성 때문이 아니었다. 사실 그는 미식축구에서 별다른 두각을 나타내지 못했던 선수였다. 그래서 크게 우려하는 사람들이 많았을 것이다. 그들은 가뜩이나 시원치 않은 시장 점유율마저 흔들리지 않을까 걱정했다. 그러나 이 올드 스파이스는 현재 10년 넘게 이어지고 있는 캠페인이 되었다. 요즘은 심지어 그의 Z세대 아들까지 등장시켜 아버지와 아들 간에 일어날 수 있는 세대 차이 문제까지 소재로 삼는다.

두렵다고 해서 특색 없는 작품을 만들 수는 없는 것 아닌가? 밀고 나가라. 그리고 크리에이티브를 믿어라. 독특하고 특정 CUO를 소유할 수 있고 일관성이 있다면, 그건 올바른 선택이다.

'개구리 해부'를 피하라

"일단 기계를 통과하면 흥미로운 긴장감이나 창의성은 제거된다. 그런데도 어쩐 일인지 여전히 대담하고 기적을 행할 것으로 기대된다."

"그동안 우리 쪽에는 사람과 의견이 많고 조사도 인사이트도 많았다. 그러다 막판에는 다들 겁쟁이가 되어 납작 엎드린다."

많은 기획사 크리에이티브들이 고개를 끄덕이는 광고 기법으로 '개구리 해부'라는 오래된 우화가 있다. 브랜드는 창의적이고 특이하며 획기적인 캠페인에 돈을 지불한다. 하지만 생각이 너무 많은 탓에 그것을 떼어내고 가르고 자르고 이리저리 움직여 보다 결국엔 괴상한 프랑켄슈타인을 만들고 만다. 개구리를 잡아 해부한 다음 봉합하여 다시 뛰기를 기대하는 것과 다를 바 없다.

특이성을 얻겠다고 개구리를 해부해선 안 된다. 아이디어의 핵심을 찾아 다듬고 보강하고 몸집을 키워도 그것을 해부하지 말라.

특이성 연습

14

자산 매핑

이제 특이성과 그 기능을 확인했으니 당신 브랜드가 특이성을 얼마
나 잘 발휘하고 있는지 평가해 보자. 실제 소비자 데이터를 활용하
는 고급 컨설팅을 통해 아이디어를 진단할 수 있다면 더할 나위 없
겠지만, 급한 대로 여기 제시한 연습으로도 어느 정도인지 확인할
수 있다.

그럼 시작해 보자!

1. 먼저, 당신의 브랜드 자산 중 특이한 것들을 모두 떠올려 첫 번째 칸에 적어 넣는다. 캐릭터나 브랜드 세계나 광고 프레임워크, 로고송/태그라인/캐치프레이즈, 소리, 제품, 스턴트, 명분, 모양/색/서체 등 무엇이든 좋다. 열다섯 칸을 모두 채우지 않아도 된다.

2. 그런 다음 각각의 특이한 브랜드 자산을 세 가지 요인(3A) 기준에 따라 평가한다(1~10).

   ■ 어트리뷰션 강도(해당 브랜드를 당신의 브랜드로 정확히 알고 있는 사람들이 얼마나 되는가)

   ■ 주의력 강도(얼마나 획기적이고 어느 정도의 관심을 받는가)

   ■ 인지 강도(이 자산을 아는 사람이 얼마나 되는가)

3. 마지막으로 표에 매긴 점수를 바탕으로 각 사분면에 자산을 표시하라.

그 전에 한 가지 예를 들겠다. 헬로 키티Hello Kitty를 하나의 브랜드라고 하자. 헬로 키티는 산리오Sanrio의 많은 캐릭터 라인 중 하나이지만, 아주 특이하고 잘 알려져 있기 때문에 그 자체를 하나의 브랜드로 봐도 무방하다. 아래에 제시한 헬로키티 브랜드의 이미지를 보고 헬로키티의 특이한 브랜드 자산이라고 생각되는 것들을 꼽아보라.

먼저 그들의 특이한 브랜드 자산부터 꼽아보자. 헬로 키티 자신, 멜빵바지, 잘 알려진 'Hello Kitty' 폰트, 노란 코, 아이콘 활, 테디

헬로 키티의 브랜드 자산

참Teddy Chum(헬로 키티가 데리고 다니는 테디 베어) 등등.

　이제 각 자산을 3개의 A로 평가한다. 먼저 헬로 키티를 보자. 헬로 키티의 인지도가 매우 높다(10)는 점은 아무도 부인하지 못할 것이다. (평소 이쪽 카테고리에 조금이라도 관심을 가진 사람이라면 대부분 헬로 키티를 본 적이 있을 것이다.) 헬로 키티는 또한 그 많은 만화 캐릭터들 사이에 끼어도 다른 캐릭터로 오인할 수 없을 정도로 어트리뷰션에서 매우 높은 점수(10)를 얻는다. 관심도도 아주 높다고 할 수 있다(10). 얼굴이나 성격이나 지위 등은 단순한 색깔 같은 것보다 더 쉽게 주목을 받는다.

　활도 헬로키티 브랜드의 또 다른 자산이다. 활은 이미 아이콘이 된 지 오래여서, 간혹 헬로 키티를 대신하기도 하는 자산이다.

　따라서 활의 인지도도 꽤 높다(9)고 할 수 있다. 이 아이콘 활의 인지도도 헬로 키티 자신에 못지않다. 활의 어트리뷰션은 어떨까? 미니 마우스와 벳시 존슨Betsey Johnson 등 다른 브랜드와 캐릭터도 유명한 활이 있으며 나름대로 특이하다. 이런 이유로 우리는 헬로 키티 활도 어트리뷰션에서 꽤 높은 순위(8)를 매긴다. 활의 주의력 강도는 특징이나 단순한 색상 등으로 보아 중간 정도(6)로 보면 될 것 같다.

헬로 키티의 브랜드 자산 중에는 조이 마우스Joey Mouse도 있다. 가끔 헬로 키티와 함께 등장하는 파란 쥐다. "응? 무슨 쥐? 아! 본 적 있어. 그런 것 같아." 사진을 보여주면 절반 정도는 그렇게 생각할 것이다. 하지만 헬로 키티의 열혈 팬이 아니라면 모를 정도로 인지도는 낮다(3). 헬로 키티가 옆에 있지 않을 때는 더욱 그렇다. 조이 마우스의 어트리뷰션은 어떨까? 녀석을 다른 캐릭터로 오인하지는 않을까? 적어도 현재로서는 그럴 확률도 있다고 본다. 따라서 우린 조이의 어트리뷰션 등급도 낮게 매긴다(3). 그래도 관심도 점수는 조금 더 줄 수 있을 것 같다(6).

앞에 열거한 각각의 자산에 대해 모두 이런 식으로 점수를 매길 수 있다. 그래서 최종 점수표는 그림 18처럼 나올 것이다. 이제 이 표를 매핑 차트mapping chart로 바꾼다. 어트리뷰션은 가로축이고 관심도는 세로축, 인지도는 동그라미의 크기로 나타낸다.

주어진 자산을 특이성 자산 매핑 차트에 표시함으로써 어떤 자산이 파괴력이 있고 어떤 것이 기회이며 어떤 자산에 신중을 기해야 하는지 판단할 수 있는 시각적 진단서가 마련되었다. 이런 연습을 통해 우리는 헬로 키티에서 다음과 같은 사실을 알아냈다.

그림 18

자산	어트리뷰션(0~10)	관심도(0~10)	인지도(0~10)
헬로키티	10	10	10
붉은색 활	8	6	9
조이 마우스	3	6	3
멜빵바지	4	4	5
'Hello Kitty' 폰트	2	3	3
수염과 노란 코를 가진 하얀 고양이 모양	10	8	10
붉은색	2	2	2
핑크와 레드와 화이트의 컬러 콤보	6	3	5

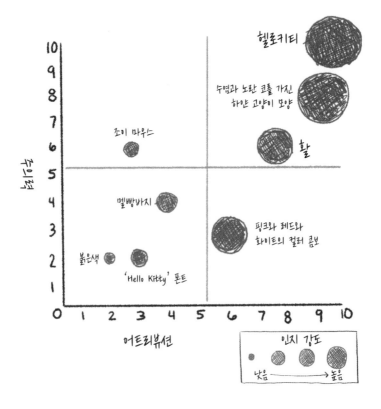

14장 특이성 연습

오른쪽 위 사분면: 여기가 주요 자산이다. 모든 접점에서 이들 자산을 활용할 수 있다면 커뮤니케이션의 효율성은 크게 향상될 것이다.

- 헬로 키티 자신
- 수염과 노란 코를 가진 하얀 고양이 모양
- 활

왼쪽 위 사분면: 많은 관심을 끌지만, 브랜드와 쉽게 연결되지 않는 자산이다. 브랜드가 구체적으로 드러나지 않는 환경에서는 이들 자산을 사용하지 말아야 한다. 그렇지 않으면 본의 아니게 경쟁사의 기억 구조만 강화시키게 될지 모른다.

- 조이 마우스

오른쪽 아래 사분면: 여기 있는 것들은 확실히 특이한 자산이다. 즉, 사람들은 그것이 당신 브랜드라는 것을 금방 알아챈다. 문제는 그다지 많은 관심을 끌지 못한다는 것이다. 이런 자산은 조연으로 삼아 관심을 많이 끄는 다른 자산과 함께 사용하면 된다.

- 핑크, 레드, 화이트의 컬러 콤보

왼쪽 아래 사분면: 이것들은 관심도 끌지도 못하고 당신의 브랜드라는 것을 금방 알리지도 않기 때문에 문제가 있는 자산이다. 폐기하거나 어트리뷰션 자산과 함께 사용하는 방법을 생각해볼 필요가 있다.

- 레드
- 멜빵바지
- 'Hello Kitty' 폰트

참고: 오른쪽 위 사분면에 있는 작은 동그라미들은 캐내지 않은 금광이다. 주의를 끌 수 있고 독특하다. 여기에 투자하여 사람들에게 알릴 필요가 있다. 앞으로 몇 년 동안 배당금을 안겨줄 것이 분명한 자산이기 때문이다.

이런 연습을 기회로 삼아 아카이브에서 소중한 보물을 찾아 활용하길 바란다. 잘만 활용하면 어떤 자산이 투자할 가치가 있고 어떤 자산이 가장 쓸모 있는지 판단하는 데 큰 도움이 될 것이다. 보유한 자산이 너무 없어도 문제지만 너무 많아도 브랜드를 효과적으로 구축하고 방어하기가 어렵다. 장기적으로 투자할 만한 자산을 골라내는 일이야말로 성공의 열쇠다. 그리고 그렇게 고른 자산을 잘 배합해야 한다. 시각적 자산만 자산이 아니다. 소리와 텍스트 라인, 특이한 냄새, 심지어 시그니처 고객 서비스 활동도 활용을 고려해볼 필요가 있다.

이제 남은 것은
실천뿐이다

15

여기까지다! 설명한 대로 컬라이더랩과 얌!은 R.E.D.의 토대 위에 마케팅 전략을 수립함으로써 기하급수적인 성장을 경험했다. 당신도 그러길 바란다. 또한 이 프로그램을 통해 힘든 시기를 이겨낼 용기를 얻었으면 하는 바람이다. 그 사이에 세계 경제가 어떤 굴곡진 행보를 보일지 누가 알겠는가. 우리가 장담할 수 있는 것은 R.E.D.를 손에 넣기만 하면 폭풍우를 뚫고 살아남을 기회가 더 많다는 사실뿐이다. 그러니 어디를 출발점으로 삼겠는가?

그레그 크리드가 자주 인용하는 문구가 있다. 곤경에 처한 브랜드를 되살릴 방법을 몰라 다들 쩔쩔맬 때 그는 말한다. "바다를 끓이려 하지 말라." 위기가 닥쳤을 때 그리고 제품과 마케팅과 매장 경험 등 모든 것이 문제처럼 보일 때는 본능이 가리키는 쪽과 반대로 갈 필요가 있다.

팀이란 팀을 모두 동원해 문제를 한꺼번에 해결하려 하지 말고 잠시 멈춰 작가 찰스 두히그Charles Duhigg가 말하는 '쐐기돌 문제key-stone problem'를 생각해 보라. 쐐기돌은 아치의 꼭대기 중앙에 있는 돌이다. 일단 쐐기돌을 끼우면 석공도 잠시 숨을 돌릴 수 있다. 쐐기돌이 제자리를 잡아 아치가 튼튼한 구조와 바른 형태를 유지할 수 있다는 것을 확인했다면 다른 작업이나 조경에 눈을 돌리거나 점심을 먹어도 좋다.

두히그는 한 때 문제가 많았던 알루미늄의 거인 알코아Alcoa의 사례를 즐겨 인용한다. 당시 알코아의 CEO였던 폴 오닐Paul O'Neill은 당장 해결해야 할 가장 중요한 문제로 작업장의 안전을 꼽았다. 자세한 사연은 두히그의 저서 《습관의 힘The Power of Habit》에서 확인할 수 있지만, 여기서는 오닐이 직원의 안전에 많은 노력을 쏟아 여러 분란을 초래했다는 사실만 일러두겠다. 주주들은 매출이 계속 떨어지고 주가가 하락할 것으로 예상하여 노골적으로 반대했다. 알코아의 문제는 한둘이 아니었지만, 노동자들의 안전이 해결해야 할 급선무라고 여기는 사람은 아무도 없었다. 하지만 폴은 알코아의 쐐기돌이라고 생각한 문제를 해결함으로써 회사를 회생시켰다.

쐐기돌은 비유하자면 도미노 현상을 일으키는 첫 골패에 해당한다. 근로자의 안전을 강조하자 관리자들과 직원들의 관계에 수많은 연결고리가 생겨났고 이는 더욱 효율적인 방법을 찾아내는 아이디어로 이어져 더 나은 혁신을 불렀다.

우리는 R.E.D.를 사용할 때도 같은 방식을 취한다. 먼저 한 발짝 물러서 가장 중요한 한 가지 핵심 문제를 알아내고, 당장 최상의 ROI를 가져다줄 변화가 무엇인지 파악한다. 일단 작은 성공을 거둬 계속 치고 나갈 동력이 마련되면 마음 놓고 다음 해결책을 모색할 수 있다. 그러면 CEO는 안도의 한숨을 내쉴 테고 팀은 더욱 자신감을 갖게 될 것이다. 성공은 또 다른 성공을 낳는다. 한 가지 핵심 문제에 집중하면 성공의 기회는 더욱 많아진다.

물론 말처럼 쉬운 일은 아니다. 과감히 한 가지 해결책에 모든 역량을 집중시켜야 하지만, 그러기 위해서는 사람들의 의지를 하나로 모아 굳게 다져야 한다. 그게 어디 쉬운 일인가? 또 모두가 동의한다 해도 정작 문제는 쐐기돌이 무엇인가 하는 점이다. 결코 가볍게 다룰 수 없는 매우 중요한 문제다. 우리는 치밀한 집중력으로 이를 찾아내는 데 보통 몇 주를 바친다. 이때 우리가 사용하는 것이 바로 '4C The Four C' 방법론이다. R.E.D. 말고 필요한 게 또 있다고? 걱정할 필요는 없다. 쐐기돌 문제와 해법을 찾는 한편, 비즈니스의 모든 측면을 검토할 수 있게 해주는 매우 간단한 방법이니까.

4C(아니, 3C와 1B)

3C는 일본의 저명한 경영학자 오마에 겐이치大前研一가 개발한 전형적인 경영분석 프레임워크다. 〈이코노미스트Economist〉가 '세계 5대 경영 분야의 권위자 중 한 명'이라고 치켜세운 오마에는 90년대 초에 쓴 책에서 자신이 개발한 방법론을 설명한다. 그는 회사Company, 고객Customer, 경쟁Competition 등 3C로 이루어진 '전략 삼각형Strategic Triangle'을 소개하면서, 3C가 "모든 전략적 사고와 기획의 기초"가 되는 요소라고 말한다. 컬라이더랩은 여기에 네 번째 요소로 문화Culture를 추가했다. 이제는 당신도 동의하겠지만 문화는 성공에 절대적으로 필요한 요소다. 또한 우리는 회사 전체가 아니라 브랜드만 내세워야 한다고 생각해서 'B'를 추가하기도 한다. 아직 원개념만큼의 인기는 없지만 우리는 우리의 '3C와 1B'가 이런 목적에 더 유용하다고 생각한다. 그래도 편의상 '4C'라고 부르자. 왜냐고 묻지는 말기 바란다. 4C는 브랜드를 둘러싸고 벌어지는 일을 완전히 파악하기 전에 대답이 필요한 질문들을 놓치지 않게 하는 것이 그 목적이니까.

그래서 여기서 4C 연습을 통해 이런 질문을 할 수 있다.

1. 소비자

소비자들의 주변에서 지금 무슨 일이 일어나고 있는가? 코로나 19 상황에서 소비자들은 어떤 자신감으로 세상을 대하고 있는가?

두려움이나 불안을 느끼는가? 정상으로 속히 돌아가기만 간절히 바라는가? 그들의 삶을 구성하는 그 밖의 다른 요소들은 무엇인가? 예상되는 경기 침체는 그들의 행동에 어떤 영향을 미치는가? 이런 질문을 던진 다음, 우리는 소비자의 사고방식과 관련하여 태도와 관련된 좀 더 편안한 질문에 대한 답을 찾는다. 폭발적인 인기를 끌고 있는 TV 쇼나 SNS에서 널리 공유되는 밈이나 주제를 관찰하면 그 답이 보일지 모른다. 고객의 머리와 가슴을 이해하려면 또 무엇을 살펴야 하는가?

2. 카테고리

우리의 카테고리에서 성공을 거둔 브랜드로 어떤 것이 있는가? 어떤 브랜드가 시들해지는가? 이들 브랜드가 제시하는 것은 무엇이며 이들이 성장하거나 위축되는 이유는 무엇인가? 이들에게서 무엇을 배울 수 있는가? 어떤 CUO가 성장하거나 위축되는가? 그 이유가 무엇인가?

3. 컬처 코드

내 카테고리에서 큰 비중을 차지하는 컬처 코드는 무엇인가? 내 브랜드는 그것과 잘 맞는가? 앞서 5장에서 설명한 대로 우리는 2011년에 타코벨을 통해 패스트푸드에 미치는 컬처 코드의 영향력을 실감하기 시작했다. 요즘 뉴스 산업에 종사하는 사람이라면 여기서 진실과 사실을 추구하기도 하고 외면하기도 하는 문화의 복잡한 면면을 파헤칠 수 있다.

4. 마지막으로 브랜드

당신의 브랜드를 둘러싼 상황은 어떻게 변하고 있는가? 먼 과 거로 거슬러 올라가 거기서 시작하라. 예전의 당신 브랜드는 소비 자에게 무엇을 상징했는가? 지금 그것은 무엇을 상징하는가? 왜 바뀌었는가? 다른 기업들과의 경쟁력은 어떤가? 올바른 CUO로 앞서가는가? 컬처 코드를 충족시키는가? 혹시 표적을 놓치고 있 지는 않은가? 왜 그런가?

도전

우리의 경우, 시간적 여유가 있고 남아공 KFC처럼 문제가 복잡할 때 는 4C를 분석하는 데 보통 12주를 잡는다. 그 나라에선 네 가지 C 가 모두 급격하게 요동쳤다. 하지만 필요하다면 속도를 높여 1~2주 안에 끝낼 수도 있다. 이럴 때 우리는 분할해서 해결하는 방식을 적 용하여 팀원들에게 각자의 C를 들고 여행을 떠나게 한다. 누구는 인 구통계학적, 심리학적 변화를 심층 분석하여 고객 C에 답하고, 또 누구는 경쟁의 C를 뒤져 오래된 광고를 확인하고 가격 구조를 살피 거나 SNS를 심층 분석하고 각 브랜드의 강점과 약점을 연구한 해당 카테고리의 출판물을 찾아 나선다. 컬처 코드를 다룰 때는 이 주제

와 관련 있는 학자들이나 문화전문가들과 그룹 채팅을 주선한다. 그렇게 하면 각각의 C에서 벌어지는 일을 해독하는 작업에 필요한 중요한 문화적 맥락을 빠짐없이 짚어낼 수 있다.

그렇게 일주일 정도의 여정이 끝나면 모두 모여 장시간에 걸쳐 자체 브레인스토밍 세션을 갖는다. 각자의 연구 결과에 대한 프레젠테이션이 끝나면 소규모 브레인스토밍을 통해 방금 확인한 내용이 브랜드에 어떤 영향을 미치는지 논의한다. 그렇게 프레젠테이션을 듣고 4C를 토론하다 보면 어떤 인사이트를 포착하게 되고, 그 과정이 끝날 때가 되면 카테고리와 브랜드에 영향을 미치는 주요 요소들을 어느 정도 자세히 파악할 수 있다. 과정이 복잡하긴 해도 일부러 택한 길이다. 이름이 컬라이더랩인 데는 이유가 있다. 우리는 여러 가지 가설을 동시에 설정하고 여러 각도에서 문제를 찾아낸다. 새로운 데이터가 들어오면 곧바로 분석하고 주어진 상황과의 연관성을 평가한 다음 데이터를 취합하거나 제쳐둔다. 중요한 것은 우리가 신뢰하는 프레임워크의 범위 안에서 모든 작업을 처리한다는 점이다. 우리의 프레임워크는 오마에의 3C 모델을 확장한 것이다. 마구잡이로 활을 쏘아대다 보면 그중 한 인사이트가 퍼펙트 텐을 뚫겠지 하는 요행 따위는 애초에 바라지 않는다.

브레인스토밍할 때 우리는 벽에 소비자, 카테고리, 컬처 코드, 브랜드라고 적은 거대한 스티커 메모판을 가로로 붙여둔다. 그리고 각 항목에 대한 토론 내용을 작은 포스트잇에 적어 아래로 붙여간다. 브레인스토밍이 끝날 무렵 각 항에는 적어도 20개의 답이 세로로 늘어선다. 그런 다음 현 상황에서 가장 중요하다고 생각하는 인사이트에 동그라미를 치거나 표시를 하거나 따로 붙여둔다. 방법을 찾았다고 100% 확신이 드는 경우는 많지 않기 때문에 이런 C '스토리'를 여러 개 붙여놓고 그 경중을 좀 더 면밀하게 따져야 한다. 그러다 어느 순간 네 개의 C(물론 그중 하나는 B이지만!) 퍼즐이 풀렸다는 확신이 서게 되면 정말로 중요한 질문을 던진다. '쐐기돌 문제는 무엇인가?' 가장 힘겨운 순간이다. 이런저런 요인들이 사방에서 떠돌고 본능은 그 모든 것들을 해결하겠다고 덤비지만, 한 번에 열 가지를 쫓아다녀 성공하는 마케팅 부서를 우리는 본 적이 없다. 그래서 먼저 다뤄야 할 단 한 가지에 도달했다는 확신이 들 때까지 스스로를 채찍질해 가며 논쟁을 거듭하고 가설을 실험한다. 다른 사례들을 가능한 한 많이 수집하고 정리하고 우선순위를 매겨 다음 단계로 미뤄놓는다.

이 모든 과정에서 가장 중요한 것은 분석할 때 사용하는 렌즈다. 우리의 렌즈는 당연히 R.E.D.이다. 4C를 살펴보는 과정에서 우리는 자문한다. "이것은 문화적 연관성의 문제인가 아니면 우리가 CUO를 제대로 확장하지 않았던 기능적 연관성과 관련된 상황인가?" 혹은 접근 용이성에서 경쟁사의 유통 상황이 우리보다 나은 경우도 있을 것이다. 아마도 브랜드 항목을 본 뒤 우리 광고가 그다지 획기적이지 못해서 쉽게 눈에 띄지 않는다는 사실을 깨달았을 수도 있다. 아니, 어쩌면 카테고리 항목을 탐구하다 경쟁사가 개발한 브랜드 자산이 훨씬 더 특이하다는 사실을 알고 특이성이 우리의 핵심 문제라고 결론을 내렸을 수도 있다.

그러면 다들 생각할 것이다. R.E.D.를 단계별로 분석하고 4C는 잊는 편이 쉽지 않을까? 우리도 그렇게 하라고 말하고 싶다. 하지만 그럴 수는 없다. 이 둘의 역할은 엄연히 다르다. 4C는 어느 쪽을 봐야 하는지 알려주고, R.E.D는 무엇을 찾을지를 알려준다. 다행히 4C는 단순한 지도일 뿐이다. 그것은 네 개의 큰 사분면을 가리킬 뿐 그 이상 무얼 하라고 말하지 않는다. 그냥 사용하면 그만일 뿐 그 이상의 과학은 필요 없다. 4C는 해당 카테고리에 있는 경쟁사와 소비자들의 생활과 이머징 컬처 코드와 브랜드 자체를 깊게 들여다보게 해줄 뿐이다. 반면에 R.E.D.는 문제의 본질로, 당신이 찾고자 하는 답을 제공한다.

일단 쐐기돌 문제를 확인했으면 다른 무엇보다 그것부터 먼저 해결해야 한다. 한 번에 여러 문제를 해결하겠다고 힘을 빼지 말라. 회사 전반의 추진력을 동원하여 이 한 가지를 바꾸는 데 총력을 기울여야 한다. 사실 쐐기돌 문제는 부서를 가리고 따질 문제가 아니다. 고객이 느끼기에 주문 절차가 너무 복잡하고 느린 것(접근 용이성)이 쐐기돌 문제라고 하자. 그렇다면 '지나치게 복잡한 메뉴와 주문 절차를 간소화하는 것'이 해결책이다. 이제 운영에서 마케팅과 IT에 이르기까지 모든 팀이 공동으로 바라보고 추진할 하나의 공동 목표가 생겼다. 이제 이 하나의 목표를 위해 힘을 모으고 모두가 변화를 실감할 수 있도록 실천에 옮겨야 한다. 그런 다음 전환율의 꾸준한 상승과 매출의 증가 같은 첫 번째 성공이 가시화되면, 그때 이를 축하하고 변화가 시작되었다는 사실을 인정하면 된다.

앞서도 지적했지만 머뭇거리고 시간을 끌어가며 완벽한 조치를 찾기보다는, 확신을 가지고 행동에 옮기는 것이 더 중요하다. 이는 쐐기돌 문제에도 그대로 적용된다. 필요한 것은 대담한 조치에 이어지는 도미노 효과다. 문제를 선택하고 그것을 해결하면 도미노 효과가 시작된다. 앞으로 나아가게 만들 그런 계기를 보고 진전을 느끼면 팀원들은 다시 활기를 찾고 더욱 부푼 꿈을 갖게 된다. 어느새 당신은 더 즐거운 팀을 갖게 되며 커뮤니케이션이 원활해지고 효율성이 올라가면서 더 나은 작품이 만들어질 것이다.

문화적 연관성을 다룬 장에서 소개한 타코벨의 고전적 사례에서 우리는 절망적일 정도로 문화와 맞지 않았던 순간을 경험했다. 얌! 의 세계에는 또 다른 사례가 있다. KFC 스페인이다.

50년 묵은 노장

KFC는 스페인에서 50년 이상 영업을 해왔지만 2018년에 들어 심각한 어려움을 겪고 있었다. 매출이 감소하자 새로운 마케팅 리더인 헤수스 쿠베로Jesus Cubero와 파블로 칼라비아Pablo Calavia는 빠른 시일 내에 상황을 반전시켜야 한다는 극심한 중압감에 초조함을 감추지 못했다. 그들로부터 속성 프로젝트를 주문받은 우리 컬라이더랩은 몇 주에 걸쳐 분석을 끝낸 후 명확한 판단을 내렸다. 소비자 분석 결과는 예상했던 대로였다. KFC 스페인은 재정적으로 어려움을 겪고 있었지만, 가격은 경쟁사들과 별반 다르지 않았다. 카테고리 분석 역시 마찬가지로 아주 평범했다. 많은 저가 브랜드들이 치고 올라와 인기를 끄는 것은 사실이지만 그 역시 충격적일 정도는 아니었다. 금융 위기의 한가운데 있었지만 스페인 사람들은 함께 어울려 먹는 것을 좋아했기 때문에 컬처 코드도 '사교의 용이성'에 맞춰져 있었다. 하지만 브랜드 항목을 자세히 들여다보자 금방 문제가 드러났다. 몇 해째 그들의 광고에는 독특한 면이 없었고 특정 CUO를 소유할 수 있는 것도 아니었으며 일관성도 보이지 않았다. 그래서인지 KFC는 소비자들에게 존재감이 거의 없었다. 있어도 있는 것 같지 않았다. 몇몇 소비자들은 우리에게 되물었다. "KFC요? 뭐더라… 혹시 치킨 파는 식당 말인가요?" 50년째 영업을 해오고 있는 그들의 현실이 그랬다.

특이성 결핍 문제를 해결하면 KFC의 존재를 알고 있는 일부 소비자들이 KFC의 품질을 하찮게 여기는 문제도 동시에 해결할 수 있으리라고 우리는 판단했다. (다시 한번 강조하지만 특출성은 브랜드를 자주 입에 올리게 하여 기억하기 쉽게 만드는 문제다. 주변의 많은 사람들이 관심을 보이는 것이면 품질도 좋을 것이라고 생각하게 된다.) 헤수스와 파블로는 전형적인 얌! 마케터여서, 직관적이고 대담했으며 행동이 빨랐다. 일주일 뒤에 그들과 마주 앉은 우리는 말했다. "문제는 품질이나 문화적 연관성이 아니라 독특함입니다." 그들은 인정했고 즉시 그 부분을 중점적으로 해결하겠다고 다짐했다. 그들은 직감에 따라 쐐기돌 문제를 찾아냈다. 이리저리 재보고 실험하고 이 팀 저 팀 끝도 없이 만나가며 시시콜콜 의견을 교환하거나 포지셔닝에 힘을 쓰는 대신, 그들은 매우 젊고 창의적인 스페인 에이전시 세 곳의 힘을 빌려 특이성 문제에 달려들었다.

몇 주 후 세 에이전시는 포지셔닝에서는 가볍지만, 특이성만큼은 무거운 창의적인 솔루션을 제시했다. 우리가 해주고 싶었던 말은 한 가지뿐이었다. 좋은 치킨을 팔되 요란을 떨어라. 우리는 세 에이전시에게 샌더스 대령을 비롯한 우리만의 특이한 자산을 사용해도 좋다고 허락했다. 그리고 우리는 최종적으로 사람들이 춤추면서 '치킨, 치킨'이라는 뚱딴지같은 노래를 부르는 광고를 골랐다. 놀랍고 엉뚱했던 그 광고는 매우 독특해서 빠르게 소문이 퍼졌고 이후 3년간 두 자릿수의 성장을 이끄는 원동력이 되었다.

하지만 더 중요한 부분이 있었다. KFC 스페인이 실적이 올라가자 마케팅팀을 들볶던 사람들이 입을 다문 것이다. 아니 프랜차이즈 점주들은 오히려 크게 기뻐했다. 그들은 다시 바빠졌다! 현지 지도부도 숨을 돌릴 수 있었다. 그들은 더 이상 헤수스와 파블로에게 전화를 걸어 당장 조치를 취하라고 압박하지 않았다. "갑자기 전 세계 KFC 중에 가장 과감했다는 평가가 주어지더군요." 파블로는 그렇게 설명한다. "그 첫 번째 성공으로 시장에서 당장 눈앞의 압력이 사라지자 수세에서 공세로 전환할 수 있었습니다. 그게 훨씬 더 신나는 일이었죠."

핵심은 이것이다. 모멘텀이 전부다.

일단 작은 성공을 거두면 해고되지 않을까 노심초사하던 CMO
부터 고객들의 불평불만에 지친 일선 직원들에 이르기까지 모두가
긴장을 내려놓고 한숨 돌릴 수 있다. 바꿀 수 있다는 자신감이 생기
면 그런 변화를 책임지고 관철하겠다는 사람들이 전면에 나선다. 경
험 많은 농부의 말대로 트랙터를 일단 움직이면 방향을 틀기가 쉽
다. 일단 작은 추진력이라도 생기면 기회들이 하나씩 열린다.

물론 말처럼 쉬운 일은 아닐 것이다. 산적한 문제를 모른 체하고
쐐기돌 문제를 찾아내 해결하겠다고 작심하려면 배짱이 있어야 한
다. 브랜드가 휘청거리고 경영진과 주주와 프랜차이즈 점주들이 펄
쩍 뛰며 당장 결과를 내놓으라고 다그칠 때는 특히 그렇다. 그러나
경험에서 자신 있게 하는 말이지만, 잠깐 시간을 내서 4C 분석을 하
고 그 결과에 대한 확신으로 대부분의 자원을 쐐기돌 한 가지에 투
자하면 그에 따른 보상이 반드시 나타날 것이다.

동시에 조직에 대해 스스로 솔직해져야 한다. 쐐기돌 솔루션을 사
람들을 하나로 모으는 계기로 삼아야 한다. 문화적 연관성을 다루면
서 설명한 미켈롭 울트라의 CSO 존 케니는 이런 멋진 조언을 한다.

어느 조직이든 각자 가장 자신 있게 추진할 수 있는 전략을 찾
아야 합니다. 연관성을 위해서는 문화적 보수주의자들과 소원해
지는 것을 두려워하지 않는 팀이 필요하죠. 용이성을 위해서는 데
이터와 기술을 과감하게 채택하여 고객 경험을 개선할 수 있는 조
직이 필요합니다. 특이성을 확보하려면 절차를 중시하던 관행을

버리고 창의력을 중시하는 조직으로 탈바꿈해야 하고요. 창의성을 중시하는 조직은 순서나 절차나 예측 가능성보다 스토리텔링이나 감정이나 독창성을 더 소중하게 여깁니다. 어느 것 하나 쉬운 게 없죠. 마음이 약한 사람에겐 성공의 기회가 주어지지 않습니다.

그렇다면 이제 어디로 가야 하는가?

현재의 상황을 정확히 파악할 수 있는 사람이 있어야 한다. 여기까지 읽었다면 사업의 진전 상황을 어느 정도 파악했을 것이다. 컬라이더랩은 컬래버레이션을 강조한다. 우리에게 컬래버는 늘 성공의 열쇠였지만, 코로나19가 강타한 이후 지난 몇 달 동안 평소에 협력을 요청하던 교수나 전문가나 문화 사상가들의 수를 두 배로 늘렸다. 왜 그래야 하는가? 아이디어를 공유하고 동료에게 배우고 생각이 비슷한, 아니 생각이 같지 않은 사람들과 협력해야 이런 낯선 상황을 외롭지 않게 더 잘 헤쳐갈 수 있기 때문이다.

협업은 외부의 다양한 전문가들과 할 수도 있지만, 내부적으로도 가능하다. 지난 몇 달 동안 얌!은 R.E.D. LT를 만들었다. 캐서린 탠-길레스피가 이끄는 R.E.D. LT에서 세계 각국의 브랜드 매니저들은 격주로 모여 시행 중인 방법론 중 효과가 있는 것과 그렇지 못한 것들을 두고 토론한다. 곤경에 대처하는 이런 공동의식과 때때로 얻어지는 승리는 우리의 소중한 자산이다.

어디라 할 것 없이 다들 힘든 시기다. 예전과는 양상이 무척 달라졌지만, 그토록 사랑하는 일에 도전하고 거기에서 기쁨을 찾는 우리의 모습은 그때나 지금이나 다를 바 없다. 환경이 아무리 빠르게 변해도 R.E.D.만 갖추면 얼마든지 자신감에 차 노련하게 대처하고 적응할 수 있다. 시야를 좀 더 멀리 넓혀 적절하고 용의주도하고 특이한 영광 속에 혁신적인 당신만의 성과를 이루어내기를 바란다.

행운을 빈다!

– 그레그와 켄

R.E.D. 각 구성 요소의 목적

그림 19

R.E.D. 구성 요소	그 의미	그것의 영향
R. 문화적 연관성	더 깊고 문화적으로 연관성이 있는 브랜드의 의미. 사람들에게 정체성과 무리에 속했다는 느낌을 준다.	어떤 접점에서든 어느 정도 반영되는 브랜드의 전반적인 DNA.
기능적 연관성	카테고리 내에서 사람들의 기능적 요구를 충족시키는 것으로 알려진 브랜드의 능력.	제품이나 서비스 외에 해당 CUO를 브랜드와 이어주는 소통 관계.
사회적 연관성	사람들의 입에 올려 화젯거리로 만드는 브랜드의 능력.	스턴트, 문화적으로 화제가 될 만한 이벤트.
E. 인지 용이성	매스 미디어와 기억에 남을 크리에이티브를 통해 모든 카테고리 사용자들에게 특출성을 만드는 과정.	미디어 플랜과 광고 크리에이티브.
접근 용이성	구매 과정에서 최대한 쉽게 접근하고 마찰이 발생하지 않게 만드는 것.	유통, 소매 전략, 전자상거래, 구매 프로세스.
D. 특이성	확실히 두드러진 브랜드를 만들기 위한 독특하고 소유 가능한 브랜드 자산의 일관된 사용.	모든 광고, 제품, 포장 등의 외관과 느낌과 구조.

앞서 언급한 바와 같이 우리 컬라이더랩은 읽는 것을 좋아한다. 그리고 아주 많이 읽는다. 그렇지 않아도 바쁜 마케터나 광고회사 중역이나 크리에이티브라면 한가하게 주기적으로 시간을 내어 책을 읽기가 쉽지 않을 것이다. 때문에 평이 좋은 책을 읽고 그 내용을 소화하여 조직 내 정기 독서 모임을 통해 자신이 알아낸 내용을 공유할 사람을 찾아 책을 건네는 것도 한 가지 방법일 수 있다. 조금만 둘러보면 아이디어와 영감은 어디에나 있다. 예상치 못한 곳에서 고객의 생각을 알아내기도 한다. 테드 강연TED Talk이든 대중문화에 숨어있는 작은 팟캐스트이든 사회적 경향이나 시사적 사건도 좋고, 심리학, 인류학, 사회학, 행동경제학의 새로운 분야를 파고드는 학구적인 논문도 좋다. 정해진 카테고리의 틀을 깨는 걸출한 사상가들의 의견에 당신의 생각을 조율해 보라. 새로운 아이디어를 찾아내는 일

자체를 즐겨야 한다. 하지만 마음에 드는 팟캐스트가 있어도 몇 시간을 앉아 들을 여유가 있는 사람들은 많지 않다. 그럴 때는 여러 사람에게 분담한 다음 함께 모여서 각자의 인사이트와 관찰 결과를 공유하는 것도 한 가지 방법이다. 멋진 내용을 듣거나 읽거나 보면 나머지 사람들과 공유하라!

서론의 독서 목록

이 책을 다 읽었으면 바이런 샤프가 쓴 《브랜딩의 과학How Brands Grow》을 펼쳐 그가 시작한 마케팅 혁명의 의미를 헤아려 보기 바란다. 그런 다음 더글라스 홀트를 통해 같은 논점을 전혀 다른 측면에서 접근해 보라. 그의 저서 《브랜드는 어떻게 아이콘이 되는가How Brands Become Icons》도 좋은 출발점이 될 수 있다. 폴 펠드윅Paul Feldwick의 《The Anatomy of Humbug》는 이 책에서 설명한 것보다 훨씬 더 상세하게 마케팅에 대한 오래된 이론들을 아주 근사하게 검토하고 있다. 특히 탁월한 수상집 《Eat Your Greens》에 실린 필 바든Phil Barden의 글은 많은 것을 깨닫게 해준다. 엘리자베스 커리드 할켓Elizabeth Currid-Halkett의 《The Sum of Small Things》은 문화적 자본이 사회 계층을 가르는 기초적인 지표가 되는 이유를 알려주는 명저다. 여러 해 동안 전화 통화에 많은 시간을 나누어준 커리드 할켓 교수에게 우리는 큰 빚을 지고 있다. 스티븐 존슨Stephen Johnson의 역작 《탁월한 아이디어는 어디서 오는가Where Good Ideas Come From》는 컬라이더랩의 필독서다. ('컬라이더Collider'라는 이름도 그 책에서 가져왔다. 그는 지구상에서 가장 절충적이고 밀도가 높고 상호작용이 활발히 이루어지는 곳에서 가장 참신한 생명이 태동한다고 말한다.)

연관성을 설명한 장에서 참고할 서적들

선택 과정에 대한 심도 있는 인사이트를 얻으려면 대니얼 카너먼의 명저 《생각에 관한 생각*Thinking Fast and Slow*》을 읽어보기 바란다. 댄 애리얼리Dan Ariely의 《상식 밖의 경제학*Predictably Irrational*》은 행동경제학을 심층적으로 파고든 역작이다. 로버트 치알디니Robert Cialdini의 《설득의 심리학*Influence*》은 무척이나 가슴 설레게 하는 행동경제학의 선구적 저작이어서 켄이 자주 꺼내 드는 책이다. 집단의 역동성을 심도 있게 다룬 자료를 원한다면 마크 얼스Mark Earls의 《허드*Herd*》를 권한다. 이 책은 몇 해 전부터 콜라이더랩의 주요 참고 문헌으로 확실하게 자리 잡았다. 전 세계 여러 집단들의 차이점을 알고 싶으면 온라인에서 헤르트 홉스테드Geert Hofstede의 '여섯 가지 문화 차원의 모형6 Dimensions Model'을 찾아보기 바란다.

문화적 연관성 장에서 참고할 자료들

문화적 연관성과 연관된 역학 관계를 자세히 설명하는 책들은 많지만 어쩌다 우연히 찾아낸 홀트의 《브랜드는 어떻게 아이콘이 되는가》만큼 탁월한 서적은 아직 만나지 못했다. 클로테르 라파이유의 《컬처 코드*Culture Code*》 역시 매혹적인 저작으로 다양한 카테고리들이 전 세계에서 어떻게 다양한 의미를 갖는지 자세히 설명한다(그래도 그의 결론에 전적으로 동의하기는 어렵다). 브레네 브라운Brene Brown의 《진정한 나로 살아갈 용기 Braving the Wilderness》는 '소속된다'라는 의미를 탁월한 통찰력으로 탐구한다.

기능적 연관성 장에서 참고할 자료들

고객이 받아들일 수 있는 한도 내에서 디자인과 마케팅 혁신을 유지시킬 방법에 대한 좀 더 깊은 인사이트를 얻으려면 레이먼드 로위Raymond Loewy가 처음 생각해낸 '마야 원칙MAYA Principle'에 관한 자료들을 읽어보기 바란다.[1] 'Most Advanced Yet Acceptable(진취적이되 수용할 수 있어야 한다)'라는 뜻의 마야MAYA는 원래 디자인에 적용한 이론이었지만, 새로운 것을 시도하되 지나치지 않도록 잡아주기 때문에 CUO를 확장하는 데에도 매우 효과적이다. 데이비드 테일러David Taylor의 《Brand Stretch》은 CUO를 새로 확장하려다 실패하는 경우가 많은 이유를 상세하게 분석한다. 앤서니 얼윅Anthony Ulwick의 《Jobs to Be Done》에도 배울 것이 많다.

사회적 연관성에서 참고할 자료들

예일대학의 사회학자 니콜라스 크리스태키스Nicholas Christakis와 UC 샌디에이고의 제임스 파울러James Fowler가 공동 저술한 《행복은 전염된다Connected》도 매우 흥미로운 책이다. 이 분야의 사회적 증거가 궁금하면 제임스 서로위키James Surowiecki의 《대중의 지혜 The Wisdom of the Crowds》의 일독을 권한다. 동시에 사회적으로 연관성이 높은 미디어 스타나 인플루언서를 살펴보는 것도 큰 도움이 될 것이다. 유튜브에서 제임스 찰스James Charles의 쇼 '인스턴트 인플루언서Instant Influencer'를 확인해 보기 바란다. 아울러 데이비드 도브릭David Dobrik과 셰인 도슨Shane Dawson 역시 유튜브에서 찾을 수 있다. 특히 도슨은 제이크 폴Jake Paul이나 제프리 스타Jeffree Star 같은 논란이 많은 인플루언서들을 인터뷰했다. 같은 채널의 '본 아페티Bon Appetit'는 브랜드로 새로운 플랫폼을 지배하는 요령을 보여주는 훌륭한 사례다. 불렛 저널리스트 어맨다 리Amanda Lee, 틱톡의 선동적인 댄서 찰리 디밀리오Charli D'Amelio, 뷰티 전문가 재키 아이나Jackie Aina, 인스타그램의 바디 포지티브 뷰티의 구루 테스 홀리데이Tess Holliday, 사람들에게 동기를 부여하는 프린스 이에이Prince Ea, 유튜브의 에마 체임벌린Emma Chamberlain 같은 다양한 틈새 인플루언서도 눈여겨볼 필요가 있다. 이들을 흉내 내거나 추종하라는 말이 아니다. 지금 우리 눈앞에서 사회적 연관성이 진화하고 있는 방식을 정확히 이해하는 사례로 이들을 바라보면 나름대로 독특한 관점을 획득할 수 있다는 얘기다. 시대가 빠르게 바뀌기 때문에 자녀들이나 신입사원이나 카페의 바리스타에게 오늘 누구의 동영상을 봐야 하는지 조언을 구하는 것도 한 가지 방법이다.

접근 용이성을 다룬 장에서 참고할 자료들

로리 서덜랜드Rory Sutherland가 2019년에 쓴 《Alchemy》는 비논리적인 것처럼 보이는 인간의 마음과 결정을 내리는 우리의 놀라운 방식을 관통하는 놀라운 여정이다. 우리 컬라이더랩에서는 애덤 페리어의 《The Advertising Effect》도 자주 펼쳐본다. 데이비드 할퍼린David Halperin이 쓴 《Inside the Nudge Unit》도 필독을 권한다. 영국 정부가 몇 가지 작은 넛지들로 사람들의 행동을 어떻게 변화시키는지 그 과정을 흥미롭게 지켜볼 수 있다. 배리 슈워츠Barry Schwartz의 《The Paradox of Choice》는 실제로 적을수록 풍요로워질 수 있다는 놀라운 인사이트로 가득 찬 고전이다(잼 스터디에 대한 논란을 감안하더라도 말이다). 파코 언더힐Paco Underhill의 《쇼핑의 과학Why We Buy》에는 제품이나 그 밖의 매장 가구의 배치 방식의 변화를 통해 매출을 올리는 인사이트가 가득하다. 읽는 재미가 보통이 아니다. 정말이다!

인지 용이성을 다룬 장에서 참고할 자료들

인지 용이성 문제는 많은 논란을 유발할 뿐 아니라 미디어 회사들과 마테크족/애드테크족에게 금전적으로 적지 않은 부담을 주는 까다로운 주제다. 그러니 책도 아주 까다로운 기준으로 골라야 한다. 무엇보다도 중립적인 자료들을 찾을 것을 권한다. 런던의 IPA 분석 자료에서 가져온 두 가지 기본적인 보고서를 추천한다. 'The Long and the Short of It: Balancing Short and Long-Term Marketing Strategies'와 'Media in Focus: Marketing Effectiveness in the Digital Era' 두 가지다. 두 편 모두 내용이 쉽고 짧은 PDF로, 레스비네와 피터 필드가 공동으로 작성했다. 다음 작품이 기대되는 저자들이다.

특이성을 다룬 장에서 참고할 자료들

특이성에 관한 자료는 의외로 양이 많지 않다. 마케팅 세계는 감성적 연결이나 브랜드 사랑이나 브랜드 목적에 너무 빠져 정작 이 세 가지를 모두 합친 것보다 훨씬 더 중요한 특이성은 무시해왔다. 몇 가지 예외가 있다면 제니 로매니악Jenni Romaniuk의 《Building Distinctive Brand Assets》 정도인데 다른 어떤 자료보다 먼저 읽어봐야 할 중요한 책이다. 그런 다음에 순위Soon Yu의 《끌리는 브랜드의 법칙Iconic Advantage》을 읽어보기 바란다. 감성적 연결과 의미를 다루긴 하지만 그래도 참고할 내용이 많다.

다시 한번 강조하지만, 이 분야는 각자 직접 조사하고 연구해야 한다. 둘러보면 아주 흥미로운 정보가 많다.

3 - R.E.D.의 기초

1. Martin Pengelly, "Nike Sales Surge 31% in Days after Colin Kaepernick Ad Unveiled, Analyst Says," *Guardian*, September 8, 2018. Accessed at https://www.theguardian.com/sport/2018/sep/08/colin-kaepernick-nike-ad-sales-up.

2. Vanessa Romo, "NFL on Kneeling Players' Protests: 'We Were Wrong,' Commissioner Says," NPR, June 5, 2020. Accessed at https://www.npr.org/sections/live-updates-protests-for-racial-justice/2020/06/05/871290906/nfl-on-kneeling-players-protests-we-were-wrong-commissioner-says.

3. 바이런 샤프는 그의 저서 《브랜딩의 과학》에서 이런 개념을 '정신적, 물리적 가용성 Mental and Physical Availability'이라고 불렀다. 그는 또한 이런 수단이야말로 구매를 유도하는 가장 큰 요인이라고 말한다.

4 - 연관성의 통념을 깨라

1. 《브랜딩의 과학》 8장에서 샤프는 이렇게 말한다. "과학적 법칙이나 이론이나 직접적인 실증적 증거는 의미 있는 차별화를 중요시하는 발상에 도전장을 내민다. 차별화가 없는 것은 아니지만 그 정도는 미미하고, 실제로 경쟁하는 브랜드라고 해봐야 전부 거기서 거기여서 사람들이 생각하는 것만큼 중요하지 않다."

2. 사치앤사치 Saatchi and Saatchi의 전 CEO 케빈 로버츠 Kevin Roberts가 쓴 《러브마크 Love-Marks》는 이런 이론의 결정판이다.

3. Richard Shotton, "Fast and Slow Lessons for Marketers," *Guardian*, April 7, 2014. Accessed at https://www.theguardian.com/media-network/media-network-blog/2014/apr/07/thinking-fast-slow-marketers-consumers.

4. Jeff Bercovici, "Small Businesses Say Amazon Has a Huge Counterfeiting Problem. This 'Shark Tank' Company Is Fighting Back," *Inc.*, March/April, 2019. Accessed at https://www.inc.com/magazine/201904/jeff-bercovici/amazon-fake-copycat-knockoff-products-small-business.html; Stephen McBride, "Is This the Beginning of Amazon's Meltdown?" *Forbes*, January 2, 2020. Accessed at https://www.forbes.com/sites/stephenmcbride1/2020/01/02/is-this-the-beginning-of-amazons-apocalypse/#1509982d726c.

5. 그의 고전적 저서, 대니얼 카너먼 저, 이창신 역, 《생각에 관한 생각 Thinking Fast and Slow》, 김영사, 2018년.

6. 유발 하라리 저, 조현욱 역, 《사피엔스 Sapiens》, 김영사, 2015년

5 - 문화적 연관성

1. 더글라스 B. 홀트 저, 윤덕환 역, 《브랜드는 어떻게 아이콘이 되는가 How Brands Become Icons》 한국경제신문사, 2021년.

2. 유통이 원활하지 못하거나 재고가 부족하면 매출을 늘리는 데 한계가 있을 수밖에 없지만, ('접근 용이성'과는 정반대다) 브랜드를 사용하는 사람들의 열정이 어느 정도인지 측정하기엔 더없이 좋은 기회다. 오틀리의 경우엔 그 열정이 아주 대단했다.

3. 더글라스 B. 홀트 저, 윤덕환 역, 《브랜드는 어떻게 아이콘이 되는가 How Brands Become Icons》 한국경제신문사, 2021년.

4. 그러면 당신은 이렇게 말할지도 모르겠다. "미래적 가치를 지향하는 집단이 어떻든 무슨 상관이람? 그들은 우리의 타깃이 아니야." 그러나 미래적 가치를 지향하는 집단이 오늘 사랑하는 것은 내일 세상의 나머지 모든 사람이 사랑하게 되는 바로 그것이다. 그때 그들은 단순한 모방심리나 나도 '쿨 가이'가 되고 싶다는 생각에서 그렇게 한다. 화석 연료 주식을 가진 사람들이 테슬라 주식을 동시에 보유하는 것도 그 때문이다. 이 자동차들은 쿨 가이 테스트를 통과했고 이제 사람들은 기후 변화나 피크 오일 Peak Oil 에 대한 소신이 어떻든 테슬라를 몰고 싶어 한다.

5. Zoe Wood, "Oprah Winfrey and Jay-Z Tap into Rising Alt-Milk Star Oatly," *Guardian*, July 14, 2020. Accessed at https://www.theguardian.com/food/2020/jul/14/oprah-winfrey-and-jay-z-tap-into-rising-alt-milk-star-oatly.

6. "Guinness Targets Africans with Bold 'Made of Black' Campaign," *Ad Age*, August 28, 2014. Accessed at https://adage.com/creativity/work/made-black/36936; "Guinness: Made of Black," WARC. Accessed at https://warc.com/content/article/apg/guinness-made-of-black/105191.

7. Aimee Grove, "MEDIA: Taco Bell: Yo Quiero Profits, Not Just a Cute Little Dog," *PR*

Week, July 31, 2000. Accessed at https://www.prweek.com/article/1240070/media-taco-bell-yo-quiero-profits-not-just-cute-little-dog.

8. Aimee Grove, "MEDIA: Taco Bell: Yo Quiero Profits, Not Just a Cute Little Dog."

9. "Most Innovative Companies, 2016," *Fast Company*. Accessed at https://www.fastcompany.com/most-innovative-companies/2016.

10. 대니얼 카너먼 저, 이창신 역, 《생각에 관한 생각 *Thinking Fast and Slow*》, 김영사, 2018년.

6 - 기능적 연관성

1. Jonathan Stempel, "CEO of Buffett-owned Brooks Running Moves Production Out of China, Cites Tariff Threat," Reuters, May 3, 2019. Accessed at https://www.reuters.com/article/us-berkshire-buffett-brooks/ceo-of-buffett-owned-brooks-running-moves-production-out-of-china-cites-tariff-threat-idUSKCN1S91DU.

2. Laylan Connelly, "Nike Surf Products Folded into Hurley Brand," *Orange County Register*, November 28, 2012. Accessed at https://www.ocregister.com/2012/11/28/nike-surf-products-folded-into-hurley-brand/.

3. "Cautionary Comments regarding the Myers-Brigg Type Inventory," *Consulting Psychology Journal: Practice and Research*, Summer 2005.

4. "These Are the Biggest Fast Food Franchises in South Africa," Businesstech, July 25, 2019. Accessed at https://businesstech.co.za/news/business/331387/these-are-the-biggest-fast-food-franchises-in-south-africa-2/.

5. 올드 스파이스는 그 외에도 발한 억제제, 세안 용품, 턱수염 케어 제품을 비롯한 다양한 향수와 관리제로 다채로운 CUO를 소유하고 있다.

6. "Legacy's Truth Campaign Named One of the Top Campaigns of the 21st Century," *Tobacco Unfiltered* blog, January 14, 2015. Accessed at https://www.tobaccofreekids.org/blog/2015_01_14_legacy.

7. "Taco Bell's¢ç Drive-Thru Diet¢ç Menu Fuels Christine Dougherty's 26.2-Mile Run in the Marathon in New York City," BusinessWire, November 7, 2010. Accessed at https://www.businesswire.com/news/home/20101107005102/en/Taco-Bell%E2%80%99s%C2%AE-Drive-Thru-Diet%C2%AE-Menu-Fuels-Christine.

8. Emily Bryson York, "Taco Bell Takes Heat over 'Drive-Thru Diet' Menu," *Ad Age*, January 4, 2010. Accessed at https://adage.com/article/news/advertising-taco-bell-takes-heat-diet-menu/141285.

9. 다양한 차원의 사용 사례를 생각할 때는 바이런 샤프의 무엇을, 언제, 어디서, 왜 등을 참고하기를 바란다.

7 — 사회적 연관성

1. "Edelman Trust Barometer Archive," Edelman, January 1, 2019. Accessed at https://www.edelman.com/research/edelman-trust-barometer-archive.

2. 이 수치는 '일반 대중General Population'을 대상으로 했을 때의 결과다. '여론 주도층Informed Public'의 신뢰도는 더 심각한 편이어서, 74%에서 54%로 20% 떨어졌다(https://www.edelman.com/sites/g/files/aatuss191/files/2018-10/2018_Edelman_Trust_Barometer_Global _Report_FEB.pdf p.11).

3. "New Credos Report Highlights How Consumers Want Advertising to Change," Advertising Association, January 30, 2019. Accessed at https://www.adassoc.org.uk/policy-areas/new-credos-report-highlights-how-consumers-want-advertising-to-change/.

4. Cheryl Wischhover, "Glossier Is Going After New Customers with an Army of Reps," Racked, July 12, 2017. Accessed at https://www.racked.com/2017/7/12/15949530/glossier-international-shipping-canada-uk.

5. Georgina Caldwell, "Tom Ford Beauty Poised to Become Billion-Dollar Brand by 2020," Global Cosmetics News, June 20, 2016. Accessed at https://www.globalcosmeticsnews.com/tom-ford-beauty-poised-to-become-billion-dollar-brand-by-2020/.

6. Tonya Garcia, "Coty's $600 Million Deal with Kylie Jenner Is Designed to Hang on to Her Social Media Star Power," Market Watch, November 23, 2019. Accessed at https://www.marketwatch.com/story/cotys-600-million-deal-with-kylie-jenner-is-designed-to-hang-on-to-her-social-media-star-power-2019-11-18.

7. "Kyle Jenner Sells $600 Million Stake in Beauty Line to Coty," *Ad Age*, November 18, 2019. Accessed at https://adage.com/article/cmo-strategy/kylie-jenner-sells-600-million-stake-beauty-line-coty/2216571; Tiffani Bova, "How Kylie Jenner Built One of the Fastest Growing Beauty Brands Ever," *Entrepreneur*, July 20, 2018. Accessed at https://www.entrepreneur.com/article/317001.

8. Jason Collins, "Please, Not Another Bias! An Evolutionary Take on Behavioral Economics," *Jason Collins Blog*, July 30, 2015. Accessed at https://jasoncollins.blog/2015/07/30/please-not-another-bias-an-evolutionary-take-on-behavioural-economics/.

9. 칩 히스와 댄 히스Chip and Dan Heath 형제가 쓴 《스틱 Made to Stick》에서 와튼 스쿨의 조나 버거Jonah Berger 교수는 묻는다. "어떻게 하면 사람들이 제품이나 아이디어를 이야기하도록 만들 수 있을까?"

10. Matthew Weaver, "Most KFCs in UK Remain Closed Because of Chicken Shortage," *Guardian*, February 19, 2018. Accessed at https://www.theguardian.com/business/2018/feb/19/kfc-uk-closed-chicken-shortage-fash-food-contract-delivery-dhl; Erik Oster, "KFC Responds to U.K. Chicken Shortage with a Timely 'FCK We're Sorry,'" *Ad Week*, February 23, 2018. Accessed at https://www.adweek.com/creativity/kfc-responds-to-u-k-chicken-shortage-scandal-with-a-timely-fck-were-sorry/; Alexandra Topping, "'People Have Gone Chicken Crazy': What the KFC Crisis Means for the Brand," *Guardian*, February 24, 2018. Accessed at https://www.theguardian.com/business/2018/feb/24/people-have-gone-chicken-crazy-what-the-kfc-crisis-means-for-the-brand; "KFC: Haters Gonna Hate, Use Them as Bait," WARC. Accessed at https://warc.com/content/article/apg/kfc-haters-gonna-hate-use-them-as-bait/127465.

11. Nathan McAlone, "Tons of People Lie About Being All Caught Up on TV Shows, According to Hulu," *Business Insider*, October 7, 2016. Accessed at https://www.businessinsider.com/hulu-research-people-lie-about-watching-tv-shows-2016-10.

8 − 접근 용이성

1. Mary Meisenzahl, "Mark Zuckerberg Dominated People's Phones over the Decade. Here Are the 10 Most Downloaded Apps, Nearly Half of Which Facebook Owns," *Business Insider*, December 20, 2019. Accessed at https://www.businessinsider.com/most-downloaded-apps-of-decade-facebook-instagram-whatsapp-tiktok-snapchat-2019-12.

2. Keith Hawton, Ellen Townsend, Jonathan Deeks, Louis Appleby, David Gunnell, Olive Bennewith, and Jayne Cooper, "Effects of Legislation Restricting Pack Sizes of Paracetamol and Salicylate on Self Poisoning in the United Kingdom: Before and After Study," *BMJ (Clinical research ed.)* vol. 322,7296 (2001): 1203–7. doi:10.1136/bmj.322.7296.1203.

3. Ingrid Lunden, "Amazon's Share of the US e-Commerce Market Is Now 49%, or 5% of All Retail Spend," Tech Crunch, July 13, 2018. Accessed at https://techcrunch.com/2018/07/13/amazons-share-of-the-us-e-commerce-market-is-now-49-or-5-of-all-retail-spend/.

4. "Amazon - 23 Year Stock Price History | AMZN," Macrotrends. Accessed at https://www.macrotrends.net/stocks/charts/AMZN/amazon/stock-price-history.

5. "Amazon Selling 'Just Walk Out' Frictionless Checkout Platform to Retailers,"

Convenience Store News, March 13, 2020. Accessed at https://csnews.com/amazon-selling-just-walk-out-frictionless-checkout-platform-retailers.

6. Alice Robb, "Americans Have Started Saying 'Queue.' Blame Netflix," *New Republic*, March 13, 2020. Accessed at https://newrepublic.com/article/116996/netflix-queue-and-history-british-word-america.

7. Minda Zetlin, "Blockbuster Could Have Bought Netflix for $50 Million, but the CEO Thought It Was a Joke," *Inc.*, September 20, 2019. Accessed at https://www.inc.com/minda-zetlin/netflix-blockbuster-meeting-marc-randolph-reed-hastings-john-antioco.html.

8. Robert Channick, "Despite Growth of Streaming, Redbox CEO Sees Future in DVD Rentals," *Chicago Tribune*, July 20, 2017. Accessed at https://www.chicagotribune.com/business/ct-galen-smith-redbox-exec-qa-0723-biz-20170720-story.html.

9. Barry Schwartz, "Is the Famous 'Paradox of Choice' a Myth?" *PBS News Hour*, January 29, 2014. Accessed at https://www.pbs.org/newshour/economy/is-the-famous-paradox-of-choic; Alina Tugend, "Too Many Choices: A Problem That Can Paralyze," *New York Times*, February 26, 2010. Accessed at https://www.nytimes.com/2010/02/27/your-money/27shortcuts.html.

10. Sarah Perez "Grocery Delivery Apps See Record Downloads Amid Coronavirus Outbreak," Tech Crunch, March 16, 2020. Accessed at https://techcrunch.com/2020/03/16/grocery-delivery-apps-see-record-downloads-amid-coronavirus-outbreak/.

11. 구글 트렌드Google Trends에 따르면 코로나19 위기가 시작되면서 한동안 달아올랐던 빵 굽기 열풍은 몇 달 뒤 코로나19 이전 수준으로 내려갔다.

12. 당연한 일이지만 경기가 침체됐을 때 사람들은 배송비에 부담을 느껴 주문을 망설일 수도 있다. 하지만 일단 더 쉬운 쪽으로 습관을 들인 소비자들을 노동집약적인 예전의 접근법으로 되돌리기란 여간 힘든 일이 아니다. 믿을 수 있고 저렴한 '말馬 없는 마차' 에 맛을 들인 사람들은 더는 집으로 갈 때 말을 타지 않았다!

9 ─ 쉽게 눈에 띄어야 한다

1. 일반적으로 다양한 형태의 '마케팅 믹스 기여도'를 분석하는 이들 기업은 종종 효율성 과 당장 코앞의 ROI라는 함정에 빠진다. 장기적으로 브랜드를 구축하는 중이라는 사실 을 잊어버린 채 섣불리 당장 판매 실적을 높이는 쪽으로 투자를 집중시키는 것은 "브랜 드를 효과적으로 죽이는" 지름길이다.

2. 《브랜딩의 과학》에서 바이런 샤프는 그렇게 설명한다.

3. "Dear TV: We Love You. You're Perfect. Now Change. (But Not Too Much.)," *Ad Age*, April 18, 2016. Accessed at https://adage.com/article/media/future-tv-advertising/303565.

4. Lutz Jänke, "Emotions Are the Glue Holding Our Travel Memories Together," Swiss. Accessed at https://www.moments-that-last.com/en/article/67.

5. Shahram Heshmet, "Why Do We Remember Certain Things, but Forget Others," *Psychology Today*, October 8, 2015. Accessed at https://www.psychologytoday.com/us/blog/science-choice/201510/why-do-we-remember-certain-things-forget-others.

6. Sarah R. Lentz, "Love—What Is It Good For? A Lot, Says Evolutionary Psychology," *UT News*, August 3, 2018. Accessed at https://news.utexas.edu/2018/08/03/love-what-is-it-good-for/.

7. "Emotions and Memory," Psychologist World. Accessed at https://www.psychologistworld.com/emotion/emotion-memory-psychology.

11 — 특이성

1. Charles Spence and Qian (Janice) Wang, "Sensory Expectations Elicited by the Sounds of Opening the Packaging and Pouring a Beverage," *Flavour* 4, 35 (2015). https://doi.org/10.1186/s13411-015-0044-y.

2. Janine Popick, "How Virgin Atlantic's Marketing Nails It," *Inc.*, April 12, 2013. Accessed at https://www.inc.com/janine-popick/how-virgin-atlantics-marketing-nails-it.html.

3. 여기서 에런버그-배스 연구소Ehrenberg-Bass Institute의 제니 로매니악Jenni Romaniuk 교수를 언급하지 않을 수 없다. 그녀의 작품은 특이성에 대한 우리의 시각을 정립하는 데 큰 도움을 주었다. 제니는 따로 시간을 내어 이런 문제에 대한 그녀의 시각을 자세히 설명해 주고 우리와 여러 가지 의견을 나누었다. 그녀와 나눈 대화가 너무 흥미로워 우리 팀은 아예 시카고로 날아가 그녀를 직접 만나 두 시간 동안 고견을 들었다.

4. Stuart Elliott, "Tropicana Discovers Some Buyers Are Passionate About Packaging," *New York Times*, February 22, 2009. Accessed at https://www.nytimes.com/2009/02/23/business/media/23adcol.html.

5. "Maximize Your TV Advertising Effectiveness," Nielsen infographic, 2016. Accessed at https://www.nielsen.com/wp-content/uploads/sites/3/2019/04/tvbe-branding-best-practices-may-2016.pdf.

6. Ben Ice, "Survey Reveals the Most Recalled Ad on Australian TV: None," Australian

Marketing Institute, July 11, 2017. Accessed at https://www.marketingmag.com.au/news-c/recalled-tv-ads/.

7. Simeon Goldstein, "Fairy Brings Back Classic Bottle to Celebrate 50th Birthday: Video," Packaging News, February 8, 2010. Accessed at https://www.packagingnews.co.uk/news/materials/rigid-plastics/fairy-brings-back-classic-bottle-to-celebrate-50th-birthday-video-08-02-2010.

8. Bruce Horovitz, "No Bones About It: KFC Goes Boneless," USA Today, April 5, 2013. Accessed at https://www.usatoday.com/story/money/business/2013/04/05/kfc-kentucky-fried-chicken-boneless-fast-food-chicken/2011419/.

12 — 특이해지는 법

1. Alexander Huls, "How Editor Jen Dean Created an M&M's Ad from 75 Years of Footage," Pond5 Blog, October 11, 2017. Accessed at https://blog.pond5.com/16171-editor-jen-dean-created-mms-ad-75-years-footage/.

2. Lara O'Reilly, "How 6 Colorful Characters Propelled M&M's to Become America's Favorite Candy," Business Insider, March 26, 2016. Accessed at https://www.businessinsider.com/the-story-of-the-mms-characters-2016-3.

3. Will Burns, "Tiger Beer Proves Cause Marketing Can Be as Helpful to the Brand as It Is to the Cause," Forbes, March 30, 2017. Accessed at https://www.forbes.com/sites/willburns/2017/05/30/tiger-beer-proves-cause-marketing-can-be-as-helpful-to-the-brand-as-it-is-to-the-cause/#e69c5dd5cced.

4. Rebecca J. Ritzel, "The TWA Hotel, Design Icon from the Mad Men Era, Is Back in Business," Air & Space, October 2019. Accessed at https://www.airspacemag.com/airspacemag/trans-world-hotel-180973137/.

추천 도서 목록

1. Rikke Friis Dam, "The Maya Principle: Design for the Future, but Balance It with Your Users' Present," Interaction Design Foundation, 2020. Accessed at https://www.interaction-design.org/literature/article/design-for-the-future-but-balance-it-with-your-users-present.

옮긴이 **이경남**

숭실대학교 철학과와 동 대학원을 수료하고 뉴욕 〈한국일보〉 취재부 차장을 역임했다. 현재 전문 번역가로 활동하며 비소설 분야의 다양한 양서를 우리말로 옮기고 있다. 옮긴 책으로는 《카스트》, 《규칙 없음》, 《폭격기의 달이 뜨면》, 《최고의 선택을 위한 최고의 질문》, 《어떻게 성공했나》 등이 있다.

다시 팔리는 것들의 비밀

1판 1쇄 인쇄 2022년 5월 16일
1판 1쇄 발행 2022년 5월 30일

지은이 그레그 크리드, 켄 멘치
옮긴이 이경남

발행인 양원석 **편집장** 박나미 **책임편집** 이수빈
디자인 남미현, 김미선 **영업마케팅** 조아라 신예은 이지원 김보미

펴낸 곳 ㈜알에이치코리아
주소 서울시 금천구 가산디지털2로 53, 20층 (가산동, 한라시그마밸리)
편집문의 02-6443-8867 **도서문의** 02-6443-8800
홈페이지 http://rhk.co.kr
등록 2004년 1월 15일 제2-3726호

ISBN 978-89-255-7825-5 (03320)